중국의
기후변화대응과
외교협상

간쥔셴 지음
박덕영 · 김명자 · 이해실 옮김

KB140193

역자 서문

지난 100년 동안(1906~2005년) 온실효과로 인하여 지구표면온도는 0.74℃ 상승하였고, 이러한 지구온도의 상승은 지난 1,000년간 유래가 없는 높은 상승으로 나타났다. IPCC 제5차 평가보고서에 따르면 21세기 말까지 지구표면온도가 0.3~4.8℃ 상승하고, 해수면은 26~82센티미터 상승할 것이라고 한다. 이와 같은 기후변화가 발생하게 될 경우 인간과 자연은 돌이킬 수 없는 막대한 피해를 입게 된다. 이러한 지구온난화는 인간의 활동에 의한 온실가스의 대기 중 농도증가가 그 주된 원인임이 과학자들에 의해 규명되었다. 궁극적으로는 온실가스의 과다배출로 인하여 생물다양성이 파괴되어 생태시스템의 교란이 초래되고, 곡물의 생산성이 감소되어 인간의 생존이 위협받게 된다.

국제사회는 인간이 지구의 자정능력을 고려하지 않은 채 인위적인 온실가스 배출을 감행한 것이 기후변화의 심각한 결과를 초래하였다는 데 대체로 동의하고 있다. 이와 같은 위험에 대처하기 위하여 국가들은 1990년대 초부터 지속적으로 온실가스 감축에 관한 전 세계적 논의를 진행하여 왔다. 1990년 12월 유엔총회에서 '기후변화협약을 위한 정부 간 협상위원회' 구성을 결의하였고, 동 정부 간 협상위원회는 1991년 2월부터 1992년 5월까지 다섯 차례의 회의에 걸쳐 기후변화협약 협상문을 마련하였다. 이 협상문은 1992년 6월 리우회의에서 154개국 정부에 의해 서명되었고, 1994년 3월 21일에 발효하였는데, 이것이 바로 유엔기후변화협약(UNFCCC)이다. 현재 기후변화협약에 가입한 국가는 총 196개국이다.

1995년을 기점으로 유엔기후변화협약의 당사국들은 매년 당사국총회를 개최하여 온실가스 배출에 관한 합의를 도출하기 위하여 노력하고 있다. 1997년 제3차 당사국총회에서 교토의정서가 채택되었고, 2008년부터 2012년까지의 1차 공약기간에 온실가스 배출 감축의무 국가들이 1990년 대비 온실가스 배출을 5.2% 감축할 것을 합의하였다.

2007년 인도네시아 발리에서 개최된 제13차 당사국총회에서는 2012년 이후(Post-2012) 온실가스 감축의무이행체제 협상의 기본방향과 일정에 대한 규칙인 '발리 로드맵(Bali Road Map)'을 채택하였다. 2009년 코펜하겐에서 개최된 제15차 당사국총회는 강한 법적 구속력을 가진 국제협약이 탄생할 것이라는 기대와는 달리 선진국과 개도국의 견해 차이만을 확인하고 구속력 없는 정치적 합의에 그쳤으며, 그 이듬해인 2010년 멕시코 칸쿤에서 개최된 제16차 당사국총회에서는 코펜하겐 합의문의 주요내용을 반영한 것으로 유엔체제로 공식 채택되었다는 점에서 의의를 갖고 있다.

2011년 더반에서 개최된 제17차 당사국총회에서는 Post-교토체제에 대하여 논의하였고, 교토의정서상의 의무이행기간을 2013년부터 2017년 또는 2020년까지 연장하기로 합의하고, 모든 국가가 참여하는 2020년 이후의 신기후체제에 대한 논의를 2015년까지 마무리하기로 결정하였다. 2012년 카타르 도하에서 개최된 제18차 당사국총회에서는 교토의정서의 1차 의무이행기간의 효력을 연장하고, 2차 의무이행기간을 2013년부터 2020년까지 설정한 결정을 포함하는 '도하 기후 게이트웨이(Doha Climate Gateway)'를 채택하였다.

2013년 폴란드 바르샤바에서 개최된 제19차 당사국총회에서는 더반합의의 연속선상에서 2020년 이후의 '국가별 온실가스 감축목표방안(Intended Nationally Determined Contributions, INDC)'을 자체적으로 결정해 사무국에 제출하도록 합의하였다. 이후 2014년 페루 리마에서 개최된 제20차 당사국총회에서는 '기후대책에 관한 리마 선언(Lima Call for Climate Action)'이라는 결정을 채택하였는데, 이 문서에는 INDC가 과거에 제시한 감축목표량에서 후퇴해서는 안된다는 '후퇴금지의 원칙(No Backsliding)'이 포함되어 있다.

금년 12월에 개최하게 되는 파리 당사국총회는 Post-2020 기후변화협약의 채택을 목표로 하고 있고, 그 이전에 각 당사국은 INDC를 제출하도록 요구되었다. 이에 관하여 미국은 2025년까지 2005년 대비 26~28%, EU는 2030년까지 1990년 대비 최소 40%, 캐나다는

2030년까지 2005년 대비 30%, 중국은 2030년을 기점으로 온실가스 배출량을 더 이상 늘리지 않고, 2030년까지 단위 GDP당 온실가스 배출량을 2005년 대비 60~65%, 우리나라는 2030년까지 BAU 기준 37%를 감축하기로 약속하였다. 미국과 중국이 온실가스 감축을 위한 국제사회의 노력에 적극 동참할 뜻을 밝혀, 그동안 교착상태에 빠져 있던 국제온실가스 감축노력에 새로운 변화가 발생할 것이라는 기대를 갖게 하는 대목이다.

특히 그동안 국제기후협상에서 '고집불통'으로 여겨지던 중국이 최근에는 기후변화 대응영역에서의 국제이미지 제고를 위하여 노력을 기울이고 있는 것이 엿보인다. 중국 국내차원에서의 환경보호법의 전면개정, 시범적인 배출권거래제의 시행 그리고 탄소세 도입 논의 등은 모두 기후변화 대응영역에서의 중국의 결심을 보여주고 있다고 해도 과언이 아닐 것이다. 하지만 우리는 이웃국가인 중국의 기후변화대응의 행동들에 대하여 제대로 알지 못하고 있다. 우리가 손쉽게 접근하기 어려운 언어적 이유도 존재하지만, 중국의 독특한 문화와 전통 그리고 중국인들의 사고방식에 대한 이해가 부족한 것도 그 원인이 될 수 있다. 기후변화 당사국총회의 협상에서 중국의 입장과 견해를 더욱 잘 이해하기 위하여, 그리고 앞으로 이루어지게 되는 한중일 FTA의 원활한 협상을 위하여 우리는 중국의 기후변화

대응에 관한 외교입장과 협상전략을 반드시 이해할 필요가 있다. 이에 중국의 기후변화대응에 대한 입장을 이해하는 데 일조할 수 있기를 기대하며, 본서를 번역하였다.

본서는 한국연구재단의 한국사회기반연구사업(SSK) '기후변화위기 시대의 대응전략 : 환경, 통상, 투자관련 국제분쟁해결'이라는 주제로 연구비 지원을 받아 진행된 연구의 결과물이다. 이 책이 나오기까지 많은 분들의 헌신과 도움이 있었다. 먼저 번역에 참여해 준 중국인 제자 연세대 박사과정 김명자(金明子) 양과 연세대 법학석사 이해실(李海实) 양에게 감사드린다. 필자가 중국 출장 중에 본서를 발견하여 우리 연구사업에 도움이 될 것으로 판단하여 번역을 결정하였으며, 중국어와 한국어에 능통한 김명자 양과 이해실 양이 먼저 번역 초안을 완성하고 필자가 읽고 수정하는 방식으로 완성하였다. 초고를 꼼꼼히 읽어 용어통일과 가독성 제고에 좋은 의견을 제시해 준 SSK 기후변화와 국제법센터 이순자 박사, 김하나 박사, 이현정 박사에게 고마운 마음을 전한다. 아울러 책의 편찬과정에서 많은 도움을 주신 한국학술정보(주) 관계자분들께도 감사드린다.

2015년 11월
역자를 대표하여 박덕영 씀

한국 독자들에게 전하는 말

집단책임과 개인자유 사이에서 현실적인 방안을 모색하다

글로벌 기후협상은 무정부체계의 모든 결점을 드러내고 대다수 인류가 처한 곤경을 보여주고 있다. 비록 많은 국가들이 원대한 포부를 갖고 있지만, 국가이익 앞에서 중국과 미국을 포함한 거의 대부분의 주권국가들의 표현은 시원치 않다. 그러나 우리는 그들에게 지나친 요구를 제기할 수도 없다. 미국을 포함한 선진국들에게 개발도상국을 상대로 대량의 자금을 지원하고, 대규모 기술이전을 하여 그들의 기후변화적응을 지원하도록 요구하는 것은 현실적이지 않을 뿐만 아니라 큰 도덕적 합리성도 없다. 마찬가지로, 개발도상국들로 하여금 경제개발을 포기하고 대규모 배출감축을 하도록 압박하는 것은 더욱 이기적이고 불공평한 것으로 보인다. 모든 국가는 자국의 이익을 수호하는 이유를 찾기 마련이고, 그 이유들은 모두 상당히 견고하다. 그러나 인류위기의 관점에서 볼 때, 모든 이유는 박약하기 짝이 없다.

글로벌 기후협상은 세계대전 전후의 평화운동을 초과할 수준의, 지금까지 참여도가 가장 높고, 지속시간이 가장 긴 국제외교활동이다. 글로벌 재난에 직면하여 거의 모든 국가들은 행동자유와 책임부담 사이에서 고통스러운 선택을 하고 있다. 국가들은 국제사회의

규제를 받지 않고 자유롭게 행동하기를 원하지만, 바로 이러한 자유가 글로벌 감축합의의 달성을 가로막고 있다. 자유, 인류사회의 핵심적 가치이지만 글로벌 기후변화대응에 있어서는 오히려 부담이 된다. 사실 국가들은 모두 일정한 감축책임을 부담하려고 하고, 국제사회의 비난을 피하려고 한다. 그러나 이기적인 자국의 행동자유 또한 포기하지 않으려 한다. 수치심과 책임감은 모든 국가가 적극적으로 행동하도록 추진하겠지만, 국가들은 자신의 이익을 포기하지 않으려 하는 것이다. 바로 이러한 인류 이성의 국한성 때문에 인류는 공공책임과 개인이익 간의 균형도출에 매우 큰 어려움을 겪고 있다. 글로벌 기후협상이 바로 이러한 점을 명확하게 보여주고 있다.

2011년 여름, 저자는 런던정치경제대학교의 배리 부잔(Barry Buzan) 교수와 글로벌 기후변화대응의 어려움에 관해 이야기한 바 있는데, 우리는 농담으로 지구온난화가 더 심각해져 똑똑하지 못한 인류를 겁줘야 한다고 말한 바 있다. 인류의 국한성으로 인하여 인간은 진정한 위험이 닥쳐야만 행동하기 때문이다. 그러나 그때가 다가온다면 곤경에서 탈출할 기회는 있을 것인가? 이러한 경고는 이미 천만 번 얘기되었지만, 인류는 여전히 눈으로 직접 위험을 확인하기 전까지는 행동하지 않는다.

인류의 본성을 고치지 못한다면 우리는 어떻게 해야 하는가?

이 책은 중국과 국제사회가 모든 적극적인 요소를 이용하여 부정적 요소를 견제하며 잘 할 수 있는 것을 하고 실현가능한 것들을 실현하도록 주장하고 있다. 현재 글로벌 온난화에 의해 전 세계가 멸망하는 것을 원하는 국가는 하나도 없으며, 거의 모든 국가가 일정한 감축책임을 부담하려고 한다. 국제사회는 국가들의 열정을 동원하여 감축 최대화를 추진하여야 한다. 인류는 더 이상 "강제적인 국제규제", "책임의 공평한 배분" 등의 의제에 매달려서는 안 된다. 감축의무를 부담하려고 하는 국가는 그 감축부담이 크든 작든 간에 격려를 받는 것이 마땅하다. 국제사회는 모든 국가가 우선적으로 행동에 참여하도록 하되 열정적으로 참여하도록 추진하여야 한다. 글로벌 기후협상은 공평한 배분에 관하여 협상할 뿐만 아니라, 글로벌 감축의 열정을 불러일으키는 데에 그 주요 목적을 두고 있다. 그러므로 "인당배출량"과 "국가배출량", "역사적 배출"과 "현실적 배출" 등의 논쟁은 잠시 보류해야 할 것이다. 글로벌 기후협상은 마땅히 실현가능한 배당량에 초점을 두며, 보다 실속 있게 진행되어야 할 것이다.

2015년 파리 당사국총회의 개최를 앞두고, 글로벌 기후협상의 험난한 길은 또 새로운 전환점에 달하였다. 그렇다면 극적인 전환이 발생할까? 인류는 2009년에 코펜하겐을 놓치고, 2015년에 또 파리를 놓칠 것인가? 나는 이에 관하여 비관적이지도 낙관적이지도 않은 중립적인 태도를 갖고 있다. 나는 본질적으로 기후위기의 수준이 인류 집단의 행동을 좌우한다고 생각한다. 기후위기가 심각해지면 인류는 행동의 속도를 가속할 것이고, 현저한 온난화 위기가 발생하지 않으면 국제사회의 행동은 더딜 것이다. 이러한 관점에서 보자면, 나는 올해 파리 당사국총회에 대해서 약간의 비관적인 태도를 가지게 된다. 그러나 기후협력 측면에서의 최근 2년간 중미 양국의 비교적 큰 진척을 볼 때는, 올해 파리 당사국총회에 대하여 또 낙관적인 태도를 가지게 된다. 중미 양국은 모두 적극적인 행동을 개시할 의향이 있고, 파리 당사국총회에서 돌파구를 찾는 것을 지지한다. 그러므로 향후 5년 이내에, 심지어 2015년의 파리 당사국총회에서 전 지구적 합의를 도출하는 것은 어느 정도 가능성이 있는 사항이다.

그러나 나는 국제사회가 중미 양국의 연합성명에서 언급하였던 "원대한 포부가 담긴 전 세계적 합의"의 도출에 대하여 의구심을 갖는다. 미래의 합의는 "전 세계적 최저수준의 공감대"일 것이고, 대부분의 국가가 이행할 수 있는 수준의 합의일 것이다. 국가들은 기본적인 양의 감축을 이행하여야 하고 이 감축량은 전 세계 배출감축량에 편입되어야 할 것이다. 기본 감축량을 초과 감축한 부분에 대하여 국가들은 "자율적 기여"의 원칙에 따라 이행하여야 할 것이다. 대체적으로 나는 현재 국제사회가 "자율감축"의 방향으로 나아가는 것에 동의하지만, 완전한 의미에서의 "자율감축" 방식에 대하여는 지지하지 않는다. "자율감축"은 단지 현 단계의 기후변화대응 곤경에 관한 타협의 방법일 뿐, 지구온난화에 대응하는 최상의 방법은 아니기 때문이다. 나는 "각 국가의 최저감축량"에 기초한 "자율감축"의 방식을 지지하고 싶다.

  미래의 글로벌 기후변화대응은 이상주의에서 현실주의로 넘어갈 것으로 예측된다. 도덕 영역의 기본논쟁은 장기간 존속하겠지만, 기술 영역에 있어 국제사회가 최저수준의 공감대를 형성하는 것은 가능할 것이다. 예컨대, "국가의 자율적 기여"에 관한 공감대가 형성될 가능성이 상당히 크다. 제3자 기구로서 국가의 "자율기여"를 평가하는 것도 핵심의제가 될 것이고 대부분 국가의 동의를 얻을 가능성도 큰 것으로 보인다. 효율적인 탄소거래시장을 구축하여 경제와 시장의 수단으로 지구온난화에 대응하는 것 또한 점차적으로 각광받을 것이다. 자금지원과 기술이전에 관하여 선진국들이 큰 양보를 할 것으로 보이지는 않지만, 소규모의 자금지원과 기술이전은 실현될 것이라고 생각된다.

  나는 한국의 동료들도 지구온난화에 대하여 주목하는 것에 매우 기쁘고 놀랍기도 하다. 한국은 핸드폰, 자동차 영역에서 존경받을 만한 업적을 이룬 국가이다. 따라서 글로벌 기후변화 대응영역에 있어서도 한국이 뛰어난 방안을 제기하여 국제사회와 함께 기후변화대응을 효과적으로 추진할 것임을 나는 믿어 의심치 않는다. 이 책에서 제기한 관점은 중국의 경험과 시각을 기초로 한 것이다. 기후변화대응은 전 세계의 과제로서, 전 세계 이익의 타협이자 지혜의 응집이다. 나는 한국의 동료들이 이 영역에서 더 큰 발전을 도모하리라 기대한다.

간쥔셴(甘均先)
2015년 9월 29일 절강대학에서

총서 소개

『비전통 안전능력구축 관련 도서(非传统安全能力建设丛书)』는『비전통 안전과 현실에 관한 중국도서(非传统安全与现实中国丛书)』,『비전통 안전과 평안에 관한 중국도서(非传统安全与平安中国丛书)』와 <비전통 안전에 관한 연구(非传统安全研究)>라는 잡지의 발행과 함께 또다시 독자의 곁을 찾아오게 되었다. 이는 중국이 비전통 안전 이론에 대한 연구영역에서 매우 큰 발전을 가져왔음을 보여준다.

21세기에 들어서면서 인류는 비록 전 세계적인 전쟁의 위협과 공포에 시달리지는 않았지만 간혹 예측이 불가능한 "통상적이지 않은 위협(非常态威胁)"에 시달리면서 점차 인류안전과 미래에 대한 걱정을 하게 되었고, 정부의 안전관리능력에 많은 기대를 하게 되었다. 비전통 안전은 주로 정치, 경제, 사회, 문화, 환경, 인터넷, 해양, 우주 등의 영역과 연관되며, 비군사적 위험, 위기, 긴급상태, 일상생존의 위협과 특히 연관되어 있다. 이에 대하여 인류는 많은 고민을 하게 된다. 전 지구적인 테러리스트를 없앨 수 있을까? 세계적인 전염병을 통제할 수 있을까? 국제적인 금융위기는 언제 끝날 것인가? 일본 원자력 누출의 후유증은 어떻게 유효하게 처리될 것인가? 이라크에서 계속 대규모 폭발습격사건이 일어나고 있는데 그것을 멈출 방법은 없을까? 이집트에서 발생하고 있는 혼란사태를 어떻게 평정할 것인가? …… 여러 가지 비전통 안전의 위협은 사람들로 하여금

"위기상태화(危机常态化)"의 불안, 의심, 초조 심지어 공포에 빠지게 하였고, 인류사회는 극심한 "생존성 초조(生存性焦虑)"와 "주체성 불안(主体性不安)"의 상황에 처하게 되었다. 비전통 안전의 보장은 시대 발전의 새로운 주제이고, 외교능력을 향상하는 새로운 의제이며, 국방구축에 있어서의 새로운 난제이자, 학술연구에서의 새로운 문제로서 모든 국가가 꼭 해결해야 하는 숙제이다.

안전은 "양호한 상태에서의 공존(优态共存)"을 말하며 "공동관리(共同治理)"에 관한 문제이기도 하다. 특히 비전통 안전과 전통안전이 서로 "교차(交织)"되면서 정부의 안전대응능력이 전면적인 도전을 받고 있다. 전통안전의 관리가 강제적인 제도설계와 강력한 대응조치를 취했다면, 비전통 안전의 관리는 보다 융통성 있는 제도설계와 소프트 파워(soft power)를 많이 사용하고 있다. 능력구축을 목표로 하는 비전통 안전관리에는 서로 다른 주체를 조율하여 참여하게 만드는 능력, 여러 가지 자원을 통합하여 효율적으로 이용하는 능력, 서로 다른 이익을 조화하는 능력 등이 포함되며, "화합공건(和合共建)"(화목하게 어울려 공동으로 건설한다는 뜻-역자주)과 "합작공영(合作共赢)"(상호간의 협력이나 도움을 통하여 다 같이 이익을 얻는다는 뜻-역자주)을 통하여 특정정책의 결과를 얻는 능력도 포함된다. 지역적 조직을 주도로 하고 다양한 주체가 광범위하게 참여하는 유럽의 안전관리방식,

수많은 주체가 단계별 협력을 진행하는 것이 특징인 라틴아메리카의 안전관리방식, 협상과 협력을 특징으로 하는 아시아의 안전관리방식은 모두 안전관리능력을 제고하는 중요한 국제적 실천이다.

본서는 주로 안전관리의 "능력 구축"을 다루고자 한다. 이른바 비전통 안전이론연구의 개념정의, 문제제기, 특징묘사, 주제검토, 대책사고를 기초로 하는 적극적 추진에 대하여 다루는데, 비전통 안전능력구축에 관한 이론과 방법 모색이라고 생각하면 된다. 그러나 이러한 노력은 첫걸음에 불과하고 학계 여러분들의 연구, 비판과 시정이 필요하며, 관련 정부인사들의 관심과 비평 및 여러 안전연구자와 관련 인력의 판단과 보완이 필요하다. 본서가 중국 당과 정부가 현재 추진하고 있는 사회관리혁신, "평안중국"과 "아름다운 중국"의 건설에 이론적 참고를 제공하고, 중국과 세계의 사회화합(社会和谐)에 뜻을 갖고 있는 모든 인인지사(仁人志士)들에게 영감을 제공할 수 있기를 기원한다.

머리말

지구온난화는 점점 더 심각해지고 있다. 일부 기후 과학자들의 최신 연구 성과에 따르면 인류는 현재 우주 위기의 벼랑 끝에 놓여 있다고 한다. 지구의 3대 생태체계[기후변화, 생물다양성 감소, 질소순환의 교란(氮循环干预)]은 이미 안전선을 넘었을 수도 있다.[1] 2008년 지구 대기의 탄소 농도는 이미 385ppm(산업혁명 시기보다 105ppm 초과)을 기록하였으며 설사 2030년 후에 전 세계의 배출량이 제로를 실현한다 하더라도 지구의 온도가 섭씨 2도(공인된 기후재난의 극치) 상승할 가능성이 25% 정도 된다고 한다.[2] 기후변화에 관한 정부 간 패널(IPCC) 보고서에 따르면 지구온난화의 속도는 지난 100년보다 훨씬 빠르게 진행되었고, 앞으로 100년간 지구의 평균 온도는 섭씨 1.4~5.8도 상승할 것으로 예상되며 인류는 완전히 온난화된 환경에 처하게 될 것이라고 하였다.[3] 인류환경은 산업화의 훼손하에 점점 감당할 수 없을 만큼 피폐해져 인류에게 기본적인 생존환경조차 제공할 수 없게 되었다. 특히 지구온난화는 인류가 거주하고 있는 지구를 "세계종말"식의 도전에 직면하게 만들었다. 예를 들면, 토지의 사막화, 생물다양성의 감소, 극지빙하의 녹아내림, 평균해수면

---

1) Johan Rockstorm, A Safe Operating Space for Humanity, Nature, Vol.461, 24 September 2009.

2) Ian Alison, The Copenhagen diagnosis: Updating the World on the Latest Climate Science, University of New South Wales, Australia, 2009, p.26.

3) 『全球气候变暖向人类敲响警钟』, 载http://www.china.com.cn/chinese/huanjing/522312.htm.

의 상승, 빈번히 발생하는 극단적 기후 등이 이에 해당된다. 그러므로 인류의 멸망 가능성에 대비하기 위하여 국제사회는 지구온난화를 억제하는 기후외교를 개시하였다.

지구온난화는 전 세계 모든 나라와 밀접하게 연관된 사안이기 때문에 초강대국이든 작은 군소도서국이든 모두 공동으로 대응해야 한다. 국제사회에서 처음으로 지구온난화 문제에 관한 회의를 개최한 것은 1992년의 유엔환경개발회의이며, 이 회의에서 유엔기후변화협약(United Nations Framework Convention on Climate Change, UNFCCC)을 통과시켰다. 협약체결국은 1995년 독일 베를린회의 때부터 전 세계 온실가스 감축을 목표로 하는 외교협상을 시작하였다. 글로벌 기후외교는 현시대 가장 중요한 외교 중 하나로서 모든 국가는 기후외교의 무대에서 자신만의 외교 스타일과 외교능력을 보여주고 있다.

글로벌 기후외교는 말 그대로 많은 중요한 특징을 내포하고 있다. 첫째, 글로벌한 특징. 전 세계의 거의 모든 나라, 초강대국 미국에서부터 군소도서국 몰디브까지 모든 나라들이 반드시 글로벌 기후외교에 참여해야 한다. 그리고 UN, WTO, G8, BRICs부터 민간 NGO와 일반 대중에 이르기까지 그 어떠한 조직이든 자신을 글로벌 기후외교와 연계시키고 있다. 이러한 기후외교의 전 지구적인 특징으로 인하여 협상라이벌이 많을 것이며 이로 인해 종류가 다양한 협상그룹이 나타날 것이다. 양자 간 외교나 지역적인 다자간 외교에 비해 글로벌 외교는 더욱 복잡하고 변화무쌍하여 통제하기 어려울 뿐만 아니라 합의에 이르기에는 더욱 어렵다.

둘째, 전 세계 비핵화 등 군사영역의 외교협상과 비교할 때, 기후외교는 주로 비전통적인 안전문제를 다룬다. 국제사회에서 비전통적인 안전문제에 대응하는 주요 수단은 외교이기 때문에 그 협상의 특징은 더욱 뚜렷하며, 군사력과 기술력이 외교협상에서 절대적으로 중요한 것은 아니다. 몰디브, 투발루와 같이 기후조건이 취약한 군소도서국들도 일종의 도덕적인 역량으로 국제사회에 큰 압력을 가할 수 있다. 글로벌 기후외교는 한 나라의 외교능력을 가장 잘 반영할 수 있고 외교의 장점과 단점을 가장 쉽게 드러낸다.

중국은 기후외교에서 매우 중요한 역할을 맡고 있다. 중국은 1992년 유엔기후변화협약에 서명하고 1995년부터 적극적으로 당사국회의에 참여하였으며, 국제 기후변화 대응체제의 설계와 개발도상국의 이익을 보호하기 위하여 노력을 기울였다. 2009년 코펜하겐 당사국회의 이후 기후외교에서의 중국의 역할은 점차 커지고 있으며 기후 공공외교수단의 운용에 있어서도 점점 능숙해지고 있다. 그러나 국제 기후협상에서의 중국의 발언권은 아직 크게 제고할 필요성이 있다.

중국이 기후변화대응을 위하여 큰 공헌을 하였지만 국제사회는 여전히 중국의 기후정책에 대하여 오해와 편견을 가지고 있다. 중국은 자발적인 온실가스 감축목표를 세웠지만, 온실가스 할당량 감축부담에 관하여 국제사회로부터 점점 더 큰 압력을 받고 있다. 중국의 기후외교는 이에 대하여 정확하고 적극적인 대응을 할 필요가 있다.

본서는 주로 중국이 기후영역에서 얻은 성과와 문제점을 분석하면서 기후외교와 관련된 능력의 구축을 중점적으로 다루어 기후변화 대응영역에서의 중국의 외교발언권 향상을 목표로 하고 있다. 본서는 중국이 1995년 유엔기후변화협약 협상으로부터 지금까지의 외교현황을 살펴보았으며 최대한 구체적이고 미시적인 관점에서 외교능력 구축을 분석하였다는 점과 외교능력 구축을 진행하는 데 있어서 최고의 행동지침을 제공하였다는 점에서 다른 책들과 구별된다. 본서에서는 파트너 간의 협업능력 강화, 기술협력을 위주로 하는 국제협력능력, 발언권을 중심으로 하는 의제창조능력과 중국의 이미지를 알리는 공공외교능력 등 기후외교에 필요한 네 가지 능력을 구축하는 방법에 초점을 두고 있다.

CONTENTS

제1장

외교와 외교능력
구축

1. 외교의 의미

통상적으로 외교는 국가 간의 경제, 정치, 군사와 사회문화 등 영역에서의 왕래를 말한다. 바스톤(R. P. Baston)의 『현대외교(Modern Diplomacy)』에서는 "외교는 국가 간 혹은 국가와 기타 당사자 간의 관계를 포함한다. 어느 한 국가의 입장에서 볼 때 외교는 외교정책을 제안하고 제정하며 집행하는 작용을 갖고 있다. 외교 그 자체는 국가가 정식 혹은 비정식의 대표 혹은 기타 행위자를 통하여 통신, 개별적 회담, 의견교환, 설득, 방문, 위협과 기타 관련된 행위로 특별하고 광범위한 이익을 천명하고, 조율하며, 수호하는 수단이다."라고 하였다.4) 어니스트 사토우(Ernest Mason Satow)는 "외교는 지혜와 슬기로 여러 가지 독립적인 국가 간의 정부관계를 처리하는 것을 말하며 독립국가와 부속국가 간의 관계에도 적용될 수 있는데 간단하게 말하자면 평화적인 수단으로 국가 간의 사무를 처리하는 것을 말한다."5)고 하였다. 해럴드 니컬슨(Harold Nicolson)은 "외교는 협상의 방식으로 국제관계를 처리하는 것이다."라고 하였다.6) 브라이언 화이트(Brian White)는 "외교는 국제체제 운영의 중심에 속하는 협상과정이고 국가가 협상과 대화로 분쟁을 해결하는 과정이며 협상과정의 제도화와 직업화이다."7)라고 하였다. 중국의 외교학자인 루

---

4) [英] R. P. Barston: Modern Diplomacy (第2版), 赵怀普, 周启鹏, 刘超译, 世界知识出版社 2002年版, 第1页.

5) [英] Lord Gore-Booth: Satow's Guide to Diplomatic Practice, 上海译文出版社 1984年版, 第3页.

6) [英] Harold George Nicolson: Diplomacy, 世界知识出版社 1957年版, 第23-24页.

7) John Baylis and Steve Smith, eds., the Globalization of World Politics, Oxford: Oxford University Press, 1998, p.250.

이(魯毅)는 "외교는 주권국가를 주체로 하고, 국가를 대표하는 정식 기구와 사람이 행하는 정부행위로서 대외적인 주권을 행사하며 국가 간의 관계를 처리하고 국제사무에 참여하는 것이다."라고 정의를 내렸다.[8]

또 다른 한 가지 살펴볼 만한 정의가 있는데 이는 미국의 포스트 모더니즘 국제관계학자인 제임스 데어 데리언(James Der Derian)이 제기한 것이다. 그는 좀 더 철학적인 시각에서 외교활동을 분석하였는데 외교는 두 개의 서로 다른 객체 간의 차이와 격차(물리적인 혹은 심리적인)를 이어주는 연결고리의 수요에 따라 나타난 것이며, 그 연결고리가 바로 외교라고 하였다.[9] 외교의 본질은 두 가지 서로 다른 사물을 연결시키는 작용에 있고, 만약 사물 간에 차이성이 없으면 외교도 존재하지 않는다. 이러한 주장은 비교적 추상적이고 이해하기 어렵지만 외교의 의미에 숨겨져 있는 사물의 차이성을 나타낸다. 예컨대, 동서방 국가들은 서로 다른 문화와 전통을 갖고 있으므로 이런 국가들 간에는 상호 간의 교류를 추진하는 문화외교가 있기 마련이다. 이에 반해 상대적으로 적은 문화 차이를 두고 있는 서방 국가들은 비록 문화외교를 진행하는 여지가 상대적으로 작지만, 경제, 정치 혹은 사회적 차이가 큰 편이라 여전히 광범위한 외교활동이 존재하고 있다. 알렉산더 웬트(Alexander Wendt)에 따르면 모든 국가들은 자신의 "섬세한 차이"를 소중히 여기며 이런 차이가 극대화되는 순간, 국가들은 비로소 이런 큰 차이로 인한 외교 활동을

---

8) 魯毅等主編: 『外交学概论』, 世界知識出版社 1997年版, 第5頁.

9) James Der Derian, On Diplomacy: A Genealogy of Western Estrangement, Oxford: Basil Blackwell Ltd, 1991, p.61.

시작하게 된다고 하였다. 데리언은 "차이성"으로부터 외교를 이해하였는데 이런 방식은 현대 국제사회의 발전흐름에 부합된다. 즉, 국제사회는 글로벌한 동질화와 세부적인 이질화가 존재한다는 것이다. 국제관계에서 민주화가 점점 부각되면서 많은 국가들이 자신의 주체성을 발전시킬 수 있게 되었으며, 외부세계와의 차이성을 창조하여 외교활동을 불러일으키게 되었다. 제임스 로제노(James N. Rosenau)의 이론10)에 따르면 국제사회는 통합과 분열의 과정을 겪고 있으며 두 가지 과정은 모두 점차 강렬해지고 있다. 즉, 국제사회는 동화되어 가고 있는 동시에 파편화되고 있다는 것이다. 이러한 파편화는 국제사회의 충돌이 심화됨을 의미하는 것은 아니고, 국제사회의 구성원인 국가들이 점차 독립적인 개성과 특수성으로 인한 차이점을 갖고 있다는 것을 말한다. 이런 개성화는 이질성의 발현이며 이러한 과정에서 더욱 많은 외교 활동이 진행되게 된다. 차이성이 지속적인 발전을 가져온다는 점에서 외교는 미래사회에서 점점 더 중요한 자리를 차지할 것으로 예상된다.

앞서 많은 학자들이 내린 외교에 대한 정의로부터 외교의 몇 가지 기본적인 특징을 찾아볼 수 있다. 첫째, 현대외교는 평화적인 수단으로 진행되며 평화를 실현하는 것을 목표로 한다. 현대외교는 200년 전의 외교와는 많은 다른 점들을 갖고 있다. 카를 폰 클라우제비츠(Carl von Clausewitz)는 "외교발전사를 살펴볼 때 근대외교는 군사활동의 연속이다."라고 하였다. 클라우제비츠는 외교와 군사는 긴밀하게 연결되어 있으며 외교는 국가권리와 군사목표를 위한 것이라

---

10) James N. Rosenau, Turbulence in World Politics: A Theory of Change and Continuity, Princeton University Press, 1990.

고 하였다. 마키아벨리시대의 베네치아에서 외교관의 주요 직책은 바로 상대방을 공격하거나 방어하는 것을 결정하는 데 필요한 정보를 수집하는 것이다. 역사 속의 대부분 외교활동은 전쟁 전에 발생하거나 전쟁 후에 발생하며 군사 활동과 직접적인 연계성을 갖고 있었다. 전통적인 외교의 목적은 주로 전쟁을 방지하거나 전쟁을 일으키거나 전쟁이 가져다준 안 좋은 결과를 해결하기 위함이라고 볼 수 있다. 그러므로 전통외교사의 관점에서 볼 때 클라우제비츠의 주장은 상당한 합리성을 가지고 있다.

그러나 시대의 변화에 따라 외교의 내용도 큰 변화를 가져오게 되었으며, 세계경제, 사회, 문화와의 관계가 점점 더 밀접해지고 있다. 현재의 외교의 내용, 예를 들면 북한의 핵문제, 이란 문제 등을 살펴볼 때, 외교는 더 이상 군사 활동과 아무런 관계도 없다고 할 수는 없지만 현시대의 외교는 군사적인 내용을 초월하여 국제경제, 과학과 문화 등 여러 측면에서 활발히 진행되고 있다. 세계경제의 활력을 되찾자는 의미에서 가진 G20 정상회담, 온실가스 감축에 관한 기후변화협약 당사국총회 등의 많은 외교활동은 세계경제와 전 인류의 평화와 발전을 위하여 활발하게 진행되고 있으며 단순히 개별 국가 간의 전쟁으로 진행되지는 않는다. 무엇보다도 냉전이 끝난 후 국제사회의 전쟁도 점점 줄어들고 있지만 평화적인 국제환경이 오히려 더 많은 외교활동을 불러일으키고 있다.

이 밖에 현시대의 소통방식은 예전에 비하여 많은 혁신을 가져왔는데, 예컨대 고위층 방문, 전화통화, 전략대화 등 방식으로 국가 간 소통의 빈도를 높이고 있으며, 점진적으로 국가 간 교류에서 외교의 역할이 제고되고 있다. 현대외교는 평화적인 수단으로 평화를 실현하고 전쟁을 방지하는 것이며, 단순히 평화의 수단으로 "싸우지 않고 적이 스스로 항복하는(不戰而屈人之兵)" 목표를 달성하려고 하는 것은 아니다. 물론 외교의 평화 여부도 외교의 구체적인 영역에 따라 다르다. 군사충돌을 해결하기 위한 외교는 여전히 전통외교처럼 군사 활동의 연속이라는 특징을 갖고 있다. 그러나 대부분의 경우, 외교는 평화적이다.

둘째, 외교는 항상 협상의 수단으로 나타난다. 외교의 주요 내용은 이견이 있거나 협력이 필요한 사항에 대하여 협상을 진행하는 것이다. 그 어떤 영역의 외교를 막론하고 협상은 외교를 진행하는 주요한 방식이다. 세계 기후외교의 주요 내용도 유엔기후변화협약 당사국들의 협상으로 이루어진 것이다. 우리가 외교를 협상이라고 생각할 때 비로소 외교는 기술적인 작업이 된다. 즉, 어떻게, 무엇을, 누구와 협상할 지의 문제가 연구의 대상이 되는 것이다. 협상을 주된 내용으로 하는 외교는 협상의 주제, 일정 등과 밀접하게 연결된다.

셋째, 외교는 주로 주권국가 간의 관계로 이루어진다. 전통적인 외교는 거의 국가 대 국가 간의 교섭으로 이루어졌는데, 현대외교는 주권국가의 범주를 타파하여 국제적 비정부조직과 민간단체들도 외교협상에 참가하게 되었으며 이는 특히 국제기후협상에서도 많이 찾아볼 수 있다. 그러나 주권국가가 협상의 주된 주체라는 성질은 변함이 없고, 중국, 미국, 영국, 독일, 프랑스와 인도가 빠진 국제기후협상은 실현가능성이 희박하다. 또한 국제기후협상에서의 모든 실패도 주권국가의 동기부족으로 나타난 것이기 때문에 국제협상에서의 주권국가의 중요성은 여전한 것으로 보인다.

마지막으로, 외교의 본질은 소통이다. 외교는 서로 다른 국가들

간에 발생하며 이런 국가들 간의 피할 수 없는 차이성으로 인하여 외교라는 소통방식이 나타난 것이며, 상호 간의 이해를 제고하고 각 국의 이익을 도모하는 것을 목표로 하고 있다. 현대사회에서 국가 간의 유사도는 많이 제고되었지만 웬트가 주장하듯이 모든 국가들 은 자신의 "섬세한 차이"를 소중히 여기므로, 이러한 차이점들이 외 교가 존재하는 객관적인 기초가 되고 있다. 이런 면에서 볼 때 외교 의 개념에는 숨겨진 문화와 관념의 요인들도 포함된다.

협상을 외교의 주된 내용으로 할 때 협상과정에서 양측의 관계는 서로 대립되어 있으며 양측은 모두 자국의 국가이익에만 집중하고 있다. 이와 반대로 소통을 주된 내용으로 하는 외교에서는 소통하는 양측의 관계가 친구 혹은 친구가 되고 싶거나, 최소한 적은 되지 않 으려 한다. 만약 소통하는 양측이 상호 간의 적이 되기를 원한다면 협상이든 소통이든 어떠한 의미도 없게 된다. 소통을 주된 내용으로 하는 외교는 상호 간의 생각과 문화 차이를 표현하고, 소통으로써 이견을 해소하고 공동의 목표를 달성할 수 있게 하는 것이다. 전통 적인 외교는 항상 언어로 협박하거나 지연전략(拖延策略)을 취하여 군사목적을 달성하려고 하였다면, 현대외교는 협상 혹은 소통의 방 식으로 공동의 목표를 달성하려고 한다.

2. 외교능력 구축의 내적인 차원(维度)

외교능력의 구축은 외교 분석에 있어서의 새로운 영역이다. 현재 국제사회는 보다 안정적이고 평화로운 시대에 처해 있고, 국가들은 자신의 외교능력을 더욱 중요시하고 있다. 전통적인 사회에서 외교는 주로 군사위압의 연속이며 군사목적을 실현하는 보충수단이므로 외교능력의 구축은 필요하지 않았다. 그러나 현대사회에서 외교는 주로 협상과 소통으로 구현되어 외교능력 구축의 중요성이 커지고 있다. 최근 많은 나라들은 외교능력의 구축을 매우 중요시하고 있다. 예컨대, 오바마 정부 출범 이후 "소프트파워외교"와 "스마트파워외교"를 추진하여 외교의 작용을 강화하고 자국의 외교능력을 구축하여 왔다. 2009년 7월 20일 중국 제11차 외교사절회의에서 원자바오(溫家宝) 총리는 "지금의 중국과 세계의 관계는 역사적인 변화를 가져오고 있으며, 당과 국가의 전반적인 전략에서 점하는 외교의 지위가 더욱 뚜렷해지고 그 작용도 더욱 중요해졌다. 우리는 반드시 국내외 두 개의 상황을 정확하게 파악하고 외교 사무에서의 능력과 수준을 제고하고 중앙전략방침을 수행하는 능력과 수준, 복잡한 상황을 통제하는 능력과 수준을 향상시켜야 한다."[11]라고 하였다.

전통적인 외교분석은 주로 국가의 거시적인 외교전략, 외교정책에 집중되어 있으며 정치와 군사영역에 중점을 두고 있다. 전통외교의 분석에 있어 외교능력의 구축은 주류 척도가 되지 못하였지만, 현시대의 외교에 있어서는 매우 중요하고 실용적인 가치를 가지므로 심도 있게 다룰 필요가 있다. 현대국가들이 외교능력의 구축을 중요시하는 주요한 원인 중 하나가 바로 외교가 현대국제정치에 중요한 영향을 미치기 때문이다. 외교가 국가들이 국제무대에서 활약함에 있어서의 유력한 도구가 될 때, 외교 발언권을 얻는 것이 국가

---

11) 『胡锦涛等中央领导出席第十一次驻外使节会议』, 载http://politics.people.com.cn/CB/101380/96873 55.html

들의 중요한 과제가 되기 마련이다. 다시 말하면 지금의 상황에서 국가 외교능력의 구축은 주로 어떻게 자국의 외교 발언권과 주도권을 제고할 것인지와 연관된다. 전통적인 외교는 현대외교와 달리, 대체적으로 자국의 경제실력과 군사실력에 의거하여 진행되었는데, 경제력과 군사력을 떠나면 외교능력의 구축은 공중누각에 불과하다. 21세기에 들어서면서 국가들, 특히 강대국들은 무력사용에 신중한 태도를 보이고 있으며 강대국들 간에도 더 이상 임의적인 무력위협을 발동하지 않고 대부분의 경쟁을 국제발언권의 경쟁으로 전환하였다. 무력을 전제조건으로 하는 국제사회에서는 외교능력의 구축이 불긴지사였지만, 대체적으로 평화로운 오늘날에는 외교가 국가 간 경쟁의 중요한 도구이고, 또한 자국의 외교능력을 제고하는 것은 자국의 외교발언권을 높이는 것과 같게 되었다. 글로벌화에 따라 현대적인 외교활동도 부쩍 늘어나면서 외교능력에 대한 분석도 더욱 중요해지고 있다. 선진적인 외교지식, 고단수의 외교전략과 수단은 국가이익을 취득하거나 수호하는 데 매우 중요하다. 지속적인 외교협상능력을 갖추고 외교발언권을 향상하는 것은 한 나라가 외교능력을 구축하는 데 있어서의 핵심적인 임무가 되었다.

그렇다면 국가 외교능력의 구축은 대체 무엇인가? 푸단대학(复旦大学) 교수 쑤창허(苏长和)는 외교능력은 국가가 국내외 상황을 파악하고 종합적으로 중앙과 지방, 부서와 부서, 국가와 사회, 정부와 기업, 각종 물자를 조절하여 동원하며 인터넷자원을 규범화하여 국내의 발전과 국제체제의 안정을 상호 추진하는 데 꼭 필요한 통합적인 능력이라고 하였다.[12] 칭화대학(清华大学)의 자오커진(赵可金) 교수도 중국 정부의 전반적인 외교능력을 중요하게 생각하고 있다. 그는 외교능력은 한 나라의 종합국력의 구성부분이며 그 핵심이 바로 "효율적으로 국가의 여러 측면의 능력과 자원을 배치하고 경영"[13]하는 것이라고 하였다. 하오쥔쉐(郝军学)는 "외교능력은 외교주체가 외교활동에 참여하여 자신의 조건을 바탕으로 일정한 외교전략과 기술로써 상대방에게 압력을 가하여 상대방의 태도를 변화시키거나 자국의 주장을 수용하게 함으로써 외교목적을 실현하는 일종의 능력을 말한다"고 하였다.[14] 이들은 모두 외교능력 구축에 있어 정부의 총괄능력을 가장 중요한 부분으로 꼽았고, 그 다음으로 외교협상에서의 전략과 기술을 꼽았다.

이와 같은 논의에 따르면, 한편으로 외교능력은 한 나라의 외교사무 관련 소통능력을 말하며 이는 국가의 교제능력, PR(Public Relation) 능력 및 협상기술과 관련된다. 우리가 평소에 말하는 외교는 통상적으로 외교협상과 외교소통을 가리키므로 외교능력도 통상적으로 한 나라가 특정 외교수단으로 국제사무에서 다른 나라에 영향을 주는 능력을 말한다. 이런 영향력은 국가가 국제협력에 있어서의 참여도와 통제 및 장악력, 국가가 국제회의의 발전에 대한 영향, 국제의제에 대한 통제력과 국제의안의 최종 발전방향에 대한 일부 혹은 전부의 결정권에서 나타난다. 그러나 외교능력의 중요한 구성부분인 외교협상능력은 외교능력의 전부가 아니다. 외교능력에 있어 전반적인 상황에 대한 총괄능력도 매우 중요하다. 자오커진과 쑤창허의 주장에 따르면 총괄능력은 주로 정부가 국내 여러 외교참여요인에 대한

---

12) 苏长和: 『中国外交能力分析——以统筹国内国际两个大局为视角』, 载『外交评论』 2008年 第4期.

13) 赵可金: 『统筹外交——对提升中国外交能力的一项研究』, 载『国际政治研究』 2011年 第3期.

14) 郝军学: 『初探外交能力与中国外交』, 外交学院硕士论文, 2004年.

조직과 동원능력을 말하는데 특히 중앙과 지방, 국가와 사회, 국가와 시장 간의 관계를 조화롭게 하는 것을 말한다. 총괄능력은 국가의 외교능력을 충분히 발휘할 수 있는 기초로 총괄능력이 부족하면 국가의 협상능력도 충분히 발휘되기 어렵다.

사실 현대외교의 절차적 측면에서 볼 때, 외교능력은 앞서 소개한 두 가지 측면에만 한정되지 않으며 국가 간의 조화와 협력, 외교이념과 입장의 전파 등도 포함하고 있다. 특히 다자간 외교 활동에서는 국가 간의 조화와 협력이 더욱 중요하게 부각되고 있고, 이는 외교활동에서의 중요한 능력으로 평가된다. 아울러 국가가 자국의 입장을 전파하고 자국의 양호한 이미지를 구축하는 것도 외교활동의 중요한 내용이다. 이와 같이 조화, 협상, 외교활동의 조직과 동원, 공공외교정책 등은 모두 외교능력 구축의 중요한 차원(維度)으로 꼽히고 있다.

이러한 맥락에 따라 기후외교능력에 대하여 다음과 같은 분석을 할 필요가 있다.

첫째, 기후외교의 절차로부터 볼 때 기후외교능력은 파트너와의 조화, 국제협력, 외교협상과 국제홍보 등으로 나눌 수 있다. 현대외교, 특히 비군사적인 문제에 대한 세계적인 외교는 성실한 협상파트너가 필요하다. 협상파트너를 찾고 파트너 간 협력의 효율성을 제고하는 것은 외교능력을 향상하는 중요한 임무이다. 현대외교의 또 다른 한 가지 중요한 내용은 바로 협상인데, 이는 협력 전후를 막론하고 전반 외교과정에서 나타나고 있다. 협상능력의 향상과 국제협상의 내용과 방향에 영향을 미치는 것은 국가 외교능력 구축에 있어서의 중요한 임무이다. 국가외교능력은 한 국가가 영향력이 있는 외교의제를 제출 가능한지 여부, 설득력 있고 실행가능성이 있는 해결방안을 제공 가능한지 여부와 많은 국제 구성원들의 지지를 받을 수 있는지 여부로부터 나타난다. 이 밖에 현대외교에는 또 다른 하나의 중요한 차원(維度)이 있는데 이는 바로 공공외교이다. 현대외교는 오직 참여국의 정부와 대면하는 것이 아니라 참여국의 사회, 심지어 전반적으로 국제사회와 대면하게 되므로 이런 의미에서 볼 때 공공외교라고 할 수 있다. 국가가 해외 대중들의 인정을 받고 자신의 목소리를 전달하며 자국의 국제이미지를 개선하는 것은 국가외교능력 구축의 중요한 부분이다.

둘째, 구체적인 능력에 따라 외교능력에는 외교전략 성취도 혹은 외교 상황에 대한 거시적인 장악능력, 외교참여요인에 대한 조직과 조율능력, 외교체제의 보호와 혁신능력 등이 포함된다. 외교전략 성취도는 주로 외교 상황에 대한 거시적인 장악력과 전략에 대한 판단능력을 말한다. 이러한 전략능력은 국제협력에서든 국제회의 의제의 제출 혹은 공공외교에서든 모두 충분히 갖춰야 한다. 즉, 어떠한 상황에서도 국내외 상황에 대한 전략적인 판단능력이 있어야 한다는 것이다. 국내외 상황에 대한 거시적인 판단의 정확성 여부는 전반적인 외교전략의 이행에 영향을 미치기 때문이다. 만약 판단에 있어 방향성 착오를 범하면 외교능력의 구축에 불리한 영향을 미치게 될 것이다. 여기서 말하는 전략적 판단은 세계의 정치구도, 미래의 발전방향에 대한 정확한 판단과 국제협력의 영역에 대한 정확한 이해를 말하며 외교요인에 대한 조직과 조율능력은 외교활동의 네 가지 주요 절차에서 신속하고 효율적으로 인력자원과 자금을 배치하는 것을 말한다. 예를 들면, 공공외교영역에서는 언론, 외교부서와 NGO

간의 효율적인 협력이 필요하고, 국제협상영역에서는 외교부서, 학술계의 협력이 필요하다. 만약 이러한 외교참여요인들이 빠진다면 외교능력은 진정한 향상을 가져올 수 없다. 체제창의력은 국제기후협력체제, 의제혁신체제와 공공외교체제에 대한 혁신을 말한다. 이러한 체제에 대한 혁신이 없다면 지속적인 외교영향력을 발휘할 수 없게 될 것이다.

마지막으로 외교능력의 향상은 최종적으로 국가의 이익을 실현하거나 수호하는 데에서 체현된다. 많은 외교의제와 국제사무에 대한 해결방안을 제기하더라도 자국의 국가이익을 증진하지 못하면, 그 나라는 외교능력을 충분히 발휘한 것이 아니다. 전국인민대표대회 상무위원이자 중국사회과학원 경제학부 주임인 천자귀(陈家桂)가 더반 당사국총회에서 한 발표에 따르면 "더반 당사국총회는 연기가 없는 국가호위전이며 13억 인구를 위하여 기본적인 개발권리를 쟁취하였다." 만약 중국의 기후외교가 중국의 개발권리도 지키지 못한다면, 외교능력 구축을 논의하는 것은 아무런 의미가 없을 것이다. 중국기후협상대표단 단장 셰전화(解振华)도 도하 당사국총회에서 취재를 받을 때 유사한 발표를 한 바 있는데 그는 "중국의 협상은 국가를 위하여 더욱 긴 기회기간을 쟁취하기 위함이다."라고 하였다.[15] 만약 중국의 기후협상이 중국의 경제전환에 보다 유리한 환경을 마련하지 못한다면 중국의 기후외교는 결코 성공적이라고 할 수 없다. 즉, 중국 기후외교에 대한 가장 중요한 평가기준은 바로 중국의 국가이익을 수호하였는지, 중국의 국가전략이 순조롭게 실행되었는지

---

15) 『解振华详解气候谈判,为国家争取更长的战略机遇期』, 载http://www.china.com.cn/international/txt/
2012-12/08/content_27354271.htm

여부이다. 이와 반대로 한 국가가 자신의 국가이익을 수호하였다 하더라도 국제사무를 처리하는 과정에서 유의미한 외교의제 혹은 해결방안을 제기하지 못함으로써 전 인류의 이익을 수호하는 데 기여하지 못하였다면 이 또한 해당 국가의 외교능력의 부족함을 나타낸다. 그러므로 외교능력은 자국의 이익을 지키는 데에서 나타날 뿐만 아니라, 의제를 창조하고 방향을 설정하며 국제구성원의 지지를 얻는 등 외교수단으로 다른 국가에 적극적인 영향을 미치고 국제사회의 공동이익에 기여하는 면에서도 나타난다.

3. 외교능력 구축의 기본요건

외교능력의 구축은 외부 환경의 영향을 많이 받는다. 외교능력의 구축은 반드시 다음과 같은 몇 가지의 기본적인 요건을 구비하여야만 가능하고, 이러한 요건을 떠나게 된다면 능력구축은 근본을 잃게 된다. 이와 같은 요건들로는 외교 시기, 외교환경, 외교영역과 외교목표 등이다.

(1) 외교 시기

사람들은 흔히 모든 단계에서 구축하는 외교능력이 똑같다고 생각하는데, 이것은 다양한 단계에 대한 구체적 분석이 부족한 표현이다. 외교는 국가 간의 경쟁(博弈)이라고 볼 수 있으며 그 시기성은 매우 뚜렷하다. 외교 경쟁에 참가하는 국가의 실력은 외교활동의 기초가 되고, 그 나라의 실력은 또한 항상 정하여져 있는 것이 아니며 다른 시기에 다른 상태를 나타낼 수 있다. 만약 자신의 실력이 강하다면 특별한 외교수단이 필요 없는 것이고 실력이 약하다면 고단수의 외교기술이 필요할 것이다. 외교 경쟁은 또한 상대의 실력을 고려하여 상대방이 강할 때에는 외교의 난도가 높아 외교능력에 대한 요구가 높아지고, 이에 반해 상대방의 실력이 상대적으로 약할 때에는 외교능력에 대한 요구도 낮게 된다. 그러므로 외교는 구체적인 과정이며 이 과정에서 국가의 외교능력을 고찰하여야 한다.

군사용어로 표현하자면 외교는 전략적인 방어단계, 전략적인 대치단계와 전략적인 공격단계로 나눌 수 있으며 매 단계에서 요구하는 외교능력도 서로 다르다. 예를 들면, 외교방어가 필요한 단계에서 공격의 능력을 얘기해서는 안 되고 외교공격이 필요한 단계에서 외교 방어능력을 강조해서도 안 된다. 각 측면의 국가외교능력을 구축하는 것은 진정으로 유의미한 능력구축이고, 한 국가는 외교적 측면에서 반드시 방어, 대치와 공격 세 가지 능력을 다 갖추어야 한다. 그러나 시기에 따라 중점을 두어야 한다. 최근 십 년 동안의 외교능력 구축에 대한 연구를 볼 때 외교 시기를 분석의 변수로 보지 않고 모든 단계에 똑같은 기준을 적용하다 보니, 능력구축에 관한 핵심문제를 발견하지 못하였고 이에 대응하는 과학적인 해결책도 내놓지 못하였다.

외교방어단계에 처한 국가에게 가장 중요한 것은, 국가의 기존 이익과 지위가 더 이상의 위협 혹은 손해를 보지 않도록 하는 것이지 더욱 큰 이익을 바라보는 것이 아니다. 즉, 외교방어단계에서의 핵심임무는 보존이지, 확장이 아니다. 방어단계에 있어서 합리적인 외교전략은 파트너 혹은 맹우(盟友)를 찾는 것이고, 효과적인 협력을 이룰 수 있다면 다른 나라의 정치적·경제적 압력에서 벗어나 자국의 지위가 악화되지 않도록 보장할 수 있다. 그리고 외교방어단계에서 국가가 받는 국제적인 압력이 크므로 반드시 강력한 설득력과 공공외교능력으로 국가가 받고 있는 압력을 최소한도로 줄여야 한다. 이런 전략은 소국 혹은 실력이 강하지 않은 국가에는 매우 적합하다. 결론적으로 외교발언권은 자국의 정치경제 실력과 일치하다고 볼 수 있다.

외교대치단계에 처한 국가에게 가장 중요한 것은, 이익을 발전시킬 수 있는 공간을 찾는 것이다. 즉, 국가의 이익을 위하여 기회를 찾거나 좋은 기회를 확보하여 현재의 외교 상황을 정확하게 판단한 후 역습을 시도하는 것이다. 외교대치단계에서의 핵심은 안정과 기회를 찾는 것이다. 외교대치단계에서도 파트너의 역할이 매우 중요하다고 볼 수 있다. 강력한 파트너 없이 대치되고 있는 상태에서 순조롭게 외교적인 우세를 보유하는 상태로 발전하기 힘들다. 외교대치단계에서 가장 중요한 것은 어떻게 유효한 외교의제로 발언권을 얻을 것인가이다. 지속적이고 유효한 의제가 없으면 국가는 자신의 영향력을 제대로 발휘하지 못하고 발언권을 높이지 못하게 될 것이다. 그러므로 외교대치단계에서 국가는 자국의 의제창조능력을 키우고 외교를 자신의 궤도에 따르도록 유도하거나 다른 나라가 설계한 궤도에서 이탈하도록 유도하여야 한다.

외교공격단계에 처한 국가에게 가장 중요한 것은, 자신에게 유리한 외교 도구를 창조하여 다른 국가의 시선을 끌거나 다른 국가에 압력을 가하여 자국의 발언권을 인정받는 것이다. 그러므로 외교공격단계의 핵심은 발언권을 확대하고 다른 나라의 인정을 받는 것이다. 이 단계에서는 주로 자신의 의제와 해결방안을 내세워 적합한 시기에 의제를 내놓고 의제의 진척 상황을 통제하여 외교를 자신이 설계한 궤도로 나아가게끔 적극적으로 다른 나라의 결정에 영향을 주는 것이다. 이 시기의 외교에는 의제결합전략과 홍보전략이 가장 중요하다.

그러므로 외교능력을 구축함에 있어 어떤 외교능력을 갖추어야 할지는 일률적으로 논할 것이 아니라 외교의 시기를 잘 판단하는 것이 중요하다. 외교방어단계에서 자신이 처한 상황을 정확하게 판단하고 파트너와의 협업에 중점을 두는 협업능력을 제고하여야 하고, 전략대치단계와 공격단계에서는 주로 의제를 제기하는 능력과 해결방안을 제기하는 능력을 제고하여야 하며, 전략공격단계에서는 외교홍보능력도 향상해야 한다. 이와 같이 자국이 처한 외교단계의 시기를 정확하게 판단하여야만 진정한 외교능력을 구축할 수 있다. 만약 외교방어단계에 처하여 있음에도 불구하고 섣불리 외교의제를 제기하였다가는 오히려 기타 강대국에 밀리어 더 많은 발언권을 잃게 될 수도 있다. 이와 반대로, 국가실력이 많이 강화되어 공격적인 전략을 취하여야 할 때 여전히 방어전략을 취한다면 국가는 항상 발언권이 없는 소극적인 위치에 처하게 된다.

(2) 외교환경

한 나라의 외교능력을 제고하기 위하여 외교 시기에 대한 파악 이외에도 외교환경에 대한 객관적이고 이성적인 판단이 필요하다. 외교환경에는 국가가 외교활동을 진행할 때의 국제사회의 동향과 국제사회가 자국발전에 대한 외교심리와 자국의 외교정책에 대한 태도 등이 포함된다. 외교는 일인극이 아니라 여러 가지 입장과 주체가 포함되는 다인극이다. 그러므로 외교는 외부환경에 대한 정확한 판단이 필요하다.

우선, 국가들은 반드시 국제적 전반적인 상황에 대하여 정확한 판단을 내려야 한다. 국제 상황을 판단함에 있어서 현 상태에서 국제사회의 주요 관심사는 무엇인지, 국제사회가 이러한 이유로 충돌하거나 협력하는 확률이 얼마인지, 자국의 국가이익을 보호함에 있어 가장 큰 장애는 무엇인지 등이 이에 포함된다. 국제 상황에 대한 전반적인 판단은 국가의 외교정책에 방향을 제시해 줄 수 있다. 만약 국부형세가 비교적 긴장된 상황이라면, 이는 외교환경이 상대적으로 불안한 상태에 처하여 있다는 것을 말해준다. 이때 외교수단으로 자신의 국가이익을 확보하기는 어려운 상태이고, 이와 반대로 상황이 완화되어 있을 때 외교는 보다 큰 작용을 발휘할 수 있다. 즉, 전반적인 국제환경이 국제협력으로 진행되고 있을 때 국가 간의 협력은 쉽게 달성될 수 있지만, 전반적인 국제환경이 충돌에 더욱 가까울 때 국가 간의 협력은 쉽게 달성되지 못할 것이다. 이러한 외교판단을 기초로 하여야만 자국에 알맞은 외교전략과 협상 책략을 선택할 수 있다.

다음으로, 국가는 국제사회가 자국에 대한 외교심리를 정확하게 파악하여 외부가 자국에 무엇을 기대하고 있는지를 알아야 한다. 국제사회의 기대를 알고 있어야만 국가가 외교능력을 구축함에 있어 유적방시(有的放矢)를 할 수 있고 상대적으로 적은 노력으로 많은 성과를 이룰 수 있다. 만약 자국이 국제사회의 기대와 완전히 다른 외교정책을 유지한다면 자국은 국제사회와 중대한 엇갈림이 생길 것이고 외교의 난이도도 상승하게 된다. 가장 좋은 결과는 국가의 외교정책이 국가이익을 실현하는 데에도 도움이 되고 국제사회의 기대치에도 부합하는 상황인데 이런 상황은 드물다. 현실적으로 국가의 외교정책은 늘 국제사회의 기대와 다르거나 큰 편차가 있다. 국가는 항상 자국의 이익으로부터 출발하므로 수많은 국가들로 구성된 국제사회와 입장을 통일하는 것은 매우 힘든 일이다. 이럴 때일수록 다른 나라들이 자국에 대한 생각, 태도와 기대가 매우 중요하게 작용하고 있다. 그러므로 국가는 자신의 국가이익을 실현하고 보호하여야 하는 동시에 다른 국가 혹은 국제사회의 기대도 고려하여야 한다. 이는 국제사회를 무시하는 외교는 성공할 수 없기 때문이다. 외교는 오로지 국가이익과 국제사회의 기대 간의 균형을 유지하여야만 성공할 수 있다.

현재 중국에 대한 국제사회의 외교심리는 매우 복잡하다. 그중 중국에 유리한 요소와 불리한 요소가 모두 존재한다. 국제사회가 중국에 대한 외교심리는 대체적으로 세 가지로 분류되는데, 첫째는 중국의 부상에 우려를 갖는 심리인데 많은 국가들은 중국이 더 많은 국제책임을 짊어져 중국은 책임감이 있는 국가임을 입증하기를 바라고 있다. 둘째는 많은 서방 선진국들이 도덕적 핑계로써 중국이 더 많은 국제적 책임을 지도록 압력을 가하며, 이는 한편으로는 자신의 국제책임을 줄이고 다른 한편으로는 중국의 개발을 억제하는 것이다. 셋째는 서방 국가를 제외한 많은 국가, 심지어 유럽의 일부 국가들도 중국이 강대해져서 미국의 패권을 제지해주기를 바라고 있다.

그들은 중국을 미국의 패권행각을 변화시킬 수 있는 가장 유력한 나라로 생각하고 있고, 중국의 외교에 대하여 어느 정도 지지하고 있다. 이 세 가지 외교심리는 국제사회에서 보편적으로 존재하는 주요 형태의 외교심리라고 할 수 있다.

국제기후협상에서도 알 수 있었듯이, 서방 국가들은 중국에 도덕적인 압력을 가하여 중국이 강제적인 감축의무를 부담하는 것을 바라고 있다. 서방 국가들은 높은 도덕수준을 자랑하면서, 항상 전 인류의 이익을 고려한다는 입장에서 다른 나라를 지휘하기 좋아한다. 그러나 그들이 매우 복잡한 심리상태를 가지고 있음을 부정할 수 없다. 그들은 한편으로 중국이 지구의 생태환경을 위하여 기여를 하고, 자신들의 책임을 나누어 가졌으면 하는 생각, 그리고 다른 한편으로 중국의 빠른 발전을 억제하고 싶은 심리상태를 갖고 있다. 그러므로 서방이 중국을 일부러 함정에 빠뜨리려는 목적이 없더라도 중국은 꼭 위험관리를 해야 할 필요가 있다. 그렇지 않으면 중국은 다른 나라의 제약을 받게 되고, 행동의 자유를 잃게 될 것이며, 불리한 위치에 처할 수 있기 때문이다. 물론 중국을 억압하는 국가들 이외에, 중국과 함께 서방의 압력에 저항하는 국가들도 존재하고 있다. 예컨대, 베이식 4국(브라질, 남아공, 인도, 중국)들은 모두 경제체제 전환의 압력과 동시에 서방 국가의 온실가스 감축압력도 받고 있으므로, 중국과 비슷한 이익을 갖고 있는 대표적인 국가들이다. 아울러 일부 작은 개발도상국들도 비슷한 심리상태를 갖고 있는데 주로 중국이 그들과 함께 서방의 감축압력에 대항하여 주길 바라고 있다. 이 부류의 나라들은 주로 원유수출에 의존하고 있는 걸프(gulf) 국가들인데 그들은 중국이 감축압력에 저항하기를 바라고 있다. 이 밖에도

군소도서국들은 개발도상국에 속하지만 지역특징으로 인하여 지구
온난화의 직접적인 피해를 받고 있어 서방 국가들이 제기한 국제 감
축체제에 적극적인 반응을 보이고 있으며 최근의 국제기후변화 당
사국총회에서도 서방 국가와 함께 개발도상국에 압력을 가하기 시
작하였다.

이와 같이 복잡하고 다양한 국제심리에 대응하기 위하여 원활한
외교처리방식이 필요하다. 중국은 일정한 정도의 감축행동으로 서방
국가와 군소도서국으로부터 오는 압력을 완화하는 동시에 개발도상
국 특히 베이식 국가들과 연합하여 서방 국가들이 주는 압력을 저지
할 필요도 있다. 중국은 두 가지 압력의 중간에 처하여 기후외교협
상에서 어쩔 수 없이 절충의 길을 택하게 되었다. 즉, 개발도상국가
와 함께 자신의 이익을 보호하는 동시에 너무 강경한 태도는 지양하
며 선진국들과 완전히 대립된 위치에 놓이지 않도록 노력하는 것이
다. 만약 중국에 대한 국제사회의 기대와 심리를 무시한다면, 중국
의 외교능력의 구축은 구체적인 근거를 잃게 되고, 자신의 친구, 설
득해야 할 대상, 경쟁의 상대를 정확하게 구분할 수 없게 될 것이다.

(3) 외교영역

외교능력 구축에 대하여 구체적으로 분석하기 전에 반드시 명확
히 해야 할 것은 서로 다른 문제에 대응할 때 필요한 능력도 다르다
는 것이다. 일반적으로 외교영역은 정치, 경제, 군사, 과학기술, 문화
등으로 나뉘는데 모든 영역의 외교는 모두 다른 형식으로 표현되고
있다. 예를 들면, 정치외교의 기초는 국가의 경제실력이고 국가의

정치제도도 정치외교에 매우 중요한 영향을 미친다. 경제외교의 기초는 국가 간의 무역과 투자이고, 국가의 산업화와 상업화 수준도 경제외교에 중요한 영향을 미치고 군사와 과학기술 영역의 외교는 국가의 기술실력을 기초로 하고 있으며, 국가의 과학연구와 교육 실력도 군사 혹은 과학기술외교에 중요한 영향을 미치며 문화외교의 기초는 국가의 역사전통이며 언론도 중요한 역할을 하고 있다.

다양한 영역에 필요한 외교의 기초가 다르듯 관련 능력을 제고하는 방법도 다르다. 정치외교는 주로 결맹 혹은 파트너 관계 등 방식을 통하여 자신의 이익에 일치한 맹우 혹은 파트너를 찾고, 경제외교는 주로 경제무역협약 등 수단으로 다른 나라와 시장을 공유하며, 군사와 과학기술외교는 주로 직접 혹은 간접적인 방식으로 보다 선진적인 기술을 획득하여 경쟁에서 우세가 있는 자국의 상품이 다른 나라에 의해 구매되거나 다른 나라로부터 선진적인 기술상품을 수입하며, 문화외교는 주로 문화교류 등 방식으로 상호 간의 이해도를 제고한다. 이와 같이 다양한 외교영역에서의 외교능력의 구축방식은 상이하다.

(4) 외교목표

외교목표는 국가가 외교활동을 진행함에 있어서의 열정과 원동력을 결정한다. 국가가 외교를 진행하고 싶을수록 외교가 성공적으로 이루어질 가능성이 크다. 이와 반대로 국가가 외교를 중요시하지 않고 외교를 단지 위기에 대처하는 "불 끄는" 도구로 여기면 외교는 큰 작용을 발휘하지 못할 것이다. 외교의 목표도 크고 작음이 있는

데 외교의 목표를 너무 크게 설정하면 목적을 달성하기 위하여 속도에만 치우쳐 오히려 목표를 달성하지 못할 가능성이 크다. 만약 목표를 너무 작게 설정하면 비록 실현하기는 쉽지만 외교활동에 대한 열정과 원동력이 약하여 외교를 소홀히 하게 될 것이다. 그러므로 합리적이고 현실적인 외교목표를 정하여야만 국가가 외교실천을 해나갈 수 있다. 이 밖에 외교의 목표와 외교의 시기를 긴밀하게 연결시켜야 한다. 외교의 목표는 반드시 국제 상황과 외교대응책의 변화 상태를 반영하여 시대의 흐름과 함께 나아가야 하며 다양한 외교 시기에 따라 상이한 외교목표를 정하여야 한다.

그러므로 외교에 대한 분류는 매우 필요한 것이며 이는 우리에게 어떤 시기에 어떤 외교목표를 정해야 할지와 다양한 영역의 외교를 어떻게 다루어야 한다는 것을 알려주며, 상이한 외교수단이 국가의 외교능력의 향상과 활용에 가져오는 차이점도 설명해주고 있다. 오로지 다양한 외교영역의 속성을 알아야만 정확한 목표를 향하여 나아가고 국가의 외교능력을 실질적으로 제고할 수 있으며, 외교 시기, 외교환경과 외교영역에 대한 정확한 분석을 기초로 하여야만 합리적인 외교능력 구축계획을 세울 수 있다. 외교 시기에 관하여, 현재 중국의 기후외교는 서방 국가와의 "대치상태"에 놓여 있다. 중국은 서방 국가의 압력에 굴복해서는 안 되지만, 서방 국가의 요구를 완전히 무시해서도 안 된다. 이 밖에 중국은 서방의 압력에 저항하는 데에만 외교목표를 제한할 것이 아니라, 국제사회를 이끌 수 있는 의제를 창조하도록 노력하여야 한다.

4. 외교능력 구축의 분석구조

본서는 주로 외교절차의 분류에 따라 외교능력을 구축하는 방안을 찾고자 한다. 즉, 파트너 간의 협업능력, 국제협력능력, 외교협상능력과 공공외교능력 등 측면에서 분석할 것이며 전략수준, 체제의 창조, 여러 요인들의 조화 등 능력은 큰 분류 아래의 작은 능력으로서 상기 네 가지 능력의 틀 안에서 분석할 것이다.

첫째, 파트너와의 협업능력. 현대외교에서 많은 외교의제는 모두 전 세계적인 문제로서 국제포럼에서 해결되고 있는데, 구체적인 협상은 항상 몇 개의 작은 그룹으로 나뉘어 진행되고 있다. 그러므로 외교의 과정에서 파트너의 믿음을 확보하는 것이 외교능력 구축의 핵심이 되고 파트너들과 효율적인 협업을 진행하는 것도 외교를 성공적으로 진행하는 데 있어서의 중요한 요인으로 작용하고 있다. 파트너와의 협업능력은 어떻게 적합한 파트너를 선임하는지부터 시작해 어떻게 효율적인 협업을 진행하고, 어떻게 파트너 관계를 오랫동안 유지하는지 등 내용을 포함하고 있다. 국제외교에서 중국 기후파트너의 핵심멤버는 베이식 4국이고 그 외에도 많은 개발도상국들이 있다.

둘째, 국제협력능력. 주로 중국과 국제사회가 기후에 관한 협력을 진행하는 능력을 말한다. 여기서의 기후협력은 두 가지 내용을 포함하는데 하나는 기후파트너와의 협상과 협업이고 다른 하나는 국제사회의 모든 관련 국가와 기후변화문제에 대응하는 방안에 관한 협력인데, 예를 들면, 선진국과 대체에너지를 개발하는 영역에서의 기술협력, 인근 국가와 진행하는 지역기후변화대응책 모색, 기후취약성이 높은 국가에 대한 녹색지원 등이 있다. 국제협력능력을 구축하는 포럼에서는 조화능력과 체제칭조능력도 중요한 분석대상이 된다. 국제협력능력을 향상하는 것은 국제기후변화대응에 있어서의 중국의 발언권을 강화함과 동시에 중국의 기업과 사회 발전에도 새로운 기회를 가져다주어 중국경제의 전환을 추진할 수 있을 것이다.

셋째, 외교협상능력. 이 능력에는 주로 협상단의 구성과 협상전략의 선택이 포함되는데 이 과정에서도 협상의제를 창조하고 의제의 발전방향을 통제하는 것이 가장 중요하다. 중국의 기후외교가 돌파구를 찾으려면 반드시 자신의 의제를 찾아야 한다. 현재의 기후협상에서 중국은 아직 설득력이 있는 의제로 서방을 설득하거나 서방의 기후책략에 영향을 미치지 못하고 있는 상태이다. 오히려 중국은 서방의 기후외교의 궤도에서 외교를 신행하고 있으며, 이는 중국으로 하여금 많은 자주성을 잃게 하고, 기후정책을 정하는 데 있어서의 자유가 어느 정도의 제한을 받게 한다. 그러므로 중국은 중국특색이 있는 기후의제를 제기할 필요성이 있다. 이것은 단지 중국의 외교발언권을 높이는 것을 위한 것이 아니라 전 세계의 이익을 위한 것이기도 하다. 의제를 창조하는 능력은 외교발언권의 기초이므로 중국외교능력 구축의 핵심이기도 하다.

넷째, 공공외교능력. 이 능력은 사실상 기후협상에서의 중국의 설득력과 홍보력을 말하는데, 주로 언론시스템을 구축하고 국제 언론매체와의 협력, 공공외교체제의 혁신, 공공외교수단의 창조 등 많은 내용을 포함하고 있다. 서방의 일부 국가들이 중국을 기후협상의 "고집불통"으로 여기고 중국이 세계기후변화체제의 달성을 방해하고 있다고 여길 만큼, 중국의 기후외교는 이미 어느 정도의 부정적인 이미지를 갖고 있다. 중국은 자국의 기후변화 관련 대응책에 대한 홍보를 강화하여 중국의 기후변화대응책과 그에 따른 성과를 충분히 소개할 필요가 있다.

제2장

세계 기후외교와
중국

1. 세계 기후외교 개론

1972년 유엔환경회의 이후부터 국제 과학계는 환경오염과 기후변화 문제에 관심을 갖기 시작하였다. 20세기 80년대 후기부터 지구온난화가 점차 국제정치문제로 격상되면서 국제사회의 의제로 떠올랐다. 세계 최초로 기후문제에 정치적인 해결방안을 제기한 것은 1985년 필라흐 회의보고인데 이 보고에서는 "필요한 경우 전 세계는 마땅히 세계적인 협약으로 지구온난화 문제에 대응하는 것을 고려해야 한다."[16]라고 하였다. 1988년 6월 캐나다 토론토에서 열린 "변화 중의 대기: 지구안전에 대한 영향" 국제회의에서는 기후변화 문제와 국제안전을 접목시켰고, 지구온난화 문제는 정식으로 국제안전문제로 부각되었다. 1990년 12월 유엔은 기후변화협약을 위한 정부 간 협상위원회를 구성하였고, 1992년 6월 최종적으로 166개 국가가 유엔기후변화협약을 체결하였다.

세계 기후외교는 1992년 브라질 리우에서 열린 유엔환경발전회의 이후 정식으로 시작되었으며 주로 기본협약의 체결국들이 어떻게 온실가스 배출량을 감축할지에 대한 외교를 진행하였다. 1995년 3월 베를린에서 열린 1차 당사국총회에서는 베를린 멘데이트가 통과되어 선진국이 부담하여야 할 감축의무를 정하는 것을 목표로 하였다. 국제당사국총회는 1995년 베를린 당사국총회 이후 1년에 한 번씩 기후협상을 진행하였으며 많은 협상결과를 내놓았다. 예를 들면, 교토 당사국총회에서의 "교토의정서", 발리 당사국총회에서의 "발리선

---

16) Matthew Paterson, Global Warning and Global Politics, London: Routledge, 1996, p.31.

언" 등이 있다. 2009년 코펜하겐 당사국총회에서 협상은 절정에 이르렀고 그 후 기후변화 당사국총회는 또다시 침체되었는데, 이는 주요 선진국들이 기후변화에 대응하는 열정이 점차 식어가고 협상단 간의 믿음이 약화되었기 때문이다. 그럼에도 불구하고 후속으로 진행된 칸쿤 당사국총회와 더반 당사국총회에서는 교토의정서의 2차 공약기간의 감축목표를 토의하였고, "공동의 그러나 차별화된 책임(common but differentiated responsibility)"의 원칙을 견지하였다. 이와 같이 기후변화협상은 험난한 환경 속에서도 계속 앞으로 발전하고 있었다. 18년간(1995~2013)의 당사국총회에서 세계 각국은 책임의 부담, 감축체제, 감축목표, 자금과 기술지원 등 의제에 대하여 외교적 경쟁을 진행하였다.

지구온난화의 영향은 광범위하고 기후외교를 진행하는 방식도 여러 가지가 있다. 현 단계의 세계 기후외교는 주로 유엔, 하위구역(Sub-region), 지방정부(Subnational governments)의 차원에서 진행되고 있다.

(1) 유엔 차원

기후외교는 발생 초기부터 지금까지 주로 유엔의 틀 안에서 진행되고 있었다. 유엔은 국제사회에서 가장 대표적인 국제조직으로서 기후외교의 주요한 추진자이기도 하다. 기후외교의 주요 형식은 유엔기후변화협약의 체약국들이 회의를 진행하는 것이며 유엔기후변화협약은 기후변화협약을 위한 정부 간 협상위원회가 기후변화 문제를 해결하기 위하여 체결한 협약이며, 1992년 6월 4일에 브라질 리우에서 열린 유엔환경발전회의에서 통과되었다. 협약은 1994년 3월 21일에 정식으로 발효되었으며, 첫 번째 당사국총회는 독일의 베를린에서 열렸다. 그 후 1995년부터 유엔은 해마다 유엔기후변화협약 당사국총회를 열어 지구온난화 문제에 관한 대응책을 토의하였다. 1997년 일본 교토에서는 교토의정서를 체결하였고, 선진국들의 온실가스 총량제한 감축방안을 통과시켰다. 비록 미국은 탈퇴하였지만 교토의정서는 2005년에 공식 발효되었다. 그 후 발리 당사국총회, 포즈난 당사국총회, 코펜하겐 당사국총회, 칸쿤 당사국총회, 더반 당사국총회와 도하 당사국총회에서 국제사회는 교토의정서의 후속으로 구속력이 있는 세계적인 협약을 도출하는 노력을 하였고, 선후로 "마라케시 합의문", "뉴델리 각료선언", "몬트리올 의정서", "발리 로드맵", "더반 플랫폼" 등 중요한 국제협정과 방안을 통과시켰다. 1992년 브라질 유엔환경과 발전회의는 유엔기후외교의 첫 번째 중요한 성과라고 볼 수 있다. 이번 대회에서는 유엔기후변화협약을 통과시켜 유엔 측면에서 기후변화 대응책을 진행하도록 하였다. 유엔기후외교의 두 번째 중요한 성과는 1997년 교토의정서를 통과한 것인데 교토의정서에서 2008년부터 2012년까지 선진국들이 이산화탄소의 배출량을 1990년 기준 대비 5.2% 감축하여야 한다는 목표를 정하였다. 유엔기후외교는 인류의 지속가능한 개발을 목표로 하고 있다. 1992년 리우회의에서 대회는 "환경과 발전에 관한 리우선언"을 통해 환경오염, 지구온난화와 발전은 불가분의 관계이므로, 인류는 반드시 새롭고 공평한 글로벌 파트너 관계와 지속가능한 경제발전 방식을 구축하여야 한다고 하였다.[17]

---

17) 于金光: 『国际环境外交』, 中国社会科学出版社 2007年版, 第65页.

국제사회에는 이와 같은 국제적인 기후대회 이외에 기타 기후외교체제도 많이 존재한다. 예를 들면, 유엔기후변화 당사국총회 주최국이 소집한 장관급 비공식회의, "에너지·기후에 관한 주요국 포럼", 피터스버그 기후변화 장관급 회의(ministerial-level dialogue meeting on climate change in St. Petersburg), 군소도서국 기후변화 장관급 회의, 기후기술체제 장관급 회의, 유엔총장 기후변화융자 고급자문그룹회의, 국제민간항공기구 및 국제해사기구 회의와 글로벌 농업 온실가스 연구 연맹 등 국제협상과 교류활동 등이 있다.[18]

〈역대 기후변화 당사국총회 개요 첨부(1995~2012)〉

COP1 독일 베를린, 1995

회의에서 "베를린 멘데이트"를 통과하여 2000년 이후부터 채택하게 되는 기후변화 대응방식에 대하여 협상하였다. 멘데이트에 의하면 늦어도 1997년까지 합의를 달성하여야 하며 선진국에 일정한 기간 내에 온실가스의 배출량을 감축하도록 규정하였다.

COP2 스위스 제네바, 1996

회의에서 "제네바 선언"을 통과하여 부속서 I의 체약국(영국, 프랑스, 독일, 일본 등)이 의정서의 내용에 대한 논의를 진행하였지만 합의를 달성하지 못하였다. 회의에서는 개발도상국에 정보공유와 기술이전을 개시하도록 요구하였다.

---

18) 『中国应对气候变化政策与行动』(2011), 载http://www.gov.cn/jrzg/2011-11/22/content_2000047.htm

COP3 일본 교토, 1997

회의에서 교토의정서를 통과하였고, 주요 공업 선진국들로 하여금 2008년부터 2012년까지 온실가스 배출량을 1990년 기준 대비 5.2% 감축할 것을 요구하였고, 그중 EU는 8%, 미국은 7%, 일본은 6%로 정하였다. 이와 동시에 청정개발체제(CDM), 배출권거래제(ETS), 공동이행제도(JI)를 도입하였다.

COP4 아르헨티나 부에노스아이레스, 1998

"부에노스아이레스 행동계획"을 채택하였으며 2000년부터 지구 온난화 대응방안에 대한 구체적인 행동을 개시하기로 하였다. "행동계획"에 의하면 2000년을 최종기한으로 정하고, 국제사회가 그 이전에 온실가스 배출량을 감축하는 체제를 결정하여야 한다. 교토의정서에서 정한 세 체제에 관한 운영문제를 해결하고 특히 청정개발체제(CDM)에 관한 운영방식, 규칙, 지침, 절차와 방법 등에 관한 세부규칙을 규정하여 세 체제의 충분한 운영을 보장하며 교토의정서의 비준과 발효를 추진하려고 하였다.

COP5 독일 본, 1999

"협약" 부속서 I에 속한 체약국이 정보통보지침, 온실가스 리스트 기술 심사지침, 글로벌 관측시스템 보고작성지침을 제정하고 기술개발과 이전, 개발도상국 및 경제체제 전환 중인 국가의 인력 구축 등 문제에 대한 협상을 진행하였다.

COP6 네덜란드 헤이그, 2000

협상은 점차 미국-EU-개발도상국 "삼족정립(三足鼎立)"(삼족정립이란 세 개의 국가나 세력이 병립하여 대치한다는 뜻－역자주)의 상태에 이르렀다. 미국은 "탄소중립" 등 방안을 앞세워 감축목표를 대신하려는 시도를 하였고 EU는 교토체제를 강조하는 반면에 중국과 인도는 감축의무의 부담을 반대하였다.

COP7 모로코 마라케시, 2001

"마라케시 합의문"을 통과하고 협정의 체제하에 기후변화특별기금과 최빈개발도상국기금을 설립하도록 결정하였고, 의정서의 체제하에 적응기금을 설치하도록 결정하였다. 체약국은 교토의정서의 세 체제의 운영에 관한 문제를 해결하여 CDM 사업을 가동하기로 하였다.

COP8 인도 뉴델리, 2002

"뉴델리 각료선언"을 통과하여 온실가스 배출량 감축과 지속가능한 개발은 체약국이 이행하여야 할 중요한 임무라는 것을 강조하고 2012년까지 교토의정서에서 요구하는 감축목표를 달성하여야 할 것을 재확인하였다.

COP9 이탈리아 밀라노, 2003

회의에서는 계속하여 교토의정서상의 운영과 기술 측면의 문제를 논의하고 해결방안을 찾는 노력을 하였다.

COP10 아르헨티나 부에노스아이레스, 2004

회의에서 기후변화에 따른 도전, 온실가스 감축정책 및 협약을 기초로 한 기술이전, 자금체계, 능력구축 등 문제에 대한 토론을 진행하였다. 회의에서는 "윤리적 시각에서 보는 기후변화 관련 선언"을 통과하여 도덕윤리 요소를 고려하는 전제하에서만, 국제사회가 기후변화에 대하여 공정한 대응을 할 수 있음을 제기하였고, 국제사회가 더욱 공정한 기후변화대응책을 취하도록 호소하였다.

COP11 캐나다 몬트리올, 2005

2005년 2월 16일 교토의정서가 공식 발효되었다. 대회에서 40여 가지 결의안을 통과하였으며 "교토의정서 2차 공약기간의 온실가스 감축 협상"을 시작하기로 하였다.

COP12 케냐 나이로비, 2006

대회에서는 "나이로비 작업계획"을 포함하는 수십 가지 결정을 통과하였고, 개발도상국의 기후변화 대응능력을 제고하기 위하여 국제사회가 지원하기로 하였다. 대회는 또한 "기후적응기금" 문제에 관한 합의를 달성하여 개발도상국의 기후변화 적응활동에 사용할 수 있도록 기금을 지원하기로 하였다.

COP13 인도네시아 발리, 2007

회의는 교토의정서의 1차 공약기간이 만기된 2012년 이후의 온실가스 감축방법에 대한 토론을 진행하였으며, "발리 로드맵"을 통과하여 2009년까지 기후변화에 대응할 만한 새로운 협상을 진행하겠다고 결정하였다.

COP14 폴란드 포즈난, 2008

당사국들은 2009년부터 기후변화 적응기금을 운영하기 시작하여 개발도상국의 기후변화 적응사업을 지원하며, 미래의 기후변화 관련 제도설계에 대하여 토론하였다.

COP15 덴마크 코펜하겐, 2009

회의에서 교토의정서 1차 공약기간 만료 후의 후속행동방안, 즉 2012~2020년의 감축방안에 관하여 토론하였다. 회의에서는 법적 구속력이 없는 "코펜하겐 합의"를 통과하여 "공동의 그러나 차별화된 책임"의 원칙을 유지하여 이원적인 제도로 협상을 진행하였다. 자금지원 문제에서 선진국은 2010~2012년까지 총 300억 달러의 자금을 지원하겠다고 약속하였는데, 개발도상국이 실질적인 감축행동과 투명성을 보장할 때 개발도상국의 기후변화대응에 사용할 수 있도록 선진국은 2020년까지 매년 1,000억 달러의 자금을 지원하기로 약속하였다.

COP16 멕시코 칸쿤, 2010

칸쿤 당사국총회에서 두 가지 합의를 달성하였는데 주요한 내용을 요약하면 다음과 같다. 개발도상국은 2010~2012년까지 총 300억 달러의 기후변화대응 단기재원을 받게 되고, 2020년 이후부터 매년 1,000억 달러의 지원을 받게 되며, 개발도상국이 주도하는 "녹색기후기금"을 설립하기로 하였다. 그리고 삼림의 파괴를 감소하면 자금지원을 받게 되며, 최빈개발도상국이 저탄소기술을 획득하는 데 관한 기준을 완화하며, 미국 등 온실가스 배출대국의 감축행동은 국제적인 감독을 받는 등 내용이 포함되어 있다.

COP17 남아공 더반, 2011

회의 주요 의제는 "녹색기후기금"의 운영과 교토의정서의 2차 공약기간의 존속 문제이다. 개발도상국의 많은 양보로 "더반 플랫폼"이 통과되었는데 교토의정서의 2차 감축기간을 확정하였고, 2012년부터 "행동 강화를 위한 더반 플랫폼 특별작업반"을 신설하여 미래 각국의 감축, 적응, 자금과 기술지원 등 문제를 결정하기로 하였다. 녹색기후기금도 설치되었지만 장기적인 자금 보장이 부족한 상태이다.

COP18 카타르 도하, 2012

대회에서는 많은 내용에 대한 합의를 진행하였고 2013년부터 교토의정서 2차 공약기간을 실시하기로 하였다. 이에 캐나다, 일본, 뉴질랜드, 러시아는 불참을 표하였다. 선진국은 단기재원의 공여 이외에도 지속적으로 자금지원을 증액하여 제공하기로 하였고, 2020년까지 매년 1,000억 달러의 규모로 개발도상국가의 기후변화대응을 지원하기로 하였다. 회의에서는 더반 플랫폼에서 미결된 문제도 협의하였다.

(2) 하위구역 차원

　기후외교는 유엔의 틀 내에서 진행되고 있을 뿐만 아니라 각 지역별 연합에서도 진행되고 있다. 예컨대, G20 정상회의, G8과 개발도상국가 정상회의(G8 outreach session), 동아시아정상회의, 중국·EU 상업 정상회의(China-EU Business Summit), ASEM 정상회의 등이 있다. 2007년 호주 시드니 APEC 정상회의에서 기후문제가 전례 없는 주목을 받았다. 후진타오(胡锦涛)는 정상회의에서 기후변화에 대응하는 중국의 정책을 소개하였고, 삼림의 지속적인 관리와 회복에 관한 아시아태평양 네트워크(Asia-Pacific Network for Sustainable Forest Management and Rehabilitation, APFNet)를 구축하여 공동으로 아시아태평양지역의 삼림을 증가하여 온실가스 흡수원을 늘리는 것을 추진하도록 제안하였다. 회의에서는 또한 "기후변화, 에너지 안전과 청정발전에 관한 APEC 정상들의 선언(The APEC leaders' Declaration on climate change, energy security and clean development)"을 통과하여 2030년까지 아시아태평양지역의 이산화탄소 집약도를 2005년 기준 대비 25% 감축하고, APFNet을 구축하며 삼림영역에서의 능력을 구축하며 정보교류를 강화하는 목표를 제시하였다.[19] G8 정상회의도 최근 몇 년부터 기후변화대응에 관심을 갖기 시작하였으며, 2005년부터 기후문제가 점차 G8의 정치의제로 떠올랐다. 2008년 일본 도야코에서 열린 G8 정상회의에서 8국은 2050년까지 전 세계 온실가스의 배출량을 최소한 반으로 줄이자는 장기목표에 관한 합

---

19) 『APEC会议通过气候问题宣言』, 载http://paper.people.com.cn/jhsb/html/2007-09/09/content_19400 033.htm

의를 도출하였다. 이 밖에, ASEAN도 기후변화 문제를 매우 중요시하였다. 2009년 10월 태국 화힌에서 열린 제15차 동아시아 정상회의에서 ASEAN은 "ASEAN 기후변화선언(ASEAN Joint Statement on Climate Change)"을 통과하여 기후변화에 대한 ASEAN의 공동입장을 재천명하였다. 즉, 유엔기후변화협약하에 당사국들은 평등을 기반으로 하고 "공동의 그러나 차별화된 책임" 원칙에 따라 각국의 다양한 상황과 능력을 고려하여 기후를 보호해야 한다는 것이다. 이외의 다른 지역기구들도 지구온난화에 대응하는 목표와 방법에 대한 제언을 하였다.

(3) 지방정부 차원

비록 국가가 기후변화에 대응하는 행위주체이지만 지방정부, 예를 들면 성(省), 주(州)도 기후외교에서 중요한 역할을 하고 있다. 지방정부 차원의 기후변화대응에 있어 미국 캘리포니아 주정부의 조치가 가장 주목할 만하다. 캘리포니아 주는 2006년에 세계적으로 유명한 「2006 캘리포니아 주 지구온난화 해소법(California Global Warming Solutions Act of 2006)」을 통과하여 2020년까지 캘리포니아의 이산화탄소 배출량을 1990년 수준으로 감축하는 목표를 정하였다.[20] 이는 교토의정서의 1차 공약기간의 목표보다 더 수준 높은 목표이다. 캘리포니아 주는 감축목표를 정함과 동시에 적극적으로 국제기후외교를 진행하였는데 그중에서도 가장 큰 국제협업이 바로 캘리포니

---

20) Mary D. Nicchols, California climate change program: lessons for the nation, *Journal of Environmental Law*, Vol.27, 2009, p.195.

아에서 열린 주지사 세계기후변화회의(Governors' Global Climate
Summit)이다. 이 회의의 주요한 목적은 기후사업에 대한 공동인식과
협업을 추진하는 것이다. 주지사 세계기후변화회의는 2008년부터
현재까지 두 차례 열렸다. 회의에서 영국, 캐나다 등 선진국들도 적
극적으로 참여하였을 뿐만 아니라 중국, 인도, 멕시코, 브라질과 인도
네시아 등 나라들도 적극적으로 참여하였다. 2008년 회의에서는 "세
계기후해결책선언(Global Climate Solutions Declaration)"을 통과하여
세계 각국과 지역이 "파트너 관계"를 맺어 공동으로 지구온난화에
대응하자고 제안하였다. 아울러, 캘리포니아 주는 영국과 기후변화
합의를 체결하였고 아이슬란드와 지열에너지기술을 공유하자는 환
경협업 관련 협약을 체결하였으며 캐나다 브리티시컬럼비아 주와
"태평양 해안 협력계획"을 체결하여 청정기술을 공동개발하기로
하였다.21) 일찍이 2005년 아널드 슈워제네거(Arnold Schwarzenegger)
가 중국을 방문할 때 캘리포니아 주는 중국 장수성(江苏省)과 협력방
안을 체결한 적이 있었다. 2009년 10월 제2차 주지사 세계기후변화
회의에서 캘리포니아 주와 장수성은 "에너지와 생태환경 협력 합의
(Framework Agreement on Strategic Cooperation of Energy and
Environment)"를 체결하였고, 이는 중국과 미국 지방정부 간의 첫
번째 기후변화합의이다. 장수성과 캘리포니아 주의 합의에 따르면,
양측은 신재생에너지, 에너지효율과 환경보호 영역에의 정부의 지원
을 강화하고, 해당 영역의 기술교류와 협력을 추진하며 표준화 구축
과 기업의 창조능력을 추진하는 것을 목표로 삼고 있다. 또한 양측

---

21) Press release from the office of the governor of California, Camphell, Schwarzenegger sign mou on
    climate action, May 31, 2007, http://gov.ca.gov/press-release/6521/.

당사자는 매년 정기 정상회의를 개최하고 합의된 내용의 진척 상황을 감수하기로 하였다. 슈워제네거의 말을 인용하면 "장수성과 캘리포니아 주의 협력은 중미 에너지 협력과 기후협력의 모델이 될 것"[22]이라고 한다. 캘리포니아 주 이외에도 전 세계적으로 자발적인 배출감축에 관한 협력을 도모한 사례로, 중국 장수성과 독일 바이에른 주의 사례 등이 있다.

2. 중국 기후외교의 성과와 문제점

(1) 중국의 기후외교의 연혁

중국은 20세기 80년대 말부터 기후외교를 시작하였다. 1990년 12월, 국무원의 비준으로 중국의 첫 기후문제와 기후 관련 외교사무를 전담하는 기구인 "기후변화조화팀"이 구성되었다. 이 기구의 주요 직책은 중국기후변화 평가대책의 방침과 정책을 심의하고, 기후변화와 그 대응책에 대한 국무원 소속 관련 부처들의 연구 활동을 조율하며, 관련 외교사무 활동에 대한 조율을 통하여 대외적으로 통일된 대응방식을 취함으로써 국가의 이익을 지키는 것이다.[23] 1992년 중국은 리우에서 열리는 유엔환경발전회의에 참석하여 유엔기후변화협약에 서명하였다. 중국의 기후외교는 이때부터 정식으로 시작되었다.

---

22) 张炜: 『江苏省与美国加州签署新能源与生态环境战略合作协议』, 2009年10月2日.
  载http://www.chinanews.com.cn/cj/cj-hbht/news/2009/10-03/1897853.shtml

23) 丁金光: 『国际环境外交』, 中国社会科学出版社 2007年版, 第229页.

중국 기후외교의 단계에 대하여, 일부 학자들은 국제조약에 따라 유엔기후변화협약의 체결과 발효단계(1990~1994년), 교토의정서의 체결과 발효(1995~2005년)와 포스트 교토단계(2005년부터 지금까지)의 3개 단계로 나누고 있다.[24] 또 일부 학자들은 중국의 참여도에 따라 중국의 기후외교를 수동적이지만 적극적으로 참여한 단계(1990~1994년), 조심스럽고 보수적으로 참여한 단계(1995~2001년)와 적극적이고 활발하게 참여한 단계(2002년부터 지금까지)로 나누었다. 중국의 외교참여의 적극성과 유효성으로 볼 때 제1단계의 기간(1990~1994년)에는 주로 협상참여와 조약체결에 중점을 두고 협상 자체에 영향을 미치지 않으므로 이 단계의 기간을 정하는 데에 관한 의견은 일치하였다. 그러나 제2단계의 기간에 대해서는 의견이 나뉘었다. 사실 2001년으로 분류하든 2005년으로 분류하든 모두 정확한 것은 아니다. 2001년 이후부터 2004년까지의 기후협상에서의 중국의 발언권은 실질적인 변화를 가져오지 못하였기 때문이다. 2005년에 중국은 미국이 제기한 "기후변화 아시아태평양 파트너 관계(Asia-Pacific Partnership on Clean Development and Climate, APP)"에 참여하였고, 적극적으로 CDM 사업의 국제협력에 참여하였는데, 이로써 2005년은 중국의 기후협력의 중요한 시점으로 꼽히고 있다. 2009년은 중국이 국제기후대회에서의 영향력이 가장 현저한 한 해이었다. 2009년 이후 중국은 국제기후변화협상에서 중요한 역할을 하였고, 기후발언권도 점점 강해졌다. 이와 같은 3개의 시점을 비교할 때, 2005년으로 분류하는 것이 더욱 적합할 것으로 보인다. 왜냐

---

24) [挪威] 唐更克、何秀珍、本约郎: 『中国参与全球气候变化国际协议的立场与挑战』, 载『世界经济与政治』 2002年 第8期, 第35-37页.

하면 2005년에 중국 기후외교의 능동성이 증가되었으며, 이로 인하여 2009년 이후의 기후공공외교의 큰 발전도 도모할 수 있었기 때문이다.

중국의 기후협상에서의 입장도 일정한 변화를 가져왔다. 중국이 소극적으로 참여한 단계(1990~1994년)에서는 기후변화와 관련된 대부분의 검측데이터와 평가보고가 선진국이 제공한 것으로 중국은 자체적인 검측과 연구 데이터가 부족한 상태였다. 그러므로 "국제협상, 회의에 참석할 때 자신의 연구분석 자료가 없어 소극적인 상태[25]"에 처하였고, 국제 환경문제 및 관련 문헌에 대한 연구도 "심도가 부족하고 불확실하였으며 회의준비도 불충분하였고, 심지어 일부 대안은 회의주제와 관련성이 없었고 발언의 횟수도 적었으며 초점을 맞추지 못하였다."[26] 그러다가 제2단계(1995~2004년)에서는 조심스럽고 보수적인 태도를 취하였는데 다음과 같은 측면에서 살펴볼 수 있다. 중국은 교토의정서를 비준하는 데에 유엔기후변화협약을 비준하는 기간에 비해 8배[27] 정도 되는 기간을 투자하였다. 이 이행체제에 관하여 중국은 "선진국들이 소위 말하는 '배출권거래'와 '공동이행'으로 감축목표를 실현"하는 것을 비판하였으며, 이와 같이 "기타 국가의 생존환경을 고려하지 않고 책임을 떠넘기는 방식은 받아들이기 힘들다[28]"라고 밝혔다. 1999년 당시 중국은 중진국 수준에 이르기 전까지 온실가스 감축의무를 부담할 수 없다는 입장을

25) 国务院环境保护委员会秘书处: 『国务院环境保护委员会文件汇编』, 中国环境科学出版社 1995年版, 第249页.

26) 同上书,第359页.

27) 严双伍, 肖兰兰: 『中国参与国际气候谈判的立场演变』, 载『当代亚太』 2010年 第1期, 第80-90页.

28) 『中国代表在京都会议上的发言: 阐述我对全球气候变化的立场』, 载http://web.peopledaily.com.cn/9712/10/current/newfiles/g1010.html.

고수하였다. 다만, 중국은 계속하여 자국의 지속가능한 개발전략을 실행할 것이며 온실가스 배출 증가율을 최대한 완화하겠다는 입장을 취하였다. 이와 같이 2005년 전까지 중국의 기후협상과 협업에 대한 입장은 모두 보수적인 편임을 알 수 있다. 그러던 중국이 제3단계(2005년부터 지금까지)에서는 적극적으로 기후협상에 참여하는 태도를 취하고 있고, 국제 CDM 사업의 협업에도 적극적으로 참여하였다. 2007년 6월 국무원은 원자바오 총리를 팀장으로 하는 국가 기후변화 대응지도팀을 구성하였고, 외교부도 양제츠(杨洁篪)를 팀장으로 하는 기후변화 대외작업 대응지도팀을 구성하였다. 이를 바탕으로 중국 외교부는 기후변화와 관련된 국제협상의 조직 및 참여업무를 전담하는 기후변화 특별대표부를 설립하였다. 북경대학교 학자 장해빈(张海滨)의 분석에 따르면 세 단계에서의 중국의 기후변화에 대한 입장은 "안정 속에 변화가 있다(稳中有变)"고 볼 수 있다. 변하지 않은 것은 처음부터 "공동의 그러나 차별화된 책임"을 고수하였다는 점과 감축의무를 부담하지 않는다는 점이고, 변화한 것은 보다 원활하고 우호적인 협력태도로 국제기후협상에 임하였다는 점이다. 예를 들면, 3개 감축체제, 특히 CDM 체제에서 예전의 회의적인 태도에서 현재의 지지하는 태도로 변하였고, 자금과 기술 면에서는 예전에는 선진국이 반드시 개발도상국에 자금과 기술지원을 제공할 것을 강조하였으나 현재는 win-win의 기술보급체제와 협력체제를 구축해야 한다고 주장하고 있다.[29] 2011년 더반 당사국총회 이후, 기후협상에 대한 중국의 태도는 더욱 원활해졌으며, 2020년 이후의

---

29) 张海滨: 『环境与国际关系: 全球环境问题的理性思考』, 上海人民出版社 2008年版, 第85页.

감축할당량에 대하여 협의할 의향이 있음을 여러 번 표시한 바 있다. 중국대표단 단장, 중국발전개혁위원회 부주임 셰전화는 중국은 2020년 이후의 감축의무를 부담하는 것에 조건부 동의할 의향이 있지만, 이것은 반드시 선진국들이 교토의정서 2차 공약기간에 대한 합의에 서명하는 것을 전제조건으로 한다고 하였다. 나아가 중국기후협상 수석대표 수웨이(苏伟)는 인터뷰에서 협상의 상황에 근거하여 중국이 구속력이 있는 감축합의를 체결하는 가능성을 배제하지 않는다고 보다 명확히 밝힌 바 있다.

(2) 중국 기후외교의 성과

최근 중국이 펼친 적극적인 기후외교는 양호한 결과를 가져왔다. 중국은 기후외교를 잘하기 위하여 기후외교업무를 지도하는 국가기구도 설립하였다. 중국의 기후외교 담당기구의 연혁은 1990년으로 거슬러 올라간다. 1990년 1월에 기후변화조화팀이 구성되었고, 2007년 6월에 국무원은 원자바오 총리를 팀장으로 하는 국가 기후변화 대응지도팀을 구성하였고, 외교부도 양제츠를 팀장으로 하는 기후변화 대외작업 대응지도팀을 구성하였다. 2008년 기구개혁과정에서 기후변화에 대응하는 지도작업을 강화하기 위하여 국가 기후변화 대응지도팀의 구성원을 18개에서 20개로 확충하였고, 구체적인 업무는 국가발전과 개혁위원회에서 담당하고, 지도팀 사무실을 국가발전과 개혁위원회에 설치하였으며, 국가발전과 개혁위원회에 전문기구를 설립함으로써 전국 기후변화 대응 업무의 조율을 담당하였다. 또한 기후변화대응책의 과학성을 높이기 위하여 기후변화전문가위원회를

구성하였고, 이 위원회는 정부결정, 국제협력과 민간활동의 전개에
대량의 지원업무를 제공하였다.[30]

1989년부터 중국은 적극적으로 기후변화에 대응하는 국제협약에
가입하였고 현재까지 유엔기후변화협약, 유엔사막화방지협약(United
Nations Convention to Combat Desertification, UNCCD), 교토의정서
를 포함한 50여 개의 국제환경협약에 가입하였다. 중국은 주변국,
선진국과 많은 기후변화대응 사업을 진행하고 있는데, 중국은 CDM
사업을 가장 많이 유치한 국가 중 하나이고, 국제환경기구에 대한
지원금을 나날이 증가하고 있으며 현재는 지구환경기금에 기부를
가장 많이 하고 있는 20개 국가 중 하나이다.[31]

한편 중국은 개발도상국과 적극적으로 기후협상의 입장을 조율하
고 있으며 개발도상국의 발전권익을 효과적으로 수호하였다. 중국과
인도는 2009년 10월 지구온난화를 공동으로 대응하자는 취지에서
중·인 기후변화 국가행동계획 연합세미나(National Action Plan
on Climate Change)를 가졌고, 두 나라는 "중국 정부와 인도 정부
간의 기후변화 협력에 관한 합의(Memorandum of Understanding on
Cooperation on Addressing Climate Change)"를 체결하고 중·인 기
후변화업무팀을 구성하여 감축, 적응과 능력구축 등 다방면에서의
협력을 강화하는 것을 목표로 하였다.[32] 코펜하겐 당사국총회 이후
중국은 베이식 4국과 회의를 진행하고 입장을 조율하며 공동기자회

---

30) 『中国应对气候变化的政策与行动白皮书』(2008), 载http://news.sina.com.cn/c/2008-10-29/10471654
8661.shtml.

31) 张海滨: 『环境与国际关系: 全球环境问题的理性思考』, 上海人民出版社 2008年版, 第72页.

32) 陈迎: 『中印合作是发展中国家协调应对的重要一步』, 载人民网, http://world.people.com.cn/GB/575
07/10282075.html.

견으로 개발도상국의 이익을 보호하였다.

중국은 국제기후변화에 대응하는 다자간 및 양자 간 협력에 적극적으로 참여해왔다. 최근 중국 국가주석과 국무원 총리는 G8과 개발도상국가 정상회의, APEC 회의, 동아시아정상회의, 보아오포럼(博鳌论坛) 등 많은 다자간 협상과 교류에서 기후변화와 국제협력에 대한 중국의 입장을 밝혀, 기후변화에 대응하는 전 세계 차원에서의 협력활동을 적극적으로 추진하였다. 다자간 협력에 있어 중국은 이산화탄소 포집·저장, 리더십포럼, 메탄시장화 파트너 관계, 기후변화 아시아태평양 파트너 관계의 정식 회원이다. APEC 회의에서 중국은 APFNet을 제출하였으며 "기후변화와 과학기술 혁신포럼(Forum on Climate Change and Science & Technology Innovation)"을 주최하였다. 양자 간 협력에 있어 중국은 EU, 인도, 브라질, 남아공, 일본, 미국, 캐나다, 호주 등 국가 또는 지역과 기후변화 대화와 협력체계를 구축하여 기후변화를 양자 간 협력의 주요 내용으로 정하였다. 아울러 중국은 능력이 닿는 범위 내에서 아프리카와 군소도서국의 기후변화 대응능력의 제고를 위하여 지원하고 있다.

최근 몇 년간의 기후변화협상에서 중국의 영향력은 점차 커지고 있다. 2007년 중국은 인도네시아 발리에서 열린 기후변화 당사국총회에 참석하여 3개의 제언(선진국의 2012년 이후의 감축목표를 확정하고, 기후변화협약과 교토의정서에서 합의한 바와 같이 개발도상국에 자금과 기술을 이전하는 규정을 확실하게 구현)을 하였으며 여러 당사국으로부터 인정을 받고 최종적으로 "발리 로드맵"에 수록하게 되었다. 2009년 중국은 적극적으로 코펜하겐 당사국총회의 협상에 참여하여 협상의 교착상태를 해결하고 당사국들의 합의 도출에 중요한 역할을 하였다. 중국 국무원 총리 원자바오는 모든 당사국이 공감대를 형성하고 협력을 강화하여 함께 국제협업을 추진하여 기후변화에 대응하자고 호소하였다. 그리고 2010년 중국은 멕시코 칸쿤에서 열린 당사국총회에서 칸쿤협상이 정확한 방향으로 진행되는 데 많은 기여를 하였다. 이 밖에 중국은 국제기후협상 업무회의의 준비작업도 맡았다. 2010년 10월 칸쿤 당사국총회가 열리기 전에 중국은 텐진(天津)에서 유엔기후변화협상 업무회의를 주최하여 칸쿤 당사국총회에서 적극적인 성과를 이루기 위한 기초를 마련하였다. 또한 중국의 외교노력으로 교토의정서 2차 공약기간과 "공동의 그러나 차별화된 책임"의 원칙이 유지되었다.

중국은 미국 등 나라들과도 적극적으로 기후영역에서의 협력을 진행하였다. 중국과 미국은 20세기 90년대부터 기후영역의 협력을 시작하였다. 1994년 중국과 미국은 "중미청정석탄기술협력 부속서"를 통하여 청정에너지에 관한 국제협력을 진행하였다. 1998년 중국과 미국은 간쑤성(甘肅省)에서 320개 태양광발전시스템의 설치를 마쳤고, 2003년에는 공동으로 기후변화와 관련된 업무회의를 주최하였다. 그리고 중국과 미국이 협력하여 건설한 에너지절감시범사업인 중미 에너지절감시범건물이 2004년에 준공되었다. 아울러 2005년에 중국, 미국, 일본, 호주, 인도와 한국은 함께 기후변화 아시아태평양 파트너 관계를 구성하였다. 이 밖에 미국의 NGO도 중미 기후외교에서 중요한 역할을 하였다. 1991년에 설립된 에너지기금은 1999년부터 중국의 배출감축행동을 지원하였고, 그 업무는 에너지 효율 제고와 온실가스 배출감축에 관한 많은 업무를 포함한다. 예를 들면, 교통, 건축과 공업 에너지 절감, 전력과 재생에너지, 저탄소발전 등이

있다. 캘리포니아 주 환경보호단체인 에코링스재단(Ecolinx Foundation)
은 중국의 저탄소발전 전략인 "화석연료에 대한 의존도를 낮추는 전
략"을 도와주는 동시에 중국의 전문가와 협력하여 에너지정책을 제
정하였다.[33]

　　지금의 기후협상은 비록 서방 국가가 주도하고 있지만, 중국 기후
외교의 발전에 따라 국제기후협상에 대한 중국의 태도도 점차 적극
적으로 변하고 있다. CDM에 대한 중국의 태도도 최초의 회의적으
로부터 적극적인 참여로 변하였고, 현재 중국의 CDM 사업 신용도
는 세계 1위를 자랑하고 있다. 아울러 감축책임에 대한 중국의 태도
도 미묘한 변화를 가져왔다. 예전에 중국은 중진국 수준에 도달하기
전까지는 온실가스 감축의무를 부담할 수 없다고 하였지만, 2007년
부터 중국의 태도는 점차 적극적으로 변하기 시작하였다. 후진타오
주석이 2007년 G8+5회의에서 현 단계의 중국은 감축의무를 부담
할 수 없지만 중국은 능력이 닿는 범위 내에서 자국의 상황에 맞는
조치를 취하여 전 세계의 지속가능한 개발에 적극적인 기여를 하겠
다고 밝힌 바 있다.[34] 일부 학자들은 중국이 여러 차례의 국제회의
참석을 통하여 환경에 대한 뚜렷한 태도변화를 가져왔다고 보고 있
다.[35] 또 다른 학자들은 중국 기후변화조화팀의 설립은 국제기후대
응제도와 대응의식이 중국 국내체제에 녹아들었다는 것을 설명한다
고 보고 있다. 2009년 코펜하겐 당사국총회부터 중국은 "매력적인"
외교방식을 택하였고 중국의 기후외교는 많은 칭찬을 받아왔다. 미

---

33) 张海滨: 『环境与国际关系: 全球环境问题的理性思考』, 上海人民出版社 2008年版, 第279页.

34) 庄贵阳: 『全球环境与气候治理』, 浙江人民出版社 2009年版, 第262-263页.

35) 薄燕: 『环境问题与国际关系』, 上海人民出版社 2007年版, 第235页.

국 일간지 샌프란시스코 크로니클(San Francisco Chronicle)에서는 기후변화 대응 측면에서 중국이 미국보다 더 잘하고 있다고 하였다. 미국과 비교할 때, 중국은 이산화탄소 총량을 통제하고 배출권거래제에 대한 계획을 하였으며, 많은 성, 시에서는 배출권거래 시범운영을 진행하였고 국내에서 탄소세를 징수하는 계획을 하고 있으며, 국내의 재생에너지에 대한 투자가 미국보다 많을 뿐만 아니라 풍력과 태양에너지 영역에서의 개발도 미국보다 더 빠르게 진행되고 있다는 점을 높게 평가하였다.[36] 호주정부가 지원하는 독립기구인 기후위원회가 2013년 4월 29일에 발표한 연구보고서에 따르면, 중국은 재생에너지의 사용을 보급하고 있으며 "빠른 속도로 지구온난화 방지를 위하여 노력하는 국가랭킹의 선두주자가 되고 있다"고 하였다. 이 보고서에서는 지난 9개월 동안 전 세계가 채택한 기후변화 대응조치를 소개하였고, 또한 주요 국가가 이 문제에 대한 정책을 제정하였지만, 그중에서도 중국이 앞장서 있으며, 특히 재생에너지를 사회전반 에너지구조에 귀속하는 면에서 "야심 찬 한 걸음을 내디뎠다"고 하였다. 보고서에 의하면 중국은 2005~2012년까지 풍력 발전능력이 50배나 늘어나 현재 세계 재생에너지 강국으로 급부상하고 있다고 한다. 2012년 중국은 청정에너지 영역에 651억 달러를 투자하였고, 이는 2011년 대비 20% 증가하였으며, 참고로 이는 2011년 G20의 해당 영역에서의 총투자 금액의 30%에 달한다고 한다.[37] 중국 기후변화대응 노력에 대한 정부 인사들의 칭찬이 주를

---

36) 『对抗气候变化,中国比美国做得更好』, 载http://oversea.huanqiu.com/political/2013-05/3919884.html
37) 『气候委员会报告: 中国防止气候变化努力全球领先』,载http://world.huanqiu.com/regions/2013-04/3888383.html

이룬 예전의 평가와는 달리, 호주의 연구기관이 더욱 객관적이고 과학적인 연구를 바탕으로 한 해당 평가는 중국이 기후외교에서 실질적인 발전을 가져왔다는 것을 더욱 확실하게 보여주고 있다.

(3) 중국 기후외교의 문제점

현재의 중국 기후외교는 아래와 같은 많은 문제점과 도전에 직면하고 있다. 첫째, 중국이 기후외교협상에 있어서의 이미지를 개선할 필요가 있다. 20세기 70~80년대 초의 환경과 기후외교에서 중국은 아직 대규모의 산업화와 도시화를 이루지 못하였으므로 환경문제와 기후문제에 관심을 두지 않아 국제회의에서 소극적인 태도를 많이 보였고 참여하는 열정도 부족하였다. 90년대 이후 중국의 빠른 산업화에 따라 환경문제가 심각해졌지만 국제사회에서 요구하는 강제적인 감축의무는 중국경제에 심각한 타격을 줄 수 있으므로 중국은 계속하여 감축의무를 부담하지 않는 태도를 취하였고, 이로 인하여 국제사회에 "기후협상에서의 고집불통과 방해자"라는 부정적인 이미지를 남겼다. 필자와의 대화에서 영국학자 배리 부잔(Barry Buzan)은 서방 국가가 볼 때 중국은 기후협상영역에서 대체적으로 부정적인 이미지가 강하고, 중국의 기후대응책도 많이 왜곡되어 해석되는 상황이므로, 중국은 세계적으로 자신의 기후대응책과 계획을 설명할 필요가 있다고 말하였다. 중국이 기후변화 대응영역에서 취한 일부 중대한 행동은 확실히 국제사회의 관심을 받지 못하였다. 중국외교부 부부장 부영(傅瑩)에 따르면 국제사회가 중국에 대한 오해는 적지 않은 편이라고 한다.[38] 2009년 코펜하겐 당사국총회에서부터 중국은 적극적으로 중국이 기후변화대응 측면에서 가져온 성과를 세계에 알리면서 중국의 기후이미지를 개선하여 왔지만 아직은 지속적인 변화와 노력이 필요한 것으로 보인다. 둘째, 국제사회로부터 오는 감축의무에 대한 압력도 점차 커지고 있다. 미국과 러시아 등 나라들은 중국과 인도 등 개발도상국이 감축의무를 이행하여야만 자신도 실질적인 감축의무를 부담하겠다고 주장하였다. 코펜하겐 당사국총회 전부터 미국은 중국에 감축의무 부담에 대한 압력을 가하기 위하여, 중국이야말로 세계 최대 탄소배출국이라는 여론을 조성하였고, 2013년 초 중국이 이미 미국을 초과하여 세계 최대 원유수입국이라고 발표하였다. 예견컨대, 중국에 대한 강제적인 배당량 감축의무에 관한 압력은 점차 커질 것이고, 중국이 감축의무를 부담하지 않으면 중국의 이미지 개선에 불리할 뿐만 아니라 공공외교의 진행도 어려워짐으로써 중국의 기타 영역에서의 외교에도 방해가 될 것이다. 물론 중국은 계속하여 감축의무를 부담하지 않겠다는 입장을 고수할 수는 없지만, 한동안의 적응기간을 가지는 것은 합리적이고 가능하다고 본다. 셋째, 중국의 기후외교와 국내 저탄소경제발전 사이에는 긴장관계가 존재한다. 중국의 기후외교가 한편으로는 세계적인 감축의무를 이행하는 등 방식으로 전 인류의 이익을 고려하여야 하지만, 이와 동시에 자국의 국가이익도 고려하여야 한다. 현재 중국경제는 전환의 중요한 시점에 이르렀고, 에너지소비량이 큰 기존의 조방형(粗放型) 경제형태로 인하여 경제체제의 전환비용이 상당할 것으로 예상되며, 중국의 기후외교는 반드시 국내 경제전환의 요소

---

38) 傅莹: 『中国人要向世界讲好自己的故事』, 载http://world.huanqiu.com/regions/2013-05/3910802.html

를 고려하여야 한다. 이와 같이 현재 중국의 기후외교는 서방 국가로부터 오는 압력을 받고 있을 뿐만 아니라, 국내 경제성장의 압력도 받고 있다. 특히 이 두 가지 압력을 받고 있었던 중국은 2009년 전까지 기후외교에 있어 잠정적으로 방어 상태를 취할 수밖에 없었다. 그러므로 중국의 경제전환이 순조롭게 진행되는 상황에서만, 중국의 기후외교가 이러한 긴장관계를 완화시킬 수 있다. 2009년 이후 중국의 새로운 에너지기술의 개발, 스마트교통, 예를 들면 고속철도 등 시설의 큰 발전으로 인하여, 중국의 기후외교 협상영역에서의 주도권(主动权)이 점차 커졌고, 자국의 감축방안을 이행할 수 있는 용기와 능력이 생겼다. 그러므로 최근 몇 년간의 기후외교에서 중국은 예전의 소극적 방어 상태에서 벗어나 자신의 발언권을 확장할 수 있는 전략적인 우세를 갖기 시작하였다.

비록 중국의 기후외교는 한동안 매우 큰 곤경에 빠졌지만 중국 기후외교는 튼실한 기초를 갖고 있다. 이러한 기초는 바로 중국이 기후변화 대응영역에서 거둔 수많은 성과이다. 지난 20여 년 동안 중국은 지구온난화의 속도를 완화하기 위하여 많은 기여를 하였다. 1994년 4월 국무원은 <90년대 국가산업정책개요(九十年代国家产业政策纲要)>를 발표하여 중국의 에너지사업은 개발과 절약 두 가지 전략을 모두 중요시하고 에너지, 경제와 환경의 조화로운 발전을 가져와야 한다고 하였다.[39] 중국의 제11차 5개년 계획(2006~2010)에 따르면, 중국은 에너지 소모량을 20% 줄이고, 오염배출량을 10% 줄이며, 삼림피복률을 18.2%로부터 20%까지 증가하는 것을 목표로

---

39) 国家气候变化对策协调小组办公室: 『全球气候变化-人类面临的挑战』, 商务印书馆 2005年版, 第264页.

하였다. 2007년 6월 중국 정부는 <기후변화대응에 관한 국가방안
(中国应对气候变化国家方案)>과 <국무원의 에너지절감과 배출감축에
관한 종합성 업무방안(国务院节能减排综合性工作方案)>을 발표하였다.
2007년 9월 국가발전과 개혁위원회는 <재생에너지 중장기 발전계
획(可再生能源中长期发展规划)>을 발표하였는데, 2010년까지 재생에
너지의 소비량이 전체 에너지소비량에서 점하는 비중을 10%로 증
가하고, 2020년까지 이 수치를 15%로 증가하는 목표를 정하였
다.[40] 1990~2000년 기간, 중국은 인공수림을 총 5,273헥타르 조성
하였고 인공수림의 총면적은 세계 1위에 달하였다.[41] 코펜하겐 당사
국총회 전에 중국은 자발적으로 2020년까지 단위 GDP당 이산화탄
소 배출량을 40~45% 감축하겠다는 목표를 발표하였다. 아울러 중
국은 태양에너지, 풍력 등 청정에너지에 대한 투자와 개발을 진행하
였다. 미국 퓨 자선기금(The Pew Charitable Trusts)의 보고서에 따르
면 2009년 중국의 청정에너지에 대한 총투자 금액은 346억 달러에
달하여 세계 1위를 차지하였다고 한다. 미국은 186억 달러로 그 뒤
를 이어 세계 2위를 차지하였다.[42] 2009년에 새로 증가한 중국의 풍
력발전기의 용량은 미국을 초과하여 올해(2013년을 말함-중국어판이
2013년에 출판되었음-역자주) 중국은 전 세계 풍력발전용량이 가장 큰
나라로 거듭날 가능성이 크다. 세계 풍력이사회와 그린피스(Greenpeace)
가 2010년 10월 13일에 발표한 <2010년 중국 풍력에너지 보고>에
서 2020년까지 중국의 풍력발전용량은 230GW에 달할 것이라고 하

40) 庄贵阳: 『全球环境与气候治理』, 浙江人民出版社 2009年版, 第264页.

41) 国家气候变化对策协调办公室: 『全球气候变化 - 人类面临的挑战』, 商务印书馆 2005年版, 第269页.

42) 钱炜: 『下一轮气候谈判: 坎昆,不是一道过不去的"坎"』, 载『科技日报』 2010年5月10日.

였다.[43] 이와 같은 여러 가지 사실들은 중국의 기후변화대응에 있어서의 노력을 보여주지만, 중국의 노력은 이해를 얻지 못하고 있는 실정이다.

중국은 외교기초가 튼튼하여 국제사회의 존중을 받아야 하지만 사실상 기후외교에서는 소극적인 위치에 처해 있다. 이것은 중국의 기후외교가 일부 측면에서 부족한 점이 많다는 것을 보여주고, 중국은 마땅히 기후변화 대응영역에서의 공공외교를 많이 강화하고 국제사회에 기후변화대응의 성의와 이미 취한 행동을 보여주어야 한다. 중국의 언론도 중국의 기후대응정책과 효과를 많이 홍보하고 중국학자들도 적극적으로 국제 기후세미나에 참가하여 중국의 기후정책을 설명해주어야 한다. 아울러 환경 NGO들도 중국의 기후외교정책을 설명하고 중국 기후외교의 발언권을 높이는 데 중요한 작용을 할 것으로 예상되므로, 중국은 국내 환경 NGO들의 외교활동도 전폭 지지하여야 한다. NGO의 예로, 중국의 환경 NGO인 세계환경연구소와 스리랑카가 공동으로 진행한 메탄사업이 큰 성공을 거두었으며, 스리랑카 정부의 높은 평가를 받은 바 있다.[44]

중국 기후외교의 연혁을 살펴보면 성과와 문제점이 모두 뚜렷하다. 개발도상국의 입장에서 볼 때, 중국이 기후변화대응에 있어 신재생에너지 기술의 개발, 삼림흡수원의 측면에서 큰 성과를 이루었지만, 이러한 노력은 장기간 동안 어떠한 인정과 이해를 받지 못하였을뿐더러 기후협상에서의 역할만 확대되어 더욱 많은 책임을 부담하라는 압력을 받았다. 그리고 다른 한편으로, 중국은 기후외교영

---

43) 何英: 『缓慢前进的气候谈判』, 载『中国能源报』 2010年10月18日.

44) 『中国驻斯里兰卡大使馆盛赞GEI兰卡沼气项目』, 载http://www.greengo.cn/news.php?id=1878

역에서 주도권을 얻지 못하였다. 국제기후협상에서 중국은 여전히 서방 국가가 설정한 궤도에서 빠져나오지 못하여 의세나 진척 상황 등의 측면에서 장기적으로 서방 선진국의 통제를 받는 상태에 처해 있다. 그러므로 중국은 기후외교 측면의 능력을 크게 향상할 필요가 있다.

제3장

파트너 간의
협업능력 구축

1. 기후파트너 전략

   기후협상과정에서 거의 모든 국가 혹은 단체들은 서로에게 압력을 가하고 있다. 그러나 상대국에게 일방적으로 압력을 가하기만 하고 받지 않는 국가는 존재하지 않는다. 그러므로 기후협상영역에서 일정한 형식의 파트너 관계는 매우 중요하다. "파트너 관계에 있어서 협상 당사자는 어느 정도 파트너의 힘을 빌려 협상에서의 자신의 지위를 높여 더욱 많은 영향력을 행사할 수 있다.[45]" 현재 중국은 기후파트너를 찾아야 하는 상황이다. 국제사회로부터 오는 큰 압력을 홀로 버티기에는 다소 버겁기 때문이다. 그리고 국제기후협상은 세계적인 다자간 협상으로 참여국이 매우 많아 협상그룹으로 진행되기 때문에 참여국은 상황에 따라 자신과 비슷한 이익을 가진 국가와 협상파트너를 구성하여야 한다.

   기후협상 초기에 국제사회는 대체적으로 선진국과 개발도상국 두 개의 그룹으로 나뉘었다. 그러나 국제기후협상의 발전에 따라 여러 개의 기후그룹이 형성되었다. 예를 들면, Umbrella Group, EU, G77개국+중국, 군소도서국가연합, 석유수출국, 중유럽 11개국 그룹, 환경건전성그룹, 중미주그룹, 아프리카국가연합 등이 있는데, 그중에서 미국을 중심으로 하는 Umbrella Group, EU 및 G77개국+중국이 가장 큰 비중을 차지하고 있다.[46]

   기후협상에서 거의 모든 국가는 각자의 기후그룹에 속해 있고, 각

---

45) [美] 布里古特·斯塔奇、马克·波义耳、乔纳森·维尔肯菲尔德:『外交谈判导论』, 陈志敏、陈玉聃、董晓同等译, 北京大学出版社 2005年版, 第40页.

46) 庄贵阳、陈迎:『国际气候制度与中国』, 世界知识出版社 2005年版, 第75页.

그룹은 다른 그룹의 압력에 저항하거나 다른 그룹에게 압력을 가하고 있다. EU는 보다 급진적인 감축방안의 출시와 개발도상국의 삼축의무 부담을 핵심적인 목표로 정하고 있다. 미국 등 Umbrella Group 국가들은 개발도상국 특히 중국과 인도가 감축의무를 부담하는 것을 자신의 감축의무 부담에 대한 근본적인 조건으로 내세웠다. 이와 반대로, 개발도상국의 핵심적인 목표는 선진국들이 먼저 감축의무를 부담하고 개발도상국에 실질적인 자금과 기술지원을 하는 것이다. 군소도서국가연합의 외교목표는 빠른 시일 내로 세계적인 감축합의를 도출하는 것이고, 기후협상의 진척을 늦추는 모든 국가를 비판대상으로 삼고 있다. 석유수출국들의 외교목표는 세계적인 감축합의가 그들의 석유수출에 피해를 주지 않는 동시에, 선진국이 먼저 감축의무를 부담하는 것이다.

1996년 제4차 체약국회의 이후 선진국과 개발도상국의 남북대립 상태는 점차 모호해졌고, 집단 다양화 추세가 점차 강해지고 있다. 예를 들면, 터키는 감축의무를 부담하기 어렵다는 이유로 여러 번 부속서 I에서 탈퇴하겠다는 신청을 제기하였고, 카자흐스탄은 배출권거래에 참여하기 위하여 부속서 I의 국가에 가입하겠다고 신청하였으며, 아르헨티나와 한국은 자발적 감축 약속에서 탈퇴하였다.[47] 2010년 칸쿤 당사국총회에서 더욱 명확해진 바, 기후협상의 그룹화 추세는 점차 강해지고 있으며 전통적인 선진국과 개발도상국 간의 대립이나 EU, Umbrella Group, 베이식 4국 등의 뻔한 구조도 아닌 다수의 소그룹들이 속출하기 시작하였으며 여러 그룹의 의견충돌도

---

47) 庄费阳、陈迎: 『国际气候制度与中国』, 世界知识出版社 2005年版, 第77页.

나날이 커지고 있다. 일부 군소도서국가, 남아메리카와 아프리카 국가들은 또한 미래의 온도상승을 1.5℃로 통제하자고 제안하였지만 "코펜하겐합의"에서 2℃로 합의하였다. 왜냐하면 이는 개발도상국들이 현재보다 더욱 큰 강도로 감축을 진행하야 하는 것을 의미하므로 신흥국가의 경제발전에 어느 정도 피해를 줄 수 있기 때문이고, 신흥 개발도상국, 예를 들면 중국, 인도 등이 받아들이기 힘든 수치이었기도 하였다. Umbrella Group 국가 중 일본은 2012년 이후의 새로운 기후협정은 반드시 중국, 미국과 인도 등 주요 탄소배출국을 구속하여야 한다는 주장을 내세웠으며, 이는 일본이 더 이상 미국과 같은 편이 아니라는 것을 보여준다.[48] 2011년 더반 당사국총회 이후 캐나다, 일본과 뉴질랜드 등 국가는 교토의정서의 2차 공약기간 참여를 원하지 않았고, EU는 비록 2차 공약기간에 참여할 의사를 표명하였지만 실질적인 감축목표는 대폭 줄어들었다. 개발도상국가 중에서 군소도서국가와 기타 국가들 간의 의견 차이가 늘어나는 반면에 중국, 인도, 브라질과 남아공 간의 협력은 점점 더 강해지고 있는 추세를 보이고 있다. 이와 같이 국제기후그룹은 불안정성을 띠고 있으며 국가가 직면하는 구체적인 문제에 따라 변화한다. 향후의 국제기후변화 당사국총회에서 이러한 현상은 계속될 것이고, 일부 경우에는 더욱 심각해질 것으로 보인다.

중국의 기후파트너를 구체적으로 분석하기 전에 먼저 파트너 전략에 대한 중국의 인식에 대하여 살펴볼 필요가 있다. 신중국이 건립된 후 중국은 소련과 단기간의 맹우관계를 유지한 이외에는 일관

---

48) 易鹏: 『气候谈判将进入"无轨时代"』, 载『中国经营报』 2010年12月27日.

된 "비동맹"의 외교전략을 고수하여 왔다. 개혁개방 이후 중국은 독립적이고 자주적인 다자간 외교정책을 견지하며 어느 나라와도 실질적인 맹우관계를 맺지 않았다. 그런데 만약 중국이 기후문제에서 "결맹"이라는 파트너 책략을 사용하게 된다면, 예전의 독립적이고 자주적인 전략과 상충되는 문제가 발생하게 된다. 그러므로 중국은 그 어느 나라와도 연합을 해서는 안 되며 그 어떤 형식의 파트너 관계도 허용되지 않는다. 그러나 이러한 사고방식은 현재 중국의 발전전략과 합치되지 않는다. 정치적으로 중국은 이미 러시아, 파키스탄 등 나라들과 우호적이고 안정적인 외교관계를 수립하고 있다. 그러므로 중국의 "비동맹전략"은 주로 군사적인 측면에서의 비동맹으로 정의를 내려야 하고, 이는 그 어떤 나라와도 군사적인 동맹을 결성하여 다른 나라의 안전을 위협하지 않고 특정 나라를 대상으로 하는 안정적인 동맹을 결성하지 않는다는 것으로 이해하여야 한다.

이와 같은 군사적 위협을 갖는 동맹을 제외하고는, 중국은 다른 나라들과 안정적인 파트너 관계를 발전시키는 것을 배척하지 않는다. 우선, 지금은 서로가 상호 간의 파트너가 되는 시대이다. 20세기 90년대부터 각국은 다양한 유형의 파트너 관계를 수립하여 왔다. 냉전종결에 따라 각국은 자국의 발전을 위하여 파트너 관계를 적극적으로 모색하였고, 파트너 관계(전략파트너 관계, 전략협력관계 등)는 마치 시대의 유행처럼 발전하였다. 웬트의 분석에 따르면 냉전 후 각국은 더 이상 자국의 생존에 대한 걱정을 하지 않아도 되는 상황에 이르렀고, 이는 냉전 전의 상대관계 혹은 적대관계가 냉전 후의 경쟁관계 혹은 파트너 관계로 변하도록 하였다. 이러한 국제현실하에 국가들은 적대적 관계 대신에 점차 "상호 간의 파트너"로 발전하는 외교전략을 선택하였다. 그러므로 이와 같은 파트너 시대에서, 보다 많은 "공통성"을 지닌 전략 파트너를 찾는 것이 한 국가의 국제사회에서의 발언권과 영향력을 향상하는 기본적인 요소가 되었다. 다음으로, 파트너의 개념은 예전의 군사동맹과 많은 차이점을 갖는다. 예전의 맹우는 대부분 함께 권력과 이익을 쟁탈하기 위하여 결합한 것이고, 이러한 목적을 위해서는 전쟁도 마다하지 않았던 것인데, 이에 비하여 현시대의 파트너는 전쟁을 위한 것이 아니라 국제사회에서 더 많은 경제·정치지원을 받아 국제사회에서의 자신의 발언권을 높이는 데 목적을 두고 있다. "파트너전략"은 국제사회의 전체 이익을 해치지 않지만 전통적인 "군사연맹전략"은 국제사회 전체를 위험에 빠뜨린다. 미래의 국제사회에서는 더 많은 파트너를 보유하는 것이 한 국가의 외교활동의 가장 큰 목표가 되겠다.

현재의 다양한 "기후파트너" 그룹은 감축할당량의 배분과 감축방안에 관하여는 의견 충돌이 있지만, 실질적으로 기후변화에 공동으로 대응함으로써 궁극적으로 인류의 이익을 보호하려는 목적을 갖고 있다. 그러므로 현재의 기후파트너는 예전의 군사동맹과는 근본적인 차이점을 갖고 있다. 국제기후변화협상에서 중국은 현재 받고 있는 거대한 국제적 압력을 완화하고 국내 경제전환에 필요한 국제지원을 얻기 위해서는, 더 많은 협상 및 협력 파트너를 필요로 한다. 서방의 일부 국가들은 중국이 기후협상에서 작은 그룹을 구성하여 서방 국가의 국제의제에 반대하는 것을 비판하고 있는데, 이와 같은 비판은 해당 서방 국가들이 자신들도 상이한 기후그룹에 속하고 있음을 간과한 데서 비롯된다. 중국은 이러한 비판 때문에 고민하지 말아야 하며, 오히려 더욱 적극적으로 기후파트너 전략을 발전시킬 필요가 있다.

2. 기후파트너에 대한 중국의 선택

"파트너"는 사실상 일정한 공통점을 가진 국가들의 연합이라고 볼 수 있다. 이런 공통점에는 이익상의 공통점, 협상지위의 공통점 및 정치, 문화, 외교타입 등의 공통점들이 포함된다. 이러한 측면에서 볼 때, 중국의 파트너는 주로 세 가지 유형으로 분류할 수 있다. 그들은 바로 G77, 베이식 4국과 주변 국가들이다. 이 세 가지 분류에는 물론 중복된 국가들도 포함되지만, 그들의 근본적인 속성은 서로 다른 유형에 속한다. 국제기후협상과 기후협력에 있어 이 세 유형의 국가들은 모두 중국과 비슷한 전략적 이익을 갖고 있고, 모두 기후협력에 있어서의 중국의 잠재적인 파트너이다.

1992~1997년까지 G77은 기후협상에서의 중국의 주요한 협상파트너이다. 그러나 1997년부터 지금까지, 특히 2007년 발리 당사국총회 이후로부터 G77은 더 이상 응집된 국가단체가 아니다. G77에 속한 나라들은 자국의 구체적 상황의 차이로 인하여 다양한 태도를 취하고 있으며, 지구온난화가 점차 심각해짐에 따라 의견충돌도 심해지고 있다. 선진국들로부터 오는 압력에 대응함에 있어 비록 대부분의 국가는 개발도상국의 전체적인 입장을 보유하고 있지만, 일부 국가들은 개발도상국의 전체적인 입장에서 분리되어 개발도상국 중의 일부 국가들을 자신의 비판대상으로 삼고 있다. 예를 들면, 군소도서국가, 최빈개발도상국, 일부 아프리카와 라틴아메리카 국가들은 선진국이 제시하는 세계적인 감축의무를 지지하고 중국, 인도 등의 나라에 압력을 가하는 입장을 취하며, 아르헨티나 등 개발도상국은 심지어 자발적인 감축의무를 부담하겠다는 약속을 한 바가 있다.[49] 이런 행동

들은 모두 개발도상국 그룹의 전체적인 입장을 해하고 있는 것이다.

중국의 주변 국가들도 중국이 함께해야 하는 기후파트너이다. 많은 주변 국가들 중에서도 한국과 일본의 경제발전수준이 가장 높고, 양국의 기후정책은 미국과 많이 흡사하다. 삼국은 동맹관계를 맺고 있어 기후정책에 있어 조율 가능한 기초를 갖고 있다. 비록 한국과 일본은 기후문제에 관하여 중국과 많이 다른 입장을 취하고 있어 중국의 기후파트너로 발전하기는 어려울 것이지만, 이것 또한 절대적이지는 않다. 한국과 일본은 중국과 지리적으로 가까이에 있으며, 특히 한국은 중국과 일정한 기후파트너 관계를 맺고 있다. 중국의 오염, 황사, 산성비 등 문제는 한동안 삼국 외교의 중요한 내용이 되었고, 삼국의 효과적인 협력을 통하여 일정한 성과를 거두었다. 비록 한중일 삼국이 긴밀한 기후파트너의 관계로 발전할 수 있을지는 확신할 수 없지만, 기후정책 면에서의 조율을 통하여 상호 간의 정책에 대한 이해도를 높이는 것은 충분히 가능하다고 본다.

지속적으로 해수면 상승의 위협을 받고 있는 동남아 연해 국가들은 중국과 다른 기후정책을 시행하고 있다. 그러나 중국은 ASEAN 국가와 양호한 정치경제관계를 맺고 있어 중국의 기후정책에 대한 ASEAN 국가들의 지지를 얻을 수 있다. 이러한 관점에서 볼 때, ASEAN 국가들은 중국의 기후공공외교의 중요한 대상이다. 특히 중국은 미얀마, 라오스, 태국, 캄보디아 등 국가들과 기후정책상의 조율을 진행할 수 있을 뿐만 아니라, 적극적으로 기후변화대응에 관한 협력을 진행할 수 있다. 중앙아시아의 카자흐스탄과 남아시아의 파

---

49) 庄贵阳: 『全球环境与气候治理』, 浙江人民出版社 2009年版, 第139页.

키스탄 등 국가는 중국과 서아시아 지역 사이의 에너지 통로이며, 중국은 이미 카자흐스탄과 안정적인 에너지 파트너 관계를 수립하였고 파키스탄과도 에너지 파트너 관계를 수립할 전망이다. 이와 같은 에너지 협력은 해당 국가들과의 기후협력의 일부분이 될 것이다.

이러한 세 유형의 국가들 중 베이식 국가들(중국, 인도, 브라질과 남아공)이 중국의 최적의 기후파트너 후보이다. 그 원인은 다음과 같이 살펴볼 수 있다.

우선, 베이식 국가 간에는 역사적 문제가 존재하지 않는다. 중국과 인도 사이에는 작은 마찰이 존재하지만, 브라질과 남아공은 서로 다른 대륙에 위치하여 실질적인 분쟁이 발생한 적이 없다. 4개국의 양호한 배경은 베이식 국가들의 장기적으로 안정적이고 건전한 관계 수립에 유리한 조건을 마련하였다.

둘째, 베이식 국가들은 모두 서방의 패권정치에 반대하는 입장을 갖고 있으며 세계의 다극화와 다원화 발전을 지지하고 있다. 각 국가는 정치적으로 모두 공동의 전략목표, 즉 세계패권을 반대하는 목표를 갖고 있으므로 4개국의 국제문제에서의 협력에 유리하다. 또한 베이식 국가는 정치적 유형에 따른 분류이고 지역에 따른 분류가 아니며, 일시적인 분류가 아닌 미래에도 의미를 갖는 분류이다. 아울러 베이식 4국은 BRICs의 주요 구성국이므로 경제적 측면의 긴밀한 협업이 기후변화 대응영역에서의 협력을 추진할 수 있다.

셋째, 기후협상에서 4개국은 모두 서방으로부터 큰 압력을 받고 있으며 특히 중국, 인도, 브라질은 더더욱 그렇다. 현재 인도는 배출총량이 많은데다가 산업화의 가속으로 인하여 향후 배출량이 더 빠른 속도로 증가할 것으로 전망된다. 따라서 앞으로의 국제협상에서 인도는 더 큰 압력을 받을 것으로 예상된다. 중국 제조업의 체제 전환과 업그레이드로 인하여 에너지집약산업은 제조업 발전을 추진하고 있는 인도로 이전하고 있고, 이에 따라 인도의 탄소배출량은 급격히 증가할 것이다. 이와 반대로 비록 현재 중국의 배출량은 인도를 능가하지만 중국 국내의 제조업 체제 전환에 따라 탄소배출량은 일정한 기간 내에 천천히 하락할 것이다. 다만, 인도와 중국은 향후 일정한 기간 동안 모두 배출대국으로 자리매김을 할 것이고, 이는 두 국가의 긴밀한 협력의 기초이다. 브라질은 열대우림의 남벌로 인하여 서방 국가의 압력을 받은 적이 있고, 경제적으로는 인도와 같은 과정을 겪고 있어 산업화와 도시화의 결과, 즉 탄소배출량 증가의 현실에 직면하고 있다. 이와 같이 중국, 인도와 브라질을 포함하는 베이식 국가는 서방의 국제기후협상의 압력에 함께 대응하는 발전 잠재력이 있는 기후조합이다.

　마지막으로 베이식 국가들은 유사한 이익수요가 있다. 즉, 중국, 인도, 브라질과 남아공은 모두 개발도상국으로 현재의 기본과제는 경제를 발전시키고 국민의 생활수준과 복지수준을 높이는 것이다.[50] 베이식 4국은 모두 각자의 국정에 따라 "발전"을 가장 중요한 과제로 정하였고 기후협상에서도 유사한 입장을 취하고 있다. 이 밖에 베이식 국가들은 국제사회에서 지역적 혹은 전 세계적 영향력을 갖고 있다. 브라질은 신흥국가로서 최근 급속도로 발전하고 있다. 브라질은 풍부한 자연자원을 보유한 나라로서 사회의 안정적인 발전과 확실한 미래 발전가능성으로 인하여 투자 메리트가 큰 국가로 꼽

---

50) 高小升: 『试论基础四国载后哥本哈根气候谈判中的立场和作用』, 载『当代亚太』 2011年 第2期, 第94页.

히고 있다. 남아공도 최근 세계경제무대에서 주목받는 국가이며 지속적인 경제발전으로 아프리카 발전의 최고수준을 대표하고 있으며 아프리카에서도 광범위한 영향력을 갖고 있다. 인도는 비록 경제발전 속도에 있어 중국보다 약간 뒤처져 있지만 중요한 발전 전략단계에 처하여 있고 국제사회에서 보다 큰 영향력을 발휘할 잠재력을 갖고 있다. 베이식 국가들은 모두 세계범위 혹은 지역범위 내에서 중요한 영향력을 발휘하고 있으며 이러한 국가그룹은 당연히 국제사회에서 일정한 발언권을 가질 수 있을 것이다.

세계자연기금(WWF) 기후변화대응계획 주임 양푸창(杨富强)이 코펜하겐 당사국총회 전에 밝힌 바에 따르면, "D4(Developing 4)"체제를 수립하여 중국, 브라질, 인도와 남아공의 기후변화협상에서의 협력과 조화수준을 높여야 한다고 하였다.[51] 칭화대학의 중국과 세계연구센터의 박사 초찡(曹静)은 심지어 "기후협상을 유엔기후변화협약(UNFCCC, 194개 회원국을 포함)의 구조에서 벗어나 BRICs＋G20의 구조로 진행하는 것이 더욱 바람직하다고 밝혔는데, 그 이유는 비록 협상에 참여하는 국가 수는 줄어들었지만 세계 배출량의 80%를 차지하고 있는 국가들이 참여하고, 또한 참여국이 적은 관계로 협상이 용이하다."[52]라는 의견을 제기하였다. 서방 국가가 개발도상국에 주는 감축압력이 점차 커짐에 따라 코펜하겐 당사국총회에서도 중국, 인도, 브라질과 남아공은 공통으로 각자의 자발적인 감축행동목표를 발표하여 "자발적"인 행동이라는 것을 설명함과 동시에 "공동의 그러나 차별화된 책임"을 재차 강조하였다.[53] 중국과 인도

---

51) 陈晓晨, 张慎: 『哥本哈根气候变化大会前中巴协调气候谈判立场』, 载『财经第一日报』2009年5月21日.

52) 王静书: 『"金砖四国＋G20"框架气候谈判思路另解?』, 载『21世纪经济报导』2010年11月2日.

의 기후협력은 그중에서도 가장 긴밀하였다. 2009년 10월 중국과 인도는 중국 정부와 인도 정부의 기후변화대응에 관한 협정을 체결하였고 중·인 기후변화대응 작업팀을 구성하였으며 매년 회의를 소집하여 국제기후협상에서의 중대한 문제, 국내외 정책조치와 관련된 협력사업 등에 대한 의견을 교환하였다. 인도는 기후협상에 있어서 중국 최고의 파트너이다. 2009년 코펜하겐 당사국총회 이전부터 시작하여 중국과 인도의 기후협력은 양국이 상호 간의 최적의 기후협상 파트너임을 입증한 바 있다. 중국 등 나라들은 서방 국가들의 압력에 공동으로 대응함으로써 매우 큰 성과를 거두었고, 실질적으로 서방 국가들은 코펜하겐 당사국총회에서 목표를 달성하지 못하였다.

그러나 베이식 국가 간의 협력에 어떠한 의견충돌이 없었던 것은 아니다. 물론 베이식 국가의 응집력이 G77보다는 양호하지만, 여러 국가가 직면한 구체적인 환경문제가 다르므로 각각의 기후전략도 일치하지 않았다. 예를 들면, 서방 국가들로부터 오는 감축압력 측면에서 중국과 인도는 동일한 입장을 보였지만, 자발적인 감축 측면에서 인도는 중국에 비해 원동력이 약한 상태이며, 청정에너지기술에 대한 개발에 관하여도 중국만큼 적극적이지는 않았다. 이 밖에 중국과 인도의 1인당 평균 감축량의 차이도 양국의 상이한 이익추구를 초래할 수밖에 없었다.[54] 심지어 인도는 가끔씩 서방 국가의 압력에 직면할 때, 중국에 책임을 떠넘겼다. 그러나 브라질과 아르헨티나를 대표로 하는 라틴아메리카 국가들은 감축의무에 대한 시

53) 袁瑛: 『"双对合併"潛流暗涌气候谈判举步艰难』, 载『南方週末』 2009年12月17日.
54) 易鵬: 『气候谈判将进入"无轨时代"』, 载『中国经营报』 2010年12月27日.

도를 해보고 싶다는 태도를 보이기도 하였다.[55] 이와 같이 베이식 국가들은 입장을 조율하고 상호의 협력을 중요시할 필요가 있다.

지구온난화의 변화에 따라 협상과정에서의 기후파트너 간의 조율 방식과 내용도 변화하기 마련이다. 기후문제는 부단히 변화하는 과 정에 처해 있다. 20세기 70~80년대 당시 기후문제는 단지 미미한 관심을 받았고, 세계적인 정치문제로 떠오르지는 않았다. 그러다가 1992년 국제사회가 기후문제에 대한 관심을 가지게 되었고, 그 이후 교토의정서가 체결되면서 기후변화에 대한 국제사회의 관심이 집중 되었다. 그러나 미국의 교토의정서 탈퇴에 따라 전 세계는 또다시 기후문제에 대하여 회의를 갖게 되었다. 다만 러시아가 교토의정서 에 가입한다고 하면서부터 국제사회는 또다시 희망을 갖기 시작하 였으며 특히 인도네시아 발리 당사국총회 이후 국제사회가 기후변 화 대응에 대한 열정이 점점 불타오르게 되었으며 코펜하겐 당사국 총회에서 정점을 찍었다. 그러나 코펜하겐 당사국총회 이후 여러 공 약이 물거품이 되었고 선진국이 자금과 기술에 대한 지원을 계속 미 루면서 기후협상에 대한 국제사회의 열정도 점점 식어가고 있다. 현 재의 기후협상도 여전히 암담한 저조기에 처해 있다. 기후문제에 대 한 관심도의 가변성은 기후파트너 관계의 가변성과 상호 간 조율의 가변성을 결정하고 있다. 기후협상이 고조기에 이르렀을 때에는 기 후파트너 관계를 쉽게 수립할 수 있다. 이는 서로가 받는 압력이 크 므로 보다 쉽게 조율할 수 있기 때문이다. 이와 반대로 저조기에 처 해 있을 때에는 모두가 받는 압력이 작으므로 협력해야 하는 원동력

---

55) 陈晓晨、张愎：『各哥本哈根气候变化大会之前中巴协调气候谈判立场』, 载『第一经济日报』 2009年5月 21日.

이 상대적으로 부족한 상태이다. 그러므로 기후협상의 저조기에 처하여 있을 때도 기후파트너와의 조율을 늦추지 않고 다음 기후협상의 고조기를 맞이하는 준비를 하여야 한다. 중국과 인도 간의 기후파트너 관계도 이러한 동적인 변화과정을 반영하고 있다. 1997~2005년까지의 주요 과제는 "교토의정서를" 비준하는 것이었다. 이 단계에서 미국은 의정서를 비준하지 않았고, 국제사회의 비난의 대상이 되었다. 이 기간 동안 중국과 인도는 개발도상국의 틀 안에서만 조율을 하였고, 전문적인 외교적 조율은 진행하지 않았다. 2005~2009년 사이에 미국은 감축의무에 관하여 여전히 국제여론의 비판을 받았지만, "기후변화 아시아태평양 파트너 관계계획"을 제기하면서 국제사회의 압력은 점차 중국과 인도, 특히 중국으로 향하게 되었다. 당시 중국의 탄소배출량이 세계 1위에 근접했고 이로 인하여 코펜하겐 당사국총회 이전부터 중국은 매우 큰 감축압력을 받고 있었으며, 인도의 상황 또한 좋지만은 않았다. 코펜하겐 당사국총회 이전 중국과 인도는 기후파트너 관계에 관한 협정을 체결하여 기후변화대응 작업팀을 구성하였으며 매년 회의를 소집하여 입장을 조율하였다. 어떤 의미에서 볼 때, 중국과 인도 간의 기후관계는 세계기후협상과 탄소배출감축의 이중 압력하에 수립된 것이라고 볼 수 있다. 2009년 코펜하겐 당사국총회 이후 중국과 인도 간의 기후 조율은 매우 순조롭게 진행되어 왔고, 조율체계에 대한 보완도 점차 진행되어 왔다. 중·인 양국 간의 조율을 핵심으로 하고 베이식 4국을 공통으로 조율하는 체계를 구축하였고, 이로써 중국, 인도 등 국가의 국제기후협상의 발언권을 강화하였다. 기후문제의 가변성은 또한 중국의 기후파트너를 온전히 베이식 국가에만 한정할 것이 아니라, 기타 지역별 대상국가로 발전 가능한 국가, 예를 들면 아르헨티나, 인도네시아 등 국가와의 협력에까지 확대할 필요가 있음을 보여준다.

3. 기후파트너 관계를 맺는 수단

주지하는 바와 같이, 기후파트너와 냉전 전의 군사동맹은 본질적으로 다르다. 군사동맹은 거의 대부분 전쟁을 발발하거나 전쟁을 피하는 것을 주요 목적으로 하고 있지만 기후파트너 관계는 기후협상에서 자신의 이익을 지키고 공정하게 기후문제를 처리하고 기후문제에 대한 의무를 분담하기 위한 것이다. 군사동맹과 기후파트너는 관계를 맺는 수단 면에서 공통점과 차이점을 모두 갖고 있다. 공통점이라면 두 가지 방식 모두 국가 간의 긴밀한 관계를 기초로 하는 것이다. 차이점은 우선, 역사 속의 군사동맹은 주로 비밀조약의 수단으로 이루어졌지만 현재의 기후파트너는 이러한 방식으로 진행되지 않는다. 코펜하겐 당사국총회에서 "비밀문서"가 나타난 적이 있는데, 이는 당시 국제사회의 질책을 받았고 기후협상에서는 그 어떠한 비밀조약이 존재할 수 없음을 보여주고 있다. 다음으로, 기후파트너 관계는 양자 간 혹은 다자간의 정치적 합의의 체결 혹은 전략적 협업관계 등 정치동맹의 방식으로 구현된다. 기후파트너 관계는 기본적으로 매우 느슨하고 구속력이 약한 파트너 체제이다. 기후파트너 관계는 흔히 상호 간의 정치적 믿음과 협력을 기초로 하고, 역으로 국가 간의 정치협력을 추진할 수도 있다. 그러므로 비밀조약과 구속력이 있는 정치적 합의는 기후파트너 관계를 맺는 주요 방식으로 될 수 없으며, 보다 자유롭고 느슨한 국제조직의 형태로서 기후 파트너 관계를 맺는 것이 가능한 것으로 보인다.

(1) 지역별 국제회의

국가 간의 기후파트너 관계는 주로 지역별 국제회의의 소집 및 참석에 따라 상호 간의 입장을 조율하면서 달성된다. 중국은 한·중·일 삼국정상회의, APEC 정상회의 등 지역별 국제회의에 비교적 적극적으로 참여하였으며, 특히 베이식 국가들과 함께 기후변화 문제를 토의하는 데 집중하였다. "베이식 국가외교"는 중국 기후외교에서의 큰 성과라고 할 수 있으며, 비교적 창의적인 외교행동이다. 아직까지 "베이식 국가외교"에 관하여 중국이 탐구할 수 있는 영역은 많다. 예를 들면, 중국과 베이식 국가 간의 기후영역에서 달성한 공동인식을 공동선언이나 백서의 형태로 발표하여 향후 국제기후협상에서 보다 든든한 협상근거로 사용할 수 있는지 여부 등이다. 아울러 기후영역에서의 베이식 국가의 정부 간 협력도 보다 심도 있게 다룰 필요가 있다. 현 단계의 협력은 주로 서방 국가로부터 오는 압력에 대응하는 데에만 집중되어 있지만, 앞으로는 공동기후의제 창설, 예컨대 공동으로 기후변화에 대한 해결책을 제안하거나, 특정 기술영역의 공동체를 형성하는 등 보다 의미 있는 협력을 진행해야 할 것이다. 또한 비정부 차원에서의 학술연구에 관하여도 협력할 필요가 존재한다. 베이식 국가들은 비교적 선진적인 기술과 막대한 경제실력을 갖고 있기 때문에 지역별 학술회의를 주최하거나 기후변화에 대응하는 과학연구에 관한 협력을 진행할 수 있다.

(2) 국제기후포럼

국제포럼은 파트너 관계를 맺는 다른 한 가지 중요한 형식이다. 정부 또는 비정부조직이 주최하는지를 막론하고, 국제포럼은 국가발전과 파트너 관계의 심화에 훌륭한 플랫폼을 제공해준다. 국제포럼은 참여국에 소통의 기회를 제공하고 국가들 간의 정치적 우정을 쌓는 자리를 마련해준다. 또한 국제포럼을 통한 교류는 보다 자유로운 면이 존재하므로, 참여국들이 자유롭게 자국의 의견을 발표함으로써 협력에서 발생한 문제를 발견하는 데 유리하며 궁극적으로 협력을 개선하는 목표를 이룰 수 있다. 중국이 주최한 중요한 국제포럼인 보아오포럼은 동아시아의 협력과 교류에 중요한 공헌을 하고 있다. 기후영역에서 중국은 톈진 국제기후변화회의를 한차례 주최한 이외에는 기타 영향력이 있는 기후포럼을 주최하지 않았다. 그러므로 중국은 포럼을 조직하는 능력을 제고하여 특정 부문의 포럼, 예를 들면 민용 항공기산업, 삼림탄소흡수원 등 산업에 관한 기후포럼을 주최할 필요가 있다. 포럼에서 개발도상국을 요청할 수도 있고 서방 선진국을 요청할 수도 있다. 중국은 지속적인 국제기후포럼의 주최를 통하여 기후정책 측면에서 기타 국가들과의 상호 간의 이해도를 높여 파트너 관계를 발전시키며 심화하여야 한다.

(3) 정상외교

기후파트너 관계를 강화하는 또 다른 수단으로 정상외교를 꼽을 수 있다. 현대외교에서 "개인외교의 중요성이 점차 부각되고 있고,

정부수반 및 기타 고위급 인사의 방문, 통신과 전화 등 형식의 개인 혹은 직접외교로 관계를 수립함으로써 국가의 이미지를 제고하거나 양자 간, 정부 간 혹은 기타 관계의 개선을 도모한다."56) 정부수반외교는 국가 간 외교를 개시하는 매우 효과적인 수단이며, "보다 큰 목적성과 구속력"을 가져올 수 있다는 장점이 있다.57) 중국은 기후외교에 있어 고위급 인사의 개인외교를 많이 활용하는 편이다. 예를 들면, 원자바오 총리는 코펜하겐 당사국총회 이전 친히 전화통화로 기타 국가의 중요한 인사들과 기후협상 전략에 대한 교류를 진행하였다. 2009년 12월 10일 원자바오 총리와 인도 총리 만모한 싱 (Manmohan Singh), 브라질 대통령 룰라 다실바(Lula da Silva)는 통화에서 기후변화대응 문제에서의 삼국의 협력에 관한 공동인식을 확인하였고, 13일 원자바오와 남아공 대통령 제이컵 주마(Jacob Gedleyihlekisa Zuma)는 통화에서 코펜하겐 당사국총회는 이미 관건적인 시각에 이르렀고, 서로 간의 협상을 통하여 합의를 도출한 후 정확한 방향으로의 협상을 추진하며, 공정하고 합리적이며 실현가능성이 있는 성과를 달성하여야 한다는 점에서 공감대를 형성하였다.58)

56) [英] R. P. 巴斯顿: 『現代外交』(第一版), 赵怀普、周启鹏、刘超译, 世界知识出版社 2002年版, 第130页.

57) [美] 布里古特·斯塔奇、马克·波义耳、乔纳森·维尔肯菲尔德: 『外交谈判导论』, 陈志敏、陈玉聃、董晓同等译, 北京大学出版社 2005年版, 第62页.

58) 冯迪凡: 『温家宝亲力亲为"气候外交"』, 载『第一财经日报』2009年12月16日.

(4) 새로운 유형의 기후파트너

중국은 다른 국가들과도 새로운 유형의 기후파트너 관계를 맺을 수 있다. 중국, 미국, 일본, 한국, 인도, 호주 등 나라들이 2006년 1월에 결성한 "기후변화 아시아태평양 파트너 관계"가 바로 하나의 예이다. 비록 이런 파트너 관계는 부분적 전략이익의 불일치로 인하여 강력한 협력체제가 되기에는 어려울 것으로 보인다. 중국은 또한 아프리카 국가들과 "기후협력"동맹을 결성하였고, ASEAN 국가들과 공동으로 "기후대응 연합행동계획" 등 내용의 협력을 진행하고 있다. 미국 캘리포니아 주가 바로 이런 형식으로 캐나다 퀘벡, 중국 장수성 등 지방정부와 파트너 관계를 수립하였다. 마찬가지로 중국의 성 혹은 시급 정부, 특히 지구온난화 영향을 크게 받는 성과 기후변화대응 경험이 풍부한 성은 외국의 지방정부와 기후파트너 관계를 맺고 협력할 수 있다. 이러한 파트너형식은 구속력이 강하지 않으므로 국가의 외교행동에 영향을 미치지 않고 국가가 자신의 실제 상황에 따라 경제발전 상황을 조절하는 데에도 유리하다. 기후협력영역에서 한 국가의 직접적인 목적은 정치적 동맹을 결성하려는 것이 아니므로 이러한 연성조직의 형태도 합리적인 편이다. 아울러 이러한 형태는 국가의 장기적 협력을 강화하는 데 유리하다. 이런 기후조직의 형태는 구속력이 약하므로 국가에 의해 기후협력의 과정에서 그칠 수도 있고 계속하여 국가 간의 기후파트너 관계로 발전될 수도 있다. 그러므로 이런 형태의 협력은 국가 간의 정치적 우정을 발전시키고 양국의 정치적 협력에 보다 튼실한 기초를 마련해줄 수 있다.

4. 기후파트너와의 협업능력의 향상방법

(1) 기후파트너 전략 유지 및 전략적 판단능력 향상

　모든 외교능력의 전제조건은 전략적인 판단능력이다. 정확한 전략을 세우려면 또한 전략을 세울 수 있는 핵심역량과 안목이 필요하다. 정확한 전략은 그 어떤 외교행동을 성공시킬 수 있는 전제조건이기도 하다. 전 지구적인 기후외교에서의 전략적 판단은 두 가지 문제에 중점을 두어야 하는데 하나는 기후파트너 전략의 실시 여부이고, 다른 하나는 어느 나라와 기후파트너 관계를 맺을 것인가이다.

　우선, 전 지구적인 외교행동에 있어 파트너를 보유하는 것은 외교의 기초이다. 신중국의 외교는 "자주독립(独立自主)"을 중요시하였지만 이는 절대적인 독립을 일컫는 것은 아니다. "자주독립"은 주로 정치, 군사영역의 자주를 말하며 타국과 파트너를 맺지 않는다는 것이 아니다. 글로벌 시대에서 한 국가는 완전히 고립된 상태에서 자주독립을 구현할 수 없다. 글로벌 시대의 외교, 특히 비군사적인 영역에서의 외교는 항상 유엔의 체제하에서 진행된다. 이러한 큰 규모의 외교체제하에서 한 나라가 고립적으로 행동하고 상이한 다른 행동을 취한다면 국제사회의 인정을 받기 힘들 것이다. 그러므로 거의 모든 국가는 상호 간에 일정한 파트너 관계를 맺었고 함께 전 지구적인 외교협상과 협업에 나섰다. 이러한 맥락에서 볼 때, 중국은 자신의 기후파트너 전략을 유지하여야 한다. 이는 파트너전략 없이는 중국의 기후외교가 진정한 성공을 이룰 수 없기 때문이다.

　다음으로, 중국은 어떤 국가와 파트너 관계를 맺어야 할지에 대한 전략적인 고민을 해야 한다. 개발도상국인 중국은 사국과 많은 유사성을 갖고 있는 기후파트너를 선택하기 마련이다. 즉, 베이식 4국은 중국 기후파트너전략의 핵심이다. 중국은 베이식 국가들과의 기후협력을 우선순위에 두었고 기후협상에서도 긴밀한 협업을 가져왔다. 장기적으로 볼 때 중국, 인도, 브라질과 남아공 4국의 특성은 어느 정도의 유사성을 띠고 있다. 4국은 모두 식민지의 아픔을 겪었으며, 서방의 압력과 국가발전 등 측면에서 앞으로 장기간 동안 일치한 점을 가질 것이다. 또한 4국의 개발도상국 지위는 단기간 내에 변하지 않을 것이며, 중국이 현재보다 더 강해지더라도 세계 패권국가와 함께 개발도상국을 괴롭히지는 않을 것이다. 이는 중국의 역사와 민족감정에 의해 결정되는 것이다. 그러므로 중국은 베이식 국가들을 자신의 기후파트너로 삼는 전략을 장기적으로 유지하여야 한다. 이 밖에 기타 개발도상국, 예를 들면 인도네시아, 아르헨티나 등 나라들도 중국의 기후파트너가 될 수 있다. 선진국 중에서 호주도 중국의 잠재적인 기후파트너가 될 수 있다. 호주는 기타 선진국과 다르다. 한편으로 호주는 중국과의 정치관계를 발전시키고 있으며, 2013년 4월 7일 국가주석 시진핑(习近平)과 호주 총리 줄리아 길러드(Julia Gillard)는 보아오포럼에서 상호신임, "상호공영(互利共赢)"하는 전략파트너 관계를 맺었고 양국의 총리가 매년 정기회의를 갖겠다는 약속도 하였다.[59] 다른 한편으로 호주가 직면하고 있는 기후변화에 따른 결과도 기타 선진국들과 다르다. 호주는 온실가스 감축에 있어서 매우 적극적인 태도를 보이고 있어 중국의 기후입장과 가까운 편이다.

---

59) 『习近平会见吉拉德宣佈中澳构建战略伙伴关系』, 载http://world.huanqiu.com/regions/2013-04/3806
931.html

2012년 도하 당사국총회에서 호주는 일본, 캐나다와 달리 교토의정서 2차 공약기간에 참여한다는 입장을 표명하였다.

(2) 기후파트너와의 협력기초 강화

기후파트너 간의 협력은 단지 상호 간에 같은 기후이익관계가 존재하기 때문이 아닌, 기타 영역에서의 협력도 존재하기 때문에 가능하다. 즉, 기후협력은 오로지 상호 간 협력의 일부분에 불과하다. 기후파트너들이 전반적으로 양호한 관계를 갖고 있으면 기후협력이 용이해지는데, 그 반대일 경우에는 기후파트너 관계에 큰 불확실성을 가져다줄 수도 있다. 그러므로 기후파트너 관계를 유지하려면 반드시 기타 영역에서 양호한 관계를 수립하거나, 혹은 기후변화대응의 협력관계에서 다른 영역으로 협력의 범위를 확장해야 한다.

중국은 기후파트너 중에서 인도와 가장 복잡한 관계를 갖고 있다. 중국과 인도 간에는 역사적 문제와 현실적인 국경문제가 모두 존재하고 있다. 이러한 측면에서 볼 때, 중국은 브라질, 남아공과의 관계에서는 상대적으로 단순한 편이며 정치적 분쟁도 없으므로 협력의 발전가능성이 크다. 중국과 인도 간에 만약 안정적인 관계가 존재하지 않는다면, 중·인 기후파트너 관계도 장기간 지속하기 어려울 것이다. 중국과 인도의 모든 협력 중에서 기후협력이 상대적으로 가장 긴밀하고 분쟁이 가장 적은 편이다. 그러므로 중국은 기후협력의 긴밀한 관계를 토대로 더욱 건전한 중·인 관계를 발전시킬 수 있다. 이와 달리 브라질, 남아공과는 경제무역과 정치적 관계를 증진하여 기후협력의 수준을 제고할 필요가 있다.

중국은 베이식 4국뿐만 아니라 다른 국가들, 예를 들면 BRICs 국가들과도 협력을 진행할 수 있다. 베이식 4국의 협력은 주로 기후영역에서의 협력을 가리키고 BRICs 국가들과의 협력은 주로 중국과 인도, 브라질, 남아공, 러시아와의 경제협력을 가리킨다. 베이식 4국과 BRICs 5국의 구성원에는 중복되는 국가들이 있으므로 베이식 4국은 경제협력과 기후협력을 모두 진행할 수 있게 되었다. BRICs 국가들은 2009년부터 정상회의를 시작하여 경제, 금융과 기후변화 등 영역에서 긴밀한 협력을 가져왔다. 아울러 중국은 인도와 남아시아지역 협력체제에서, 브라질, 남아공과는 남남협력체제에서 협업할 수 있다. 다양한 측면, 영역 및 체제 간의 협력은 베이식 4국의 기후협력을 더욱 긴밀하게 발전하도록 추진할 수 있다.

(3) 파트너 소집능력의 강화

파트너소집 능력은 기후파트너를 소집하여 함께 협상을 진행하는 능력을 말한다. 파트너 간의 자원배치를 최적화하려면 파트너들과 한자리에 모여 소통을 하는 것이 중요하다. 소통하는 방식으로는 기후포럼 혹은 환경기후장관 연차회의 등이 있는데, 주로 기후파트너 상호 간의 입장을 이해하고 조율하는 것이다. 이와 동시에 공동선언 혹은 공문을 발표하여 동일한 외교행동을 취하는 것 또한 파트너 관계의 추진에 유리하다. 기후파트너 관계는 빈번한 왕래로 더욱 깊어질 수 있다. 반대로 장기간 소통을 하지 않으면 파트너 관계가 점차 멀어질 것이다. 그러므로 기후파트너들을 소집하는 것은 매우 중요하다고 할 것이다. 이러한 점에서 볼 때, 중국은 적극적으로 기후파트너들을 소집할 필요가 있다. 왜냐하면 중국이 추진하지 않으면 기타 국가들이 파트너 관계를 유지할 의지가 약해질 수 있기 때문이다. 중국은 연차회의, 기후포럼, 대회 이전의 전화통화 등의 방식으로 기후변화 파트너를 소집한다.

(4) 외교 조율능력의 향상

당사국총회와 여러 가지 기후협상에서 기후파트너 간의 이익조율의 필요성이 구현된다. 이익조율의 능력이란 주로 파트너들이 일치한 의견으로 기후협상에 임할 수 있도록 조율하는 능력이다. 어떻게 하면 이익을 조율할 수 있을까? 우선, 파트너들은 최대한 같은 목소리를 내야 하고, 다음으로, 협상과정에서 부단히 자신의 입장을 조율해야 하며, 셋째, 최대한 빨리 의견 차이를 극복해야 하며, 마지막으로 파트너 관계를 파괴하는 행동에는 즉각적인 반격을 해야 한다. 조율은 기후협상 전과 협상 과정 중에 그리고 협상이 끝난 후에 모두 진행될 필요가 있다. 더반 당사국총회 중국대표단 단장인 셰전화의 베이식 4국의 조율방식에 대한 설명에 따르면, "우리는 하루에 3~4 번씩 만나고 모든 중대한 입장은 모두 협상을 통해 발표한다." 라고 하였다. 회의 동안 4국은 연합성명을 발표하였고, 협상과 조율을 통하여 본 회의에서 일치한 의견을 발표하였다.[60] 기후파트너들이 같은 목소리를 내려면 허심탄회한 대화와 공통된 인식을 갖는 것이 필요하다. 만약 조율하는 과정에서 국가들이 중요한 사안을 회피

---

60) 『"基础四国"团结致胜』, 载『羊城晚报』 2011年12月12日.

하고 실질적인 문제에 대하여 소통을 하지 않으면 결성한 합의도 쉽게 깨질 것이다. 그러므로 기후파트너들은 소통하는 과정에서 자신의 어려움과 주요 이익을 모두 표명하여 공통된 인식을 가질 필요가 있다. 베이식 4국의 중국과 인도는 비슷한 압력을 받고 있고 온실가스배출 추세도 유사하여 보다 쉽게 합의를 달성할 수 있지만, 브라질과 남아공은 모두 개발도상국이라는 공통점 외에는 산업화 속도가 중국, 인도에 비해 느린 편이고 인구문제도 중국, 인도처럼 심각하지 않아 모든 면에서의 압력이 작은 상태이다. 기후파트너들은 조율하는 과정에서 이 모든 문제들을 반드시 표명하여 상호 간의 이해를 가져야만 협상에서 같은 목소리를 낼 수 있고 안정적인 파트너 관계를 유지할 수 있다.

(5) 위기대처능력의 향상

기후파트너 관계를 파괴하는 말과 행동을 경계하고, 의견 불일치를 신속하게 해결하여 파트너들의 행동의 일치성을 보장하여야 한다. 베이식 4국의 긴밀한 기후파트너 관계를 파괴하려고 하는 일부 국가들이 있는데, 그들은 주로 헛소문을 퍼뜨려 판단력을 흐려지게 하고 있다. 더반 당사국총회에서도 베이식 4국이 분열되었다는 헛소문이 돌았던 적이 있다. 만약 이런 현상에 즉각적인 반응을 하지 않으면 기후파트너 상호 간의 불신을 야기하고, 파트너 간의 우정도 해할 것이다. 그러므로 기후파트너 관계에 부정적인 영향을 미치는 행동에 대해서는 반드시 반격을 하여야 한다. 이러한 점에서 볼 때, 기후파트너들은 공식적인 협상 이전에 혹은 이후에 연합성명을 발표할 필요성이 있다. 더반 당사국총회에서 외부의 헛소문에 대하여 중국대표단 단장인 셰전화는 다음과 같이 반박하였다. "더반에 도착하자마자 여기 회의장에서 떠도는 헛소문이 회의장에 있는 방의 수보다 더 많다고 들었다. 내가 들은 것 중의 하나가 베이식 4국은 현재 분열 중이고, 일부 국가들이 큰 의견 차이를 보이고 있다는 것이다. 나는 오로지 사실만이 진실일 뿐, 헛소문은 어떻게든 진실로 변할 수 없다는 것을 믿는다." 이어 셰전화는 4국은 기후협상영역에서 매우 단단하게 뭉쳐 있고 기후변화대응 문제에 있어 4국 모두 적극적인 행동을 취하고 있으며 일정한 성과도 얻었다고 밝혔다.[61] 중국과 기후파트너들은 기자회견의 방식으로 공동으로 헛소문에 대응하였으며, 베이식 4국의 파트너 관계가 지속적으로 건전한 발전을 가져올 수 있도록 노력하였다.

---

61) 『中方否认"基础四国"不和传闻』, 载『钱江晚报』 2011年12月6日.

제4장

국제협력능력
구축

1. 중국 기후협력 개요

 1995년에 열린 유엔기후변화협약 당사국총회 이래 중국은 적극적으로 협상에 참여해왔고 국제사회와의 기후협력도 추진하였다. 긴밀한 기후협력은 기후파트너 관계를 강화시킬 수 있을 뿐만 아니라 전 지구적인 온실가스 감축에도 기여할 수 있다. 만약 기후협력이 없었다면 기후파트너 관계는 실질적으로 유지될 수 없었고, 기후협력에 따른 경제적 이익도 향유할 수 없었다. 최근 20년 동안 중국은 기후협력에서 매우 큰 성과를 거두었다. 후진타오 주석은 2005년 G8+5 회의에서 중국의 국제기후협력의 세 가지 원칙을 발표한 바 있는데, 그중의 하나가 바로 "유엔기후변화협약과 교토의정서를 기본으로, 협약에서 확정한 '공동의 그러나 차별화된 책임' 원칙에 따라, 선진국들이 먼저 감축행동을 취하고, 개발도상국의 기후변화대응 능력을 제고할 수 있도록 지원한다"는 것이었다.[62] 2010년 3월 중국은 <기후변화영역의 대외협력관리 잠행방법(应对气候变化领域对外合作管理暂行办法)>을 발표하여, "국가 기후변화 대응지도팀의 지도하에 산업별로 관리하고 세분화된 업무분담을 통해 소임을 다하며 분류하여 지도"하도록 요구하였다. <2011년 기후변화대응에 관한 중국의 정책과 행동(中国应对气候变化的政策与行动, 2011)>백서에 따르면 중국은 지속적으로 다원화의 국제협력을 진행할 것이고, 선진국들과의 대화와 교류를 추진하여 기후변화대응 남남협력을 전면적으로 개시할 것이라고 한다. 그리고 기후변화 능력구축과 교육을 진행하며,

---

62) 『胡锦涛载八国集团与发展中国家领导人对话会的书面讲话』, 载http://news.xinhuanet.com/newscenter/
   2006-07/17/content_4845662.htm

기후변화에 따른 적응기술에 관한 협력사업을 진행함과 동시에 에너지와 수자원 절감 및 신재생에너지 제품과 시설의 보급을 추진하며, 개발도상국의 기후변화대응에 필요한 실질적인 지원을 제공할 것이라고 한다. 그리고 점차적으로 전반적인 계획지도, 전문자금지원, 경험이 풍부한 업무팀을 구성하여 지구온난화의 완화, 적응, 기술이전과 능력구축 등 다양한 영역에서의 업무를 효과적으로 진행하며 대외교류 및 협력체계를 형성할 것이라고 하였다.[63]

현재 중국의 국제기후협력은 주로 CDM 사업에 관한 협력, 선진국과의 기술협력, 최빈개발도상국에 대한 지원 등 세 가지 영역에 집중된다. CDM 협력사업은 교토의정서에서 확정한 공통의 감축체제이고, 그 주요 목적은 에너지 절감과 배출량 감축이다. 이 사업은 개발도상국의 감축에 도움이 될 뿐만 아니라 선진국의 감축목표실현에도 도움이 된다. 선진국과의 기술협력은 선진국과 개발도상국이 함께 신기술을 개발하고 세계시장을 점유하는 기술협력을 말한다. CDM 협력사업에도 기술적인 협력이 포함되지만 CDM의 주요 목적은 새로운 기술의 개발이 아닌 선진국의 감축목표 달성을 돕는 측면이 강하다. 또한 CDM 협력사업의 기술은 저등급 환경보호 기술에 속하며 미래지향적인 최첨단 기술이 아니다. 중국의 기후원조는 공공외교의 하나의 형식이기도 하고 국제기후협력이기도 하다. 그 주요 목적은 기후여건이 취약한 국가의 지구온난화 대응을 지원하는 데 있다.

---

63) 『中国应对气候变化的政策与行动(2011)』白皮书, 载http://www.gov.cn/jrzg/2011-11/22/content_20 00047.htm

(1) CDM 사업

CDM 체제는 1997년 교토의정서에 의해 채택된 중요한 체제인데, 주로 선진국과 개발도상국 간의 협력을 추진하는 체제이다. CDM 체제에 따르면 선진국은 개발도상국과 함께 CDM 사업을 진행하며, 해당 사업으로 인한 감축량은 선진국의 감축목표달성에 활용될 수 있다. 이 체제는 선진국과 개발도상국 간의 win-win의 체제이며 기후변화대응에 있어 매우 창의적인 발상이다. 왜냐하면 이 체제를 통하여 선진국의 감축목표의 달성에 대량의 자본이 소요되는 문제와 개발도상국의 자금난 문제를 동시에 극복할 수 있기 때문이다. 이로써 선진국과 개발도상국 간의 배출량 감축에 관한 모순도 완화될 수 있다. 통계에 따르면 미국이 1톤의 이산화탄소를 감축하는 데 소요되는 비용은 153달러이고 유럽은 198달러며, 일본은 234달러이다. 이에 비해 개발도상국에서 1톤의 이산화탄소를 감축하는 데 20달러 정도밖에 소요되지 않는다고 한다. CDM 사업을 통해 선진국은 감축성과를 달성할 수 있고, 개발도상국은 자금과 기술지원을 얻을 수 있으며 이산화탄소 배출도 감축할 수 있다. CDM 사업은 주로 재생에너지(풍력발전 등), 대체에너지(바이오매스 에너지), 농업(메탄 등 사업), 공업공정(시멘트 등의 생산)과 삼림 탄소흡수원(조림 등 사업) 등의 사업을 포함한다.

중국은 현재 CDM 사업에 가장 많이 참여한 나라이다. 2002년부터 중국은 네덜란드와 함께 첫 번째 CDM 사업인 내몽고 자치구 휘텅씨러(辉腾锡勒) 풍력발전사업을 시작하였다. 양국은 탄소배출권(Certified Emission Reduction, CER)의 가격책정에 관하여 이산화탄소

톤당 5.4유로로 협의하였고, 계약기간은 10년이고, 감축하는 이산화탄소의 양은 연평균 약 54,000톤에 달한다. 중국은 현재 세계에서 CDM 사업을 가장 많이 유치하는 국가이고, 중국이 진행하는 CDM 사업은 전 세계 CDM 사업의 반 정도를 차지하고 있다. 그러나 중국 국내기업은 오랫동안 CDM 사업에 대한 인식이 부족하여 2004년 말까지만 해도 CDM 사업을 신청한 중국 국내기업은 1개밖에 없었고,[64] 2005년 당시 전 세계적으로 63개의 CDM 사업이 진행될 때, 중국 정부는 단지 3개의 사업을 비준했었다. 그러다가 2006년 이후, 중국 내에서 전폭적인 CDM 사업이 시작되었고 전 세계 CDM 사업에 대한 참여도도 대폭 증가하였다. 중국의 CDM 사업 중에서 EU 회원국인 영국과 독일이 점하는 비중이 가장 크고, 일본도 중국의 CDM 사업에 많이 참여하였다. 2010년 2월까지의 통계수치를 보면 중・일 CDM 사업은 351개로 같은 해 CDM 사업 총수 2,411개의 14.46%를 차지한다고 하였다. 세계은행의 평가에 따르면 중국의 이산화탄소 연간 감축 잠재력은 1~2억 톤이다. 2013년 3월까지 국가 발전과 개혁위원회에서는 4,399개의 CDM 사업을 통과시켰다. 중국에 등록한 CDM 사업들은 주로 신재생에너지사업, 전력사업과 메탄가스회수사업 등에 집중되어 있다.

(2) 기술 선진국과의 기후협력

첨단기술은 주로 선진국들이 보유하고 있으므로 중국의 기후기술

---

64) 龙丽: 『中国积极推动CDM机制, 百亿收益等待分享』, 载『第一财经日报』 2004年12月14日.

협력대상도 주로 유럽이나 미국 등의 나라들로 구성되어 있다. 중국의 기후변화대응기술이 상대적으로 낙후한 편이라 기술에 대한 수요가 절박하다. <기후변화대응에 관한 국가방안>에 의하면, 기술영역에서의 중국의 수요는 주로 다음과 같은 세 가지로 나뉜다. 첫째는 기후변화에 대한 관측과 감시기술이다. 그중에서도 특히 선진적인 관측장비의 생산기술, 해상도와 정확도가 높은 위성기술, 위성 및 원격정보의 추출기술과 역전기술, 고성능의 기후변화 모의기술 등에 대한 수요가 가장 많다. 둘째는 온실가스배출을 완화하는 기술이다. 이에는 주로 선진적인 에너지생산기술과 제조기술, 환경보호와 자원종합이용기술, 효율적인 교통운송기술, 신재료기술(新材料技术), 신형 건축자재기술 등이 포함된다. 셋째는 기후변화에 적응하는 기술이다. 이에는 주로 공업수자원 절약과 재활용기술, 속성림(速成林)과 고효율 신탄림(薪炭林) 재배기술, 홍수와 가뭄, 해수면 상승 등을 관측하고 경보를 알리는 기술 등이 포함된다.[65]

비록 미국 등 선진국들은 기후협상에서 개발도상국의 상대국이지만 기술개발에 있어서는 서로 협력하는 관계이다. 미국 등 국가는 기후협상에서 중국에 많은 외교적 압력을 가했지만, 신재생에너지 개발영역에 있어 선진기술을 보유한 국가들은 중국의 중요한 협력대상이 된다. 중·미 기후협력의 시작은 1995년으로 거슬러 올라가는데, 양국은 그동안 기후협력에 관하여 수많은 합의를 달성하였다. 예를 들면, <중미 청정석탄 기술협력 부록(中美洁净煤技术合作附件)>, <중미 에너지이용률과 재생에너지기술의 발전, 이용 및 협력에 관

---

65) 『中国应对气候变化国家方案』, 载http://www.sdpc.gov.an/xwfb/t20070604_139486.htm

한 의정서(中美能源效率和可再生能源技术发展和利用合作议定书)>, <중미 기후변화 작업반 합의(中美气候变化工作组协议)>, <중미 전략경제대화와 아시아태평양 청정발전과 기후파트너계획(中美战略经济对话和亚太清洁发展和气候伙伴计划)>, <중미 에너지환경 10년 협력의 프레임 (中美能源环境十年合作框架)> 등이 있다. 2009년부터 신오그룹(新奥集团)과 미국 국가에너지기술 실험실, 미국 국가 재생에너지 실험실은 석탄 가스화 등 영역에서 협력을 진행하였으며 생물연료와 상업용 태양에너지 영역에서도 협력을 하였다. 2011년 1월 19일, 중국과 미국은 공동으로 "미래 에너지기술 협력 시범사업(未来能源技术合作示范平台)"을 진행하기로 하였다. 2011년 5월 중미 제3차 전략경제대화에서 신오그룹, 듀크에너지(Duke Energy), 하북성 랑방(廊坊)시 정부와 미국 샬럿(Charlotte)시 정부는 <중미 녹색협력파트너 다자간 합의(中美绿色合作伙伴四方协议)>를 체결하였고, 청정에너지기술에 관한 협력과 보급을 추진하였다.66) 2012년 G20 정상회의에서 중국과 미국은 공동으로 <기후변화, 에너지와 환경에 관한 협력을 강화하는 중미 양해각서(中美关于加强气候变化, 能源和环境合作的两家备忘录)>를 이행하기로 하였고, "중미 청정에너지 연합연구센터"를 창설하였으며, 그중 중국 측 핵심멤버로는 칭화대학, 신화그룹(神华集团), 신오그룹 등 12개의 기구가 포함되었다. 2013년 4월 미국 국무 장관 케리가 중국을 방문하는 기간에 중미 양국은 <중미 기후변화연합성명(中美气候变化联合声明)>을 발표하였는데, 전 세계적으로 기후변화대응에 관한 노력이 부족한 현시점에서 구체적인 방안의 필요성을 강

---

66) 韦三水: 『德班大会中国企业倡议"全球技术合作"』, 载『中国发展观察』 2012年 第1期.

조하였다. 연합성명에 의하면, 비록 국제기후협상이 새로운 기회와 선택에 직면하고 있지만, 중미 양국은 기후협력을 우선적인 고려사항으로 삼겠다고 발표하였으며, 또한 2013년 양국의 전략과 경제대화에서 중미 기후변화협력그룹을 만들겠다고 하였다.[67) 양국의 기술협력은 이산화탄소 포집과 저장 기술(Carbon Capture and Storage) 등을 포함하는 많은 영역에서 진행될 수 있다. 그리고 중국의 특수한 국정 때문에 석탄 사용률이 높아 배출하는 이산화탄소의 양도 매우 많은데, 중미 양국은 모두 적극적으로 관련 기술을 연구 개발하고 있고, 이 분야에서의 협력을 기대할 수 있다. 클린턴정부 환경질량위원회 부주임으로 근무하였던 다비드 산드로(David Sandro)는 브루클린(Brooklyn) 학회에서 기후변화대응에서의 중미 양국의 협력을 호소하였다. 그는 중국과 미국이 기후정치에서 서로 다른 의견을 갖고 있지만, 양국은 전기자동차 공동개발, 녹색에너지 절감 건축시설, 탄소포집과 저장 등 청정에너지영역에서 광범위한 협력을 진행할 수 있다고 하였다.[68)

이 밖에 중국은 선진기술을 보유한 주변 국가들과의 기후협력도 추진하여 왔다. 중국과 일본이 처음으로 환경영역에서 협력을 시작한 것은 1977년이다. 중국과 일본은 2007년 4월부터 장관급 에너지환경정책대화를 개시하여 <에너지영역의 양국 협력을 강화하는 성명(关于加强两国在能源领域合作的声明)>을 발표하였다. 중국과 ASEAN의 협력은 2001년부터 매우 빠른 발전을 가져왔으며, 2002년 11월

---

67) 中美气候变化联社声明将建立气候变化工作组, 载http://finance.estmoney.com/news/1345,20130413 285229059.html

68) 楚新: 『布鲁克林学会提出中美气候合作重点: 拓展新能源合作领域』, 载『中国经济导报』 2009年2月24日.

<중국-ASEAN 전면경제협력 프레임합의(中国－东盟全面经济合作框架协议)>에서부터 환경보호에 관한 공식적인 협력활동이 전면적으로 개시되었다. 2007년 제10차 중국과 ASEAN 정상회의에서 중국은 정식으로 생태협력을 양측의 협력범주에 귀속시킬 것을 제안하였고, 또한 장관급 대화를 제때에 진행할 수 있도록 제안하였다. 2008년 7월 중국－ASEAN 외교장관회의에서 중국은 양측이 기후협력을 진행할 것을 제안하였다.[69] 이 밖에, "중국은 EU, 이탈리아, 독일, 노르웨이, 영국, 프랑스, 호주, 캐나다 등 국가 및 지역들과 기후변화에 관한 대화를 진행하고 협력체계를 구축하였으며, 연합성명, 양해각서와 협력합의 등을 체결하였다. 구체적인 협력에 있어, 독일과는 전기자동차 영역에서의 기술협력, 호주와는 이산화탄소 포집과 저장에 관한 기술협력, EU와는 건축물 에너지 효율과 품질에 관한 협력, 영국과는 녹색건축 및 생태도시발전에 관한 협력, 캐나다와는 현대 목(木)구조 건축기술로써 기후변화에 대응하는 데 관한 협력, 스위스와는 지속가능한 도시발전 등 영역에 관한 협력을 진행하였다."[70]

(3) 기후조건이 취약한 국가에 대한 지원

기후조건이 취약한 국가는 지구온난화의 영향을 보다 많이 받는 국가들을 말하는데, 주로 해수면의 상승으로 막대한 영향을 받는 국가들, 예를 들면 몰디브, 투발루 등과 사막화의 영향을 심하게 받는

---

69) 梁春燕: 『加强中国－东盟区域气候合作』, 载『法制与经济』 2011年 第11期.

70) 『中国应对气候变化的政策和行动(2011)』 白皮书, 载http://www.gov.cn/jrzg/2011-11/22/content_2000047.htm

국가들, 예를 들면 사하라 사막 주변의 국가인 수단, 말리 등이 이에 해당된다. 기후조건이 취약한 국가들을 돕는 것은 자국의 이미지를 향상시킬 수 있을 뿐만 아니라 기후협상에서의 중국에 대한 지지율도 높일 수 있다.

<기후변화대응에 관한 중국의 정책과 행동(2011)> 백서에서 중국은 지난 몇 년 동안 "개발도상국을 위하여 200개의 청정에너지와 환경보호 프로젝트를 발족하였다. 2008년 12월 중국은 지부티에서 청정개발체제와 재생에너지에 관한 교육을 주최하였고, 2009년 6월 북경에서 개발도상국의 장관급 인사를 상대로 하는 기후변화대응에 관한 연수를 주최하였으며, 같은 해 7월에는 북경에서 아프리카 국가의 정부인사와 학자들을 상대로 개발도상국의 기후변화대응에 관한 고급 연수도 주최하였다. 또한 2010년에는 총 19차례의 기후변화와 청정에너지에 관한 국제연수를 주최하여 548명의 장관과 전문인력에 대한 교육을 진행하였다. 이 밖에 중국은 남태평양, 카리브해 등 지역의 군소도서국에도 많은 지원을 하였는데, 태평양 군소도서국을 상대로 130개 프로젝트를 추진하였다. 이와 같이 중국은 기타 개발도상국의 기후변화대응에 관하여 가능한 지원을 모두 제공하는 것으로 기후변화 속도를 완화하고 해당국의 기후변화대응능력을 향상시켜 주었다."[71]

2012년 6월 유엔지속가능발전 정상회의에서 원자바오 총리는 중국이 2억 위안의 자금을 제공하여, 3년간의 기후변화 남남협력사업을 개시할 것이라고 발표하였다. 즉, 중국은 아프리카 국가들과 최

---

71) 『中国应对气候变化的政策和行动(2011)』 白皮书, 载http://www.gov.cn/jrzg/2011-11/22/content_20
00047.htm

빈개발도상국 및 군소도서국들의 기후변화 사업을 지원하겠다고 발표한 것이다.

같은 해 중국은 그레나다, 에티오피아, 몰디브 등 10개 국가들과 기후변화대응에 관한 양해각서를 체결하였고, 절전전구 50여만 개, 절전 에어컨 1만여 대를 증정하였다. 중국 푸텐그룹(普天集团)과 하이얼그룹(海尔集团)이 이 사업에 참여하였으며, 그들은 가장 먼저 에티오피아와 그레나다에 LED조명장치를 증정한 기업들이다. 셰전화에 따르면 그레나다에 증정한 절전상품들은 이미 납품을 완료한 상태이고, 이는 그레나다 공공 부문의 에너지 효율을 50% 높여 연간 100만 달러의 에너지 지출을 절감할 수 있을 것으로 예상된다. 에티오피아 환경보호국 국장 테올데 베르한 게브레 에그지압헤르(Tewolde Berhan Gebre Egziabher)에 의하면, 에티오피아가 에너지절감 측면에서 취득한 성과는 중국의 지원이 있었기 때문이라고 하였다.[72] 2012년 도하 당사국총회가 열리기 전까지 중국은 최빈개발도상국의 환경보호 인재양성을 위하여 12차례의 연수를 제공하였으며, 향후 2년 동안 개발도상국을 위하여 2,000여 명의 기후인재를 양성해줄 계획이다.

2. 중국 기후협력의 문제점

중국이 국제사회와 함께 기후변화 대응방안을 도모하는 면에 있어서의 협력은 아직 부족한 상태이다. 우선 깊이 있는 협력이 부족

---

72) 『多哈气候大会,中国企业活动为中国形象增光添彩』, 载http://green.sohu.com/20121208/n3598760
   76.shtml

하다는 것인데 중국은 비록 미국 등 국가와 청정에너지에 관한 협력을 진행하고 있지만, 구체적인 실천보다 합의만 앞서 있는 상태라 실속보다는 형식만 갖추었다고 볼 수 있다. 이는 기후변화대응에 많은 선진적인 기술이 필요하지만, 선진국들은 이런 기술 성과들을 중국을 비롯한 개발도상국과 공유하지 않으려고 하는 데 기인한다. 다음으로 협력의 범위를 넓힐 필요가 있는데 중국은 아프리카, 남미 등 지역과 환경보호 기술에 관한 협력을 진행한 적이 별로 없고 심지어 어떤 영역에서의 협력은 뒷걸음질을 치고 있다. 예를 들면, 중국과 유럽의 CDM 협력에 있어, 유럽의 협력의향이 점차 사라지고 중국의 탄소배출권거래시장의 형성이 느린 점은 두 지역 간의 협력 열정을 상대적으로 약화시키고 있다. 셋째는 협력수단이 보다 단순하므로 이에 대한 조절의 필요성이 제기된다. 현재 실질적인 효과를 갖는 기후협력은 CDM 이외에 주로 기후지원의 형식으로 이루어지며, 협력형식이 다소 단조로운 편이므로 참신한 협력체계가 필요하다. 이 밖에 중국기후협력은 아래의 세 가지 측면에 있어서도 불확실성을 띠고 있다.

(1) CDM 사업의 존속

중국의 글로벌 CDM 사업에는 여러 가지 문제점이 존재하는데 그 중 첫째는 중국이 아직 국제탄소거래시장에서 탄소거래가격을 정하는 권한을 갖고있지 않다는 것이다. 중국이 가장 큰 CDM 유치국으로서 마땅히 탄소의 거래가격을 정할 수 있는 권한을 가져야 하지만 현재로서는 EU가 그 가격결정권을 갖고 있다. 탄소거래가격의 결정권은 국제기후협상과 긴밀하게 연결된다. 현재 EU가 주로 자금과 기술로 탄소배출권을 구매하고 있는 상황이고, 이와 반대로 대부분의 개발도상국은 아직 감축의무를 부담하고 있지 않다. 그러므로 탄소시장은 대체적으로 공급이 수요를 초과하는 상황에 처해 있다. 이와 같이 판매자가 구매자보다 많은 관계로 가격결정권은 구매자인 유럽 국가들이 갖고 있는 것이다. 이 밖에 국제사회가 교토의정서의 약속을 엄격히 지키지 않음으로 인하여 1차 공약기간 종료 후의 국제탄소거래시장의 존속 여부에 대하여 공통된 의견을 달성하지 못하였고, 이러한 국제기후협상의 정체현상이 국제탄소거래체제의 불확실성을 야기하였다. CDM 체제가 폐지되면 국제탄소거래시장도 폐지될 것이고 탄소는 아무런 가치가 없게 될 것이다. 그러므로 유럽 국가들이 탄소배출권을 구매하지 않는다면 전 지구적인 탄소시장은 형성될 수 없을 것이다. 이러한 점에서 볼 때, 구매자가 국제탄소거래시장의 존속을 좌지우지하고 있으며 탄소가격의 결정권을 갖는 것도 당연시되는 것이다. 중국은 비록 큰 배출 잠재력을 갖고 있지만 구매자가 아니기 때문에 국제탄소시장에서의 탄소가격 결정권이 없다. 중국이 만약 더 큰 발언권이나 가격결정권을 갖고 싶다면 국제기후협상에 새로운 활력을 주입하여 기후변화의 대응방안인 CDM 체제도 계속 진행할 수 있도록 하여야 한다.

둘째, 중국의 CDM 협력의 범위가 좁고 기술이전도 실질적으로 실행하지 못하였다. 비록 어떤 기업들은 기술 면에서의 이전을 실행하였으나 국내 기업의 장기적인 발전에 큰 영향을 미치지는 못하였다. 한편 CDM 체제의 불확실성으로 인하여 현재 CDM 사업은 주로 단기간 협력으로 이루어져 있어 기업의 장기적인 기술발전에는 실질적인 의미가 없다는 것이다. 또한 많은 기업들은 이 사업을 기업 발전의 장기적인 계획에 귀속시키지 않았다. 국내기업들은 이 사업을 단기적인 경제행위로만 여기고 장기적인 발전을 도모하는 기술 추진 전략으로 발전시키지 않았다. 이 밖에 외국협력사들도 기술이전을 달갑게 생각하지 않는 편이고 기술을 이전하더라도 중요한 혁신기술은 이전해주지 않았다. 즉, 시장을 점유할 만큼의 중요한 기술은 CDM 체제에서 이전될 수 없었다. 그러므로 국내 환경보호 기술은 여전히 국내기업 자체의 연구와 축적이 필요하며 이는 장기간의 과정을 필요로 한다.

(2) 환경보호 기술의 경쟁

산업혁명 이래의 전통적인 발전방식은 더 이상 존속하기 어렵고 현재의 세계는 저탄소녹색경제로 전환하는 중요한 경제 및 사회 전환기에 이르렀다. 전통적인 방식으로 발전한 국가에게는 녹색경제로 전환하는 과정에서 지속적으로 세계적 우위를 차지하는 것이 가장 큰 도전이 될 것이다. 산업화 과정의 경험으로부터 볼 때, 세계적으로 뛰어난 과학기술 상품을 창조한 국가의 발전이 세계적으로 앞자리를 차지할 수 있었다. 그러므로 녹색경제로 전환하는 과정에서도 전통적인 선진국은 저탄소기술영역에 있어서의 우세를 차지하려고 노력할 것이다. 그러므로 개발도상국에는 선진국의 첨단기술을 취득하거나 첨단기술의 자체 개발이 하나의 도전이 된다. 개발도상국이 세계적인 강국이 되고 싶다면 새로운 기술경쟁에서 유리한 위치에 처해야 하며, 그렇지 않는 한 추월은 힘들 것이다. 이 또한 전 세계

환경보호 기술영역에서의 경쟁이 치열하고, 국제기후협상에서의 "기술이전"이 이루어지기 힘든 원인 중 하나이며 국가 간 기술합의안이 형식에만 그치는 원인 중 하나이다. 중국과 미국도 청정에너지 기술협력에 관한 많은 합의를 체결하였지만 미국은 여전히 중국의 신재생에너지기술을 경계하고 있는 상태이다. 2010년 오바마 대통령은 연두교서에서 중국, 독일과 인도는 모두 주저하지 않고 청정에너지 영역에 거대한 투자를 한 상태인데, 미국이 2등이 되는 것은 절대 용납할 수 없다고 하였다.[73] 2011년 연두교서에서는 청정에너지 영역에서 미국은 중국에 일부 뒤처져 있다고 밝힌 바가 있다. 2013년 연두교서에서 오바마 대통령은 중국과의 신재생에너지 기술경쟁의 중요성을 강조하였다. 그는 "중국 등의 나라가 청정에너지를 계속하여 개발하는 한 우리의 개발도 계속될 것이다."[74]라고 하였다. 오바마 대통령의 연설은 중국 등 나라들과 환경보호 기술영역에서 경쟁을 벌이겠다는 미국 정부의 입장을 충분히 반영하였다. 이와 같이 국제환경보호 기술영역에서의 협력은 순탄치 않다.

그리고 환경기술영역의 경쟁은 무역보호주의를 초래할 수 있으며 국제환경보호 기술협력을 파괴할 수 있다. 2010년 9월 28일 180여 명의 미국 입법자들이 "중국이 청정에너지기술 개발에 있어 '불공평'한 전략을 사용하였기 때문에 오바마 대통령이 대응조치를 취하기를 바라는" 내용을 담은 공동서신을 백악관에 보냈다. 공동서신에 의하면 중국이 녹색에너지산업의 현지 제조업자들에게 '불공평한

---

73)『奥巴马总统国情咨文突出强调发展清洁能源』, 载http://www.most.gov.cn/gnwkjdt/201004/t20100
　　415_76777.htm

74)『奥巴马国情咨文突出强调经济议题』, 载http://news.xinhuanet.com/world/2013-02/13/c/_114674271.com

편의'를 제공하였고, 이런 행위를 저지하지 않으면 미국의 제조업자는 해당 산업에서 "강제 퇴출당할 수도 있다"라고 하였다. 또한 이 공동서신에서는 미국 무역대표부(Office of the United States Trade Representative, USTR)가 중국에 대한 환율제재를 개시하도록 부추겼고, 중국이 자국 내에서 "불법적인 첨단 청정에너지 기술개발을 하고 있다."라고 하였다.[75] 2012년 5월 18일 미국 상무부는 중국의 태양광 제품에 대하여 31.14%의 반덤핑 관세를 부과하였고, 이는 중국의 신재생에너지 제품이 외국의 무역조사를 받은 첫 번째 사건이다. 같은 해 9월 오바마 대통령은 국가안보의 이유로 중국기업의 오리건 주에 위치한 4개의 풍력발전소 인수를 금지하였고, 이는 미국 대통령이 20년 이래 처음으로 국가안보의 명의로 중국의 신재생에너지사업 투자를 금지한 사례이다.[76] 미국에 이어 EU도 중국의 신재생에너지 제품에 대한 반덤핑조사를 시작하였고, 이는 중국의 신재생에너지산업의 발전에 타격을 입혔다. 2012년 9월 EU는 중국산 태양광 패널에 대한 반덤핑조사를 선언하였고, 중국산 폴리실리콘 태양전지, 패널, 실리콘 웨이퍼 등에 대하여 반덤핑조사를 진행하였다. 2013년 2월 EU는 재차 중국의 태양광 판유리(Solar glass)에 대한 반덤핑조사를 시작하였다. 미국과 EU의 무역보호조치는 중국과 선진국 간의 기후협력에 심각한 타격을 입혔다.

---

75) 『美国近两百议员上书奥巴马鼓动反制中国清洁能源开发』, 载http://world.huanqiu.com/roll/2010-09/1139000.html

76) 姜姝、李庆四: 『从伏光拉锯到风能之争－中美新能源合作的博弈解读』, 载『国际论坛』 2013年 第二期.

(3) 국가관계를 방해하는 정치적 요인

중국과 국제사회의 기후협력을 방해하는 또 하나의 요인이 바로 국가 간의 불확실한 정치적 관계이다. 우선 중국과 미국 간의 협력에는 불확실성이 존재한다. 중·미 양국은 기술 면에서 협력할 수 있는 큰 잠재력을 갖고 있지만, 두 나라는 정치형태가 다르고 정치, 경제와 군사 면에서 모두 경쟁관계에 처해 있다. 특히 오바마 정부가 아시아 재균형 정책을 제기하면서부터 중·미 관계는 새로운 불안정기에 들어서게 되었다. 양국의 불안정한 관계는 신재생에너지 영역에서의 양국의 기술협력에도 부정적인 영향을 미쳤다. 중국과 유럽의 관계도 마찬가지이다. 양국은 이데올로기의 차이점을 갖고 있고, 유럽의 일부 국가들은 항상 달라이와 인권문제를 들먹이면서 중국을 비난하고 있으며 이는 양측의 기후협력에도 부정적인 영향을 미쳤다. 개발도상국과의 관계에 있어 중국은 비록 정치적 장애는 없지만, 그렇다고 아무런 문제가 존재하지 않는 것은 아니다. 특히 중국의 기후파트너인 인도와는 국경문제가 존재한다. 양국은 가끔 국경문제로 인한 분쟁이 발생하며, 이는 두 나라의 기후협력에 영향을 미치고 있다. 이 밖에 주변 국가들과의 기후협력에도 부정적인 요인이 존재한다. 동북아시아 삼국인 중·일·한의 협력은 중·일관계의 영향을 많이 받고 있다. 중국과 일본은 최근 몇 년 동안 댜오위다오(钓鱼岛)의 문제로 인하여 상호 간에 믿음이 깨진 상황이며, 이로써 양국이 양호한 기후협력관계를 발전시킬 수 있는 가능성은 미미하다. 마찬가지로 중국과 베트남 간에 남해의 여러 섬에 관한 분쟁이 존재하며, 이로 인하여 동남아 메콩 지역의 환경협력이 영향을 받고 있다. 이러한 정치적 요인들은 모두 국가관계에 악영향을 미칠 수 있다. 국가 간 협력은 상호 간의 믿음을 기초로 하는데, 만약 정치적인 이유로 믿음이 파괴된다면 기타 영역에서의 협력도 이루어지기 힘들 것이다.

3. 중국 기후협력능력의 향상방법

우선, 협력의향을 강화하여야 한다. 의향은 능력을 향상시키는 전제조건이다. 의향이 없는 능력구축은 마치 모래사장에 건물을 짓는 격이 될 것이다. 중국은 반드시 확실하게 국제기후협력을 진행하겠다는 의향을 굳혀야 한다. 중국이 CDM 사업 영역에 있어서의 협력의향은 매우 강하지만 이 영역의 대부분 사업은 유럽 국가들이 진행하고 있고, 미국, 캐나다, 일본 등 국가들의 사업은 아직 많지 않은 상태이다. 중국은 적극적으로 청정에너지산업에 대한 선진기술력을 보유한 국가의 투자를 유치하여야 한다. 이와 동시에 개발도상국과는 환경보호 기술 연구를 진행하여 신기술협력지역을 만들어야 한다.

둘째, 완벽한 협력전략을 제정하여야 한다. 협력전략은 여전히 중국의 기후협력의 기초이다. 중국 기후협력의 목표는 두 가지가 있는데 하나는 중국이 지구온난화에 대응하는 능력을 키우는 것이고 다른 하나는 중국의 경제전환이 순조롭게 진행될 수 있도록 보장하는 것이다. 이 두 가지 목표로 인하여 중국은 협력에 있어 한편으로는 선진국들과 기술협력을 진행하고 다른 한편으로는 베이식 국가들과 협상을 통해 상호 간의 입장을 적극적으로 조율하여 중국의 이익을 최대한 보장하려고 하는 것이다. 지구온난화에 대응하는 능력을 향상하려면 반드시 국제사회와의 환경기술협력을 제고하여야 한다. 선진적인 환경기술을 보유하고 있는 지역과 국가는 주로 EU와 미국이다. 중국과 미국 양국은 모두 청정에너지 기술영역에서 협력할 의향은 있지만, 현재 거의 대부분의 협력이 협의단계에 그쳐 있고 실질적인 첨단기술의 협력이 진행되지 않고 있으며, 더욱이 양국은 기술면에서의 경쟁관계에 놓여 기술협력이 쉽지만은 않을 것이다. 유럽국가들과 중국은 모두 기술협력에 대한 수요가 크고 경쟁관계도 중미의 경쟁관계처럼 명확하지 않은 상태이다. 중국과 유럽은 CDM사업을 통하여 기후협력관계를 강화하였고, 중국은 이런 관계를 토대로 독일, 프랑스 등 선진적인 기술을 보유하고 있는 유럽 국가들과의 기술협력을 추진할 수 있다. 이 밖에 중국과 베이식 국가들 간의 조율은 베이식 4국의 프레임 내에서 진행될 수도 있고 BRICs 국가들의 프레임 내에서 진행될 수도 있다. 그러므로 베이식 국가와의 협력과 EU와의 기술협력은 중국 기후협력전략의 양대 초석이다.

셋째, 협력체제를 보완하는 것인데, 체계적인 협력은 국제협력능력을 향상하는 핵심이라고 할 수 있다. 전 지구적인 협력이 성공을 거두기 위해서는 반드시 제도적 차원에서의 협력이 이루어져야 한다. 만약 제도를 기반으로 하는 협력을 하지 않는다면 협력은 단기적인 활동에 그칠 가능성이 크고, 단기적인 협력은 지구온난화의 대응에 큰 역할을 하지 못할 것이다. 중국과 기타 국가들 간의 협력은 모두 제도적인 차원에서 이루어져야 한다. 그리고 제도를 보완할 뿐만 아니라 건전한 체제를 이루는 것을 목표로 하여야 한다. 체제 자체는 새로운 상황에 따라 부단히 조정해야 한다. 일반적으로 체계적인 협력은 협력의향으로부터 시작되고, 협력이 진행됨에 따라 점차적으로 더 많은 부서가 참여하게 된다. 협력하는 과정에서 불합리한 체제를 최적화의 체제로 조절하는 것도 중요하다. 현재 중국의 국제기후협력체제는 주로 베이식 4국 체제, BRICs 5국 체제, 메콩 지역 협력체제 등이 있다.

기존 협력체제를 유지하는 것도 중요하지만 새로운 체제의 협력을 추진할 필요도 있다. 신체제를 창조하는 능력은 국제협력능력을 반영하는 중요한 지표이기도 하다. 현재 가장 효과적인 체제는 CDM 체제인데 이 체제는 교토의정서에 대한 국제사회의 태도에 따라 결정된다. 그러므로 국제기후협상의 영향을 받지 않는 진정한 국제사회의 녹색발전에 이로운 새로운 체제, 이를테면 중국과 개발도상국 간의 탄소거래시장체제와 같은 체제의 도입이 필요하다. CDM 체제의 존속에 관하여 아직 의문이 들지만 탄소배출권 거래활동은 미래사회에 존재하는 중요한 활동이다. 지구온난화현상의 실질적인 발생 여부 혹은 파괴적인 영향의 존재 여부를 떠나서 국제사회는 모두 저탄소경제와 녹색경제를 발전시킬 것이다. 배출권거래는 기필코 진행될 것이며 CDM 체제의 존속 여부와는 관계없이 발전될 것이다. 이에 대해 중국 국내의 탄소거래시장이 양호한 협력의 기초를 마련해주고 있다. 국제 CDM 협력은 이를 토대로 하여 진행될 수 있으며 중국과 다른 국가의 CDM 협력도 마찬가지로 이 기반을 사용할 수 있다. 만약 중국의 탄소거래시장을 국제적 거래의 기반으로 만들 수 있다면 중국은 탄소배출권 거래영역에서의 가격결정권도 얻게 될 것이다. 이 밖에 중국은 풍력, 태양에너지 등 영역에서의 협력체제도 발전시켜야 하며, 다른 국가들과의 포럼도 계속 진행해나가야 한다.

기존의 체제를 유지하고 새로운 체제를 창조하는 동시에 협력체제에 대한 주기적인 평가도 매우 중요하다. 현재 중국은 협력체제에 대한 주기적인 평가가 부족하여 많은 협력체제가 오랫동안 제자리 걸음을 하고 있다. 체제에 대한 평가는 주기적으로 연차평가형식으로 진행될 수 있다. 그렇다면 한 체제의 운영을 어떻게 평가할 것인가? 우선 체제 자체의 가동 상황을 살펴보아야 한다. 만약 장기간 동안 가동하지 않은 상태라면 이 체제는 빈껍데기에 불과하다. 이와 같은 체제는 새롭게 구축할 필요가 있다. 둘째는 체제의 운영상태를 점검하여야 하는데 체제의 운영과정에 많은 구성원들이 불만족스럽다는 의사표시를 한다면 체제 자체에 대한 보완을 진행할 필요가 있다. 다음으로 체제의 운영효율을 살펴야 하는데, 만약 장기간 동안 합의를 달성하지 못하면 임무완성 주기가 너무 길다는 것을 설명하므로 이런 상황에서는 체제의 효율을 점검할 필요가 있다. 마지막으로 체제의 운영효과를 살펴보아야 한다. 지구온난화 대응체제가 효과적으로 이산화탄소를 감축하고 환경을 보호할 수 있다면 해당 체제는 충분히 효과적이라고 볼 수 있다.

넷째, 전문기술인력을 양성하고 외교사무 처리능력을 제고하는 것이다. 기후변화에 대응하는 국제협력은 전문성에 대한 요구가 높아 일반적인 외교 협력과 달리 신재생에너지의 개발, 신재료의 개발과 위성추적 등 첨단기술이 포함되어 전문 분야의 외교 인력을 양성하여 기술과 외교에 모두 능숙한 인력을 갖출 필요가 있다. 이에 관하여 기존 외교 인력 중에서 국제기후협력에 필요한 인력을 양성하기보다는 전문기술을 보유한 인재에게 외교 분야의 교육을 진행하는 것이 훨씬 효과적일 것이다. 구체적으로 대학교 혹은 기업에서 관련 전공의 졸업생 혹은 직원들을 선발하여 외교부서에서 교육을 진행하는 것이다. 기술협력에는 많은 세부영역이 존재하기 때문에 하나의 체제하에서만 이러한 협력이 진행되는 것은 불가능하고, 협력의 내용에 따라 구체적인 협력체제를 구축하거나 큰 체제하에 작은 세부체제를 분할하여 창설할 수 있다.

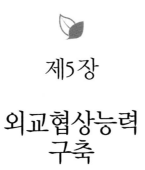

제5장

외교협상능력
구축

1. 외교의제전략

(1) 의제의 중요성

기후협상을 포함한 여러 외교협상에서 가장 핵심적인 내용이 바로 의제를 만들고 의제의 진척 상황을 통제하는 것이다. 현대 국제 사회에서 많은 국가들 간의 관계는 협상테이블에서 맺어진다. 협상 테이블에서 국가들 간의 관계는 다른 의제 또는 동일한 의제에 대한 다른 의견으로 표현되므로, 의제는 곧 한 국가의 외교무기라고 할 수 있다. 그러므로 국가는 반드시 무기를 개발해야 하는 것처럼 외교의제를 개발하여야 한다. 현대 외교협상의 실질은 여러 나라에서 제출한 의제를 토론하고 합리적인 해결책을 찾는 과정이므로, 의제가 각종 국제협상의 핵심이라고 할 수 있다. 특히 지구온난화와 같은 인류생존에 관한 문제에 대해서는 더더욱 그렇다. 그렇다면 의제란 무엇인가? 우선 의제는 당연히 하나의 문제점이다. 만약 문제점이 아니라면 국제적인 토론을 진행할 필요가 없기 때문이다. 사실상 국제회의에서의 의제는 기본적으로 국제사회가 부딪힌 난제이고 이러한 난제는 국제사회가 공동으로 해결해야 할 문제점들이다. 의제가 문제점이라면 해결책을 찾을 필요가 있는 것이고 국제사회의 구성원들의 의사소통이 필요하게 되는 것이며 최종적으로 모든 국가가 받아들일 수 있는 해결책을 찾아야 하는 것이다.

의제가 중요한 또 다른 하나의 이유는 바로 의제를 제기하는 자체가 외교발언권이 제고되었다는 징표이기도 하기 때문이다. 국가의 발언권은 어디서부터 나오는 것인가? 일반적으로 국가의 능력, 즉

경제, 군사적 능력 등과 연관된다. 그러나 이런 인식은 전면적이지 않다. 왜냐하면 실력이 있는 국가가 꼭 외교발언권을 가진다는 것은 아니다. 단순하게 한자로부터 볼 때 발언권은 말을 할 수 있는 권리, 즉 자신의 목소리를 내고 주의를 얻을 수 있는 권리를 말한다. 이런 의미에서 볼 때, "무엇을 말하고 어떻게 말하는 것"이 가장 중요하다. "말하다"는 것이 바로 의제를 창설하고 서술하는 것을 의미하고, "말하는" 내용은 바로 국제의제의 내용이다. 앞서 언급하였다시피, 의제는 외교발언권의 핵심이다. 국가가 자신의 의제를 갖고 국제사회에 상응한 영향력을 미쳤을 때, 그 국가는 국제발언권을 가졌다고 할 수 있다. 중국이 기후외교에서 더욱 큰 외교발언권을 얻으려면 "기후협상 관련 일정을 설정하고 의제를 제기하여 기후에 관한 여러 가지 이익을 살피면서 중국의 이익을 최대한 지키고 중국버전의 탄소배출 감축안을 제출하여야 한다."[77]

(2) 성공적인 의제의 필수조건

- 전향적인(前瞻性) 의제

성공적인 의제는 반드시 전향적이어야 한다. 다른 나라가 제기하기 전에 먼저 해당 의제를 제기하여야 사람들의 인정을 받을 가능성이 크다. 그러므로 성공적인 의제를 만들기 위해서는 반드시 문제가 발생하기 전에 해당 문제를 발견하여 적절한 시기에 제기하여야 한다. 어떻게 전향적인 의제를 창조할 수 있을까? 일반적으로 전향적

---

77) 胡宗山: 『政治学视角下的国际气候合作与中国气候外交新对策』, 载『社会主义研究』 2010年 第5期,第118页.

인 의제는 전향적인 문제에서 나오고 전향적인 문제는 주로 연구인원들과 관련 산업에 종사하는 인력들의 연구 혹은 작업과정 속에서 나타난다. 그러므로 외교연구자들은 미래의 3~5년, 심지어 10~20년 내에 발생 가능한 문제를 예견하여야 하고 단지 현재의 정치사건에서만 실마리를 찾아서는 안 되는 것이다. 예를 들면, 영국학자 배리부잔이 현재 연구하고 있는 우주공간 흐름체(宇宙空間流体)가 각국의 우주공간(우주정거장)에 미칠 수 있는 영향이라는 과제는 비록 아직은 의제가 아니지만 멀지 않은 미래에 국제사회 특히 강대국들이 논의하게 될 의제가 될 것이다. EU는 2011년에 항공탄소관세라는 의제를 제기하였고 비록 현재까지도 중국을 포함한 많은 국가들의 반박에 직면하고 있지만, 기후 위기의 증가에 따라 EU는 쉽게 해당 의제에 대한 주도권을 갖게 될 것이다. 그렇게 되면 개발도상국은 또다시 소극적으로 대응할 수밖에 없는 상황에 처하게 될 것이고 서방국가들의 비판을 받게 될 것이다. 몇 년 일찍 하나의 의제에 착수하여 연구를 시작한다면 더욱 많은 발견을 할 수 있고, 더욱 새로운 해결방안도 찾아낼 수 있을 것이며, 심지어 해당 문제를 해결할 수 있는 국제체제도 구축할 수 있을 것이다. 이런 경우 뒤늦게 연구를 시작한 국가는 일찍 시작한 국가의 방안과 국제체제의 영향을 받을 것이며 발언권에 있어서도 소극적인 위치에 처하게 된다.

- **도덕성이 있는 의제**

성공적인 의제는 반드시 도덕성을 갖춰야 한다. 즉, 해당 의제는 반드시 국제규범에 합치되어야 하며, 그 어떠한 특정국가의 이익을 토대로 해서는 안 된다. 국제체제를 창설하거나 해결방안을 제기한 모든 국가는 자국의 이익을 가장 먼저 고려한다. 그러나 단지 자국의 이익을 고려하여 제기한 의제는 장기적으로 존재하기 어렵다. 그러므로 성공적인 의제는 꼭 도덕성을 갖추어야 한다. 물론 국제의제는 단순히 도덕성만 강조해서도 아니 되지만 도덕성을 무시하는 것은 실패하기 마련이다. 불(Boole)이 "정치"를 논할 때, 정치는 도덕과 권력의 결합체이므로 정치적인 외교의제도 도덕과 권력의 결합체라고 말하였다. 국제기후 관련 의제는 반드시 전 인류의 이익을 고려해야 하는데, 이는 기후의제가 갖춰야 하는 가장 기본적인 도덕적 기초라고 할 수 있다. 그러므로 국제사회에 현존하고 있는 기후의제는 서방 선진국 또는 개발도상국이 제출한 것인지를 막론하고, "교토방식"이나 "브라질방식"이나 모두 인류의 공동이익에 입각하여 에너지절감과 배출량 감축을 논하는 것이다.

- 매칭 가능한(配套性) 의제

"매칭성"이란 한 의제에는 그에 대응하는 해결책이 존재하여야 한다는 것을 의미한다. 의제와 의안은 항상 긴밀하게 연결되어 있으며 의안이 없는 의제는 무용지물이고 장기간 동안 존재하기 어렵다. 만약 문제만 있고 아무런 해결방안도 제기하지 못하면 해당 의제는 진정한 국제의제가 될 수 없다. 국제협상은 의제의 경쟁이자 "명석한 제안 간의 경쟁이다."78) 교토협상과정에서 영국, 독일, 네덜란드, 브라질, 스웨덴 등 국가들은 모두 해결방안을 제기하였다.79) 국제사회에서 어느 한 구체적인 문제에 대한 해결책은 수없이 많을 수 있

---

78) [英] R. P. 巴斯顿: 『現代外交』, 赵怀普、周启鹏、刘超译, 世界知识出版社 2002年版, 第102页.
79) 庄贵阳、陈迎: 『国际气候制度与中国』, 世界知识出版社 2005年版, 第194页.

지만 국제사회가 채택한 의안은 소수에 불과하다. 그렇다면 어떤 해결방안이 국제사회의 인정을 받을 수 있을까? 하버드 협상연구 전문가인 로저 피셔(Roger Fisher), 윌리엄 유리(William Ury)는 그들의 저서인 『협상의 기술(Getting To Yes)』에서 협상 중의 해결방안은 반드시 호혜(互惠)적인 선택사항이어야 한다고 하였다.[80]

한 의안의 성공 여부는 해당 의안이 현실 속에서의 "실행가능성"을 통해 평가되는데, 과도하게 이상적인 해결방안은 사람들의 인정은 받을 수 있지만 현실적으로 실현가능성이 미미하여 성공적인 의안이라고 할 수 없다. 이 밖에 성공적인 의안은 반드시 어느 정도의 형평성을 보유하여야 한다. 국제사회의 여러 국가는 각각의 발전수준이 다르고 역사적인 배출량과 현재의 배출량도 모두 상이하기 때문에 하나의 기준으로 모든 나라에 요구해서는 안 되고, 각 국가의 감당수준을 모두 고려하여야 한다. 이것 또한 "공동의 그러나 차별화된 책임"이 개발도상국의 지지를 받아왔던 원인이기도 하다.

(3) 의제의 진척상황 통제: 외교의제를 운용하는 전략

자국에 적합한 새로운 의제를 제기하는 것은 발언권을 얻는 기초이지만, 제기한 의제를 어떻게 유용하게 사용할지도 마찬가지로 중요한 문제이다. 의제를 제기하는 시간, 의제들의 배열순서와 의제의 홍보 등은 모두 의제의 효과에 영향을 미칠 것이다.[81] 그중에서 의

---

80) [美] 布里古特·斯塔奇、马克·波义耳、乔纳森·维尔肯菲尔德: 『外交谈判导论』, 陈志敏、陈玉聃、董晓同等译, 北京大学出版社 2005年版, 第123页.

81) 毛艳: 『中国气候外交议题策略分析』, 载『国际展望』 2011年 第1期, 第56页.

제에 대한 효과적인 홍보는 해당 국가의 주도권의 획득에 적극적인 영향을 미칠 수 있으며, 의제에 대하 언론의 보도는 국제사회의 주목을 끌 수 있다.[82]

- 의제를 제기하는 시간

의제를 제기하는 시간은 해당 의제의 시급성 여부에 따라 결정되는데 의제가 많이 시급한 경우에는 즉시 제기하여야 한다. 이와 반대로 시급한 의제가 아닐 경우 명확한 해결방안을 찾은 후 제기하는 것이 나을 것이다. 너무 일찍 제기하면 다른 국가들이 미리 대응할 준비를 할 수도 있기 때문이다. 이 밖에 해결방안을 제기하는 시점을 잘 계산하여야 한다. 예를 들면, 중국이 코펜하겐 당사국총회 소집 이전에 국가 온실가스 감축방안을 발표한 결정이 매우 현명한 외교행동이라고 볼 수 있다. 이 행동으로 인하여 중국은 당사국총회에서 받게 되는 압력을 최소화하였기 때문이다. 만약 너무 일찍 행동을 취했다면, 중국에 저의를 갖고 있는 국가나 중국에게 압력을 가하려고 한 국가들이 대회시작 전의 틈을 이용하여 중국에 계속하여 압력을 가했을 것이다.

그리고 다른 국가들보다 먼저 의제를 제기하여 국제사회의 충분한 호응을 얻을 수 있다면 선발우위를 가질 것이다. 다른 국가가 의제를 제기한 후 적절한 시점에 참여할 경우에도 일정한 정도의 우세를 보유할 수 있다. 다만 다른 국가가 의제를 제기한 후 한참 지나서야 참여할 경우 쉽게 소극적인 위치에 처할 수 있다. 기후영역에서

---

82) [美] 布里古特·斯塔奇·马克·波义耳·乔纳森·维尔肯菲尔德: 『外交谈判导论』, 陈志敏、陈玉聃、董晓同等译, 北京大学出版社 2005年版, 第93页.

대부분의 서방 국가 이외의 국가 혹은 개발도상국은 관련 의제가 제기된 지 한참 지난 후에야 의제의 토론에 참여하기 시작하는데, 이때 서방 국가들은 이미 기후변화대응에 관한 방안까지 준비 완료한 상태이므로, 개발도상국은 불가피하게 기후외교에서 상대적으로 불리한 위치에 처하게 되는 것이다. 비록 개발도상국은 매우 강력한 입장을 보이면서 강경하게 표현하지만 실질적인 발언권은 미약하다.

- 의제의 제기순서

의제의 제기순서는 주로 동시에 여러 가지 의제가 논의될 때, 의제를 제기하는 방안을 말한다. 현재 국제사회와 아무런 연관성이 없는 "문제"를 찾기 힘든 것처럼 독립적인 "의제"도 존재하지 않는다. 그러므로 의제를 제기할 때 꼭 제기 순서에 대하여 고민하여야 한다. 그중에서 "우선순위"를 가진 의제, 즉 시급하게 해결하여야 하는 의제를 먼저 고려하여야 하는데, 예를 들면 "국제금융질서"에 관한 문제는 "북극 영토분쟁"에 관한 문제보다, "기후변화"는 "테러리즘"보다 우선적으로 고려되어야 한다. 사람들은 일반적으로 우선순위를 가진 의제에 대하여 더 많은 관심을 갖고, 반대로 몇 년 뒤에 발생할 수 있는 문제에 대해서는 큰 관심을 갖지 않는다. 이 또한 기후문제 자체의 모순이라고 할 수 있다. 미국 공화당 인사들은 기후문제가 매우 시급한 의제가 아니라고 생각하며, 미국 공화당과 그 지지자들은 기후문제에 많은 관심을 갖지 않고 있다. 이는 기후문제에 관한 법안이 미국에서 통과되지 못한 원인이기도 하다. 이와 마찬가지로 국제사회 전체가 한 의제의 시급 정도에 대하여 공감하지 못한다면 관련 해결방안도 쉽게 달성되지 못할 것이다.

이 밖에 의제의 배열순서도 매우 중요한 변화 심지어 실질적인 변화를 가져올 수 있다. 의제의 배열순서는 의제에 대한 토론순서나 해결순서와 관계된다. 기후변화영역에서 "역사적인 배출문제"를 먼저 해결하는 것과 "현재의 배출문제"를 먼저 해결하는 것은 근본적인 차이가 존재하고, 배출기준을 "1인당 배출"로 정하는 것과 "국가 총량배출"로 정하는 것에도 실질적인 차이가 존재한다. 그러므로 의제의 배열순서도 협상에서의 근본적인 변화를 가져올 수 있는 핵심적인 문제이다.

- 의제 간의 연관성

"국가 간의 협상내용이 그들 사이의 또 다른 협상내용과 연관될 때 의제 간의 연관성이 나타난다."[83] "의제 간의 연관성"은 주로 국가 간의 외교 경쟁(博弈)을 대상으로 하는 말이다. 한 나라가 자신의 국가이익을 확보하려면 당연히 의제에 관한 경쟁에서 관련 의제들을 연결시킬 것이다. 모든 나라는 자신에게 유리한 의제와 자신에게 불리한 의제를 동시에 갖기 마련이고, 이와 같이 다양한 의제 간의 관계를 잘 처리하는 것이 중요한 과제로 떠오른다. 예를 들면, 기후변화는 미국에 불리한 의제이지만 청정기술은 미국에 유리한 의제이다. 그러므로 국가는 항상 많은 의제를 연결시켜 조합하는 방식으로 자신에게 유리한 의제를 부각하고 자신에게 불리한 의제를 가급적 회피하려고 한다. 미국은 국제기후협상에서 자신에게 할당된 책임을 회피하여 교토의정서에 가입하지 않은 반면에, 자국의 환경보

---

83) [美] 布里古特·斯塔奇·马克·波义耳·乔纳森·维尔肯菲尔德: 『外交谈判导论』, 陈志敏、陈玉聃、董晓同等译, 北京大学出版社 2005年版, 第48页.

호 기술을 판매하려고 하는 의도를 보여주고 있다.

정교한 "의제연계전략" 혹은 "의제조합전략"은 한 국가에 일정한 주도권을 줄 수 있다. "의제연계전략"은 의제의 수를 증가시키고 협상을 복잡하게 만들 수 있는 반면에 협상에 참여하는 상대들이 고려할 수 있는 유리한 결과의 조합을 증가시킬 수 있기 때문에 협상이 성공적으로 이루어질 확률을 제고한다.[84] "의제조합전략"은 쉽게 해결할 수 없는 어려운 의제를 그 밖의 크고 비교적 쉽게 해결할 수 있는 의제 안에 포함하여 함께 협상하는 전략을 말한다.

- 의제의 홍보

의제를 만든 후 해당 의제를 홍보하여 국제사회의 관심을 끌 필요가 있다. 의제홍보는 주로 국가 언론의 영향력과 관계된다. 뉴스보도는 여러 가지 다양한 방식으로 사람들에게 정보를 제공하고, 정부 고위인사에게 의제의 진척을 설정하고 국제사건의 정보를 제공하고 관련 분석을 진행함에 있어 핵심적인 역할을 하며, 세계 각국의 엘리트와 대중들의 관점을 부각한다. 미국과 서유럽 국가들은 세계적인 언론매체를 보유하고 있어 알리고 싶은 의제를 즉각 홍보할 수 있지만 개발도상국은 국제적인 영향력을 가진 매체를 갖고 있지 않고 언어적 장벽도 있으므로 많은 어려움을 겪고 있다. 아직까지 영어가 전 세계에서 가장 많이 쓰이는 언어이고, 대부분의 국제적 언론보도도 모두 영어로 되어 있으므로 서방 국가들 특히 영어권 나라들은 의제홍보에 있어 매우 유리한 위치에 처해 있다. 이와 반대로,

---

84) [美] 布里古特·斯塔奇·马克·波义耳·乔纳森·维尔肯菲尔德: 『外交谈判导论』, 陈志敏、陈玉聃、董晓同等译, 北京大学出版社 2005年版, 第47页.

개발도상국들의 의제홍보는 훨씬 어렵다. 의제홍보는 TV, 라디오 등 매체 이외에도 외교석상에서의 공공외교 등 방식을 통하여 진행할 수 있다. 서방 국가들 특히 미국은 공공외교 측면에서 매우 많은 경험을 보유하고 있고, 보다 완벽한 공공외교 운영체제를 갖고 있는 반면에, 개발도상국은 아직 시작단계에 처해 있고, 심지어 어떤 국가들은 공공외교를 경시하는 경향이 있어 개발도상국의 의제 홍보는 상대적으로 불리하다.

홍보는 단지 전파의 고유기능 이외에 국가의제의 진척에도 영향을 미칠 수 있다. 미국 신문학자 월터 리프만(Walter Lippmann)이 『여론(Public Opinion)』이라는 책에서 언급하였다시피 "언론은 우리 머릿속의 이미지에 영향을 미칠 수 있다."[85] 버나드 세실 코헨(Bernard Cecil Cohen)은 자신의 『언론과 대외정책(The Press and Foreign Policy)』에서 명확하게 언론이 의제의 진척을 설정할 수 있는 기능을 갖고 있다고·하면서 "언론은 단지 정보와 관점의 전파자가 아니다. 비록 언론은 대부분의 상황에서 사람들이 어떻게 생각하는 것을 좌지우지할 수 없지만 무엇을 생각하는지는 결정할 수 있다."[86]고 하였다. 그러므로 막강한 언론을 보유하고 있는 국가는 의제와 그 진척에 대한 통제력을 확보할 수 있을 뿐만 아니라 기타 국가의 해당 의제 진척에 대한 영향력을 배제할 수 있다.

85) 转引自俞琳 『影响环境议题设置的因素 : 一种构建主义视角的分析』, 上海外国语大学硕士论文, 2010年.

86) Benton, M. & Frazier, P. J. (2010): The agenda-setting function of the mass media at three levels of information holding. Communication Research, pp.261-274.

2. 국제사회의 주요한 기후의제

(1) "차별화된 책임" 원칙

유엔기후변화협약에 따른 "차별화된 책임" 원칙은 선진국들이 먼저 감축의무를 부담하고, 개발도상국들은 적극적으로 지구온난화에 대응하는 원칙을 가리킨다. 이 원칙은 실질적으로 지구온난화의 책임은 주로 선진국들에게 있고, 감축능력 또한 주로 선진국들이 갖고 있음을 말해주고 있다. "차별화된 책임" 원칙은 역사와 현실을 존중하는 것을 토대로, 초기 협상과정에서 선진국들과 개발도상국들의 합의에 의해 도출된 하나의 감축방식이다. 그러나 선진국들이 점차적으로 협상에서 빠지면서, 특히 미국은 자국의 감축의무 부담에 중국의 감축의무 부담을 조건부로 내세워, "차별화된 책임" 원칙은 국제기후협상에서 가장 골칫거리 의제 중 하나가 되었다. 협상에서 선진국들은 항상 "차별화된 책임" 원칙을 비난하면서 개발도상국이 감축의무를 부담하지 않는 것은 불공평한 행위라고 지적하고, 반면에 개발도상국은 선진국들이 산업화 과정에서 미리 탄소를 배출하였기 때문에 "차별화된 책임" 원칙은 합리적인 원칙이라고 주장하고 있다. 개발도상국과 선진국의 "차별화된 책임" 원칙은 지구온난화에 대한 책임분배의 문제 및 각국의 책임의 판단기준과 관계된다. 국제사회는 이 문제를 둘러싸고 몇 년 동안 협상을 진행하였지만 아직도 합의된 바가 없다.

(2) 책임의제

책임의제는 "차별화된 책임" 원칙과 연관되는 기후의제이다. 개발
도상국은 지구환경의 파괴와 온난화문제는 선진국의 산업화에 기인
하므로 선진국이 역사적인 책임을 부담하여야 하며 개발도상국에게
는 당연히 책임이 없다고 주장한다. 이와 반대로 선진국들은 역사는
이미 지나간 일이고 현실을 직면할 때, 현재 모든 국가가 온실가스
를 배출하고 있으며, 많은 개발도상국들은 심지어 배출대국이기 때
문에 모든 국가가 공동으로 감축의무를 부담해야 한다고 주장한다.
이와 같이 양측의 의견은 첨예하게 대립되어 합의가 달성되기 어렵
다. 선진국들이 주장하는 역사적 책임이 이미 소멸되었다는 관점은
절대로 개발도상국들의 인정을 받을 수 없다. 만약 역사적인 책임을
부담할 필요가 없다면 과거에 저지른 잘못을 그냥 넘길 수 있다는
뜻인데, 이와 같은 처리방식이 계속되면 해당 국가들은 자신의 잘못
을 만회하려는 노력을 기울이지 않을 것이다. 그러나 만약 역사적
책임에만 집착한다면 현실의 책임을 부담할 수 없게 되고, 이로써
역사적 책임을 더더욱 부담하지 못하게 될 것이다. 국제기후협상이
바로 이러한 곤경에 빠져 상호 간에 감축의무를 부담하지 않으려는
국면에 접어들었다. 이 밖에 선진국과 개발도상국 간의 감축능력과
감축책임에 대한 갈등도 심하다. 개발도상국은 감축능력이 뛰어난
선진국들이 더 큰 책임을 부담하여야 한다고 하면서, 개발도상국에
비해 많은 선진기술을 보유하고 있는 미국과 EU가 더 많은 책임을
져야 한다고 생각한다. 개발도상국은 또한 선진국이 기술이전에 대
하여 보다 느슨한 입장을 취하여 개발도상국의 감축을 지원하기를

기대하고 있다. 그러나 선진국들은 감축능력이 있다고 하여 "불공평"한 감축의무를 부담해야 하는 것은 아니라고 생각한다.

(3) 자금과 기술지원에 관한 의제

자금과 기술지원은 개발도상국이 선진국들에게 던지는 중요한 의제이다. 개발도상국은 선진국이 자금과 기술 지원을 제공하여 자신들의 탄소감축에 힘을 더해 주기를 바라고 있다. 그러나 선진국들은 개발도상국에 대한 기술지원을 거부한 상태이고, 다만 자금지원에 대해서는 명확하게 거부하지는 않고 입장표명을 미루고 있다. 선진국들은 사기업들이 기술을 보유하고 있다는 이유로 기술지원을 거부하고 있다. 자금지원에 관하여 선진국들은 구두서약을 주로 하고 잘 이행하지 않고 있다. 그리고 자금지원을 개발도상국 중의 일부 국가, 예를 들면 중국과 인도에는 제공하지 않는다. 선진국들은 기후지원기금을 만들겠다는 약속만 할 뿐 특정 국가에 실질적으로 자금지원을 제공하지 않고 있다. 현재까지 선진국의 자금지원은 거의 실현되지 못한 상태이며, 제공한 금액은 약속한 금액과 매우 큰 차이를 보이고 있다. 기술과 자금지원에 관한 의제는 개발도상국가가 기후협상에서 선진국들에게 도전장을 내밀 수 있는 중요한 카드이고 큰 효과를 볼 수 있는 카드이기도 하다.

(4) 탄소관세

탄소관세는 선진국이 에너지 다소비 국가의 수출상품에 대하여 부과하는 관세를 말한다. 일반적으로 에너지소비량이 큰 국가는 주로 산업화 단계에 처한 개발도상국이다. 미국 하원은 2009년 6월에 "국경세조정"에 관한 법안을 통과시켜, 2020년부터 온실가스 배출량 감축조치를 시행하지 않은 개발도상국에서 생산한 강철과 시멘트 등 제품에 대하여 탄소관세를 부과할 계획이라고 하였다. 프랑스 의회도 같은 해 10월에 탄소관세에 관한 의안을 통과하였다. 프랑스 대통령 사르코지는 EU 차원에서 탄소관세를 도입하여, 환경입법수준이 EU보다 낮은 국가로부터 수입하는 상품에 대하여 탄소관세를 부과하자고 제안하였다.[87] 탄소관세의 목적은 환경을 보호하고 개발도상국가의 기업들에게 환경을 파괴하는 대가를 치르게 하는 것이지만, 선진국들은 환경보호라는 미명하에 개발도상국을 상대로 무역 보호주의를 진행하고, 책임을 떠넘기고 있다. 만약 선진국이 탄소관세를 징수한다면 개발도상국의 무역은 큰 피해를 입게 되며, 나아가 경제발전에도 부정적인 영향을 미칠 것이다. 이러한 조치의 실질은 선진국이 환경을 파괴한 책임을 개발도상국에 떠넘기는 것이다. 프랑스는 또한 그 이후의 국제기후협상에서 항공탄소관세 문제를 제기하였는데, 이는 탄소관세와 마찬가지의 효과를 불러일으킬 수 있다. 중국 등 개발도상국은 이러한 의제의 본질을 폭로하고 강경하게 반대 입장을 표명하였으며, 결론적으로 해당 의제는 국제사회의 인정을 받지 못하였다.

---

87) 刘海英: 『不该如此的历史不可忽视的真相』, 载『科技日报』 2009年12月21日.

(5) 교토의정서 2차 공약기간

더반 당사국총회와 도하 당사국총회의 주요 의제는 바로 교토의 정서 2차 공약기간의 설정에 관한 문제이다. 캐나다, 뉴질랜드와 일 본 등 국가들은 교토체제는 더 이상 온실가스 감축에 대하여 행동력 이 있는 지침을 제공할 수 없다고 주장하면서, 2차 공약기간에 참여 하지 않으려는 입장이었다. 개발도상국인 중국, 인도 등 나라들은 유엔기후변화협약과 교토체제를 적극적으로 지지하였고, 중국은 심 지어 입장을 조율하여 2020년 이후의 감축의무에 대하여 협상을 진 행하겠다는 의사를 밝혔다. 중국과 인도 등 개발도상국의 노력으로 교토의정서 2차 공약기간은 2013년 1월 1일부터 가동되었지만 미래 는 아직 불투명한 상황이다. 이는 유럽 국가들을 포함한 선진국의 감축의지가 강하지 않기 때문이다. 해당 의제는 향후에 더 토의할 여지가 있다. 특히 EU의 감축할당량 문제와 녹색기후자금 납입 문 제는 교토의정서 2차 공약기간의 실행에 영향을 미칠 것이다.

3. 중국이 협상에서 제기한 기후의제

(1) 국제기후협상에서의 중국의 의제 현황

국제기후협상에서의 전통의제는 거의 모두 서방 국가가 제기한 것이다. 서방 국가들은 기후변화문제에 대해 많은 해결방안을 제기 하였으며 그중에서 네덜란드, 독일, 영국 등 국가들은 실질적으로 도움이 되는 해결방안을 제기하였다. 개발도상국들, 예를 들면 브라질, 멕시코 등 국가들도 관련 방안을 제기한 적이 있고, 브리질의 방안에 많은 관심이 집중되었다. 이와 반대로, 기후협상 초기 중국은 지구온난화 문제에 대한 과학연구가 부족하여 새로운 의제를 거의 제기하지 못하였다. 중국은 "환경보호에 관한 국제협약을 체결하는 것과 정부 공식발표" 이외에는 영향력이 있는 의제와 해결방안을 제기한 적이 없었다.[88] 물론 이런 표현이 정확할지 모르겠지만, 이는 중국이 협상 초기에 기후변화대응의 중요성을 인식하지 못하였음을 보여준다.

비록 국제기후협상에서의 중국의 발언권은 약한 편이지만, 중국이 관련 의제와 해결방안을 한 번도 제기하지 않은 것은 아니다. 판쟈화(潘家华) 교수는 인문발전을 기초로 한 해결방안을 제기하였는데, 이 방안은 주로 개인의 발전권리, 즉 "인간으로서의 평등"에 입각하여 개인이 인간다운 삶을 사는 데 필요한 배출권을 보장해야 한다고 하였다.[89] 중국의 1인당 배출량은 비교적 적고, 이는 정상적인 "개발에 필요한 배출"에 속할 뿐 서방 선진국들처럼 "필요 이상의 배출"의 수준은 아니다. "1인당 평균배출량"의 의제는 개발도상국 특히 중국과 인도와 같이 인구가 많은 국가에는 매우 유리한 의제이지만, 선진국들과 개발도상소국들은 큰 공감을 못 하고 있는 상황이다. 그러므로 "1인당 평균배출량"은 하나의 해결방안으로서 국제사회의 인정을 받을 수 없다. 그러나 의제 자체는 큰 협상의 효력을 갖

---

88) [新西兰] 杰拉德·陈: 『中国的环境治理: 国内与国际的连结』, 李丰译, 载薄燕主编 『环境问题与国际关系』, 上海人民出版社 2007年版, 第200页.

89) J. Pan, Emissions Rights and Their Transferability: Equity Concerns over Climate Change Mitigation, International Environmental Agreements: Politics, Law and Economics, 2003, Vol.3(1), pp.1-16.

고 있다. "1인당 평균배출량"은 도덕적 의미를 갖는 의제이며 윤리적 측면에서는 합리적인 편이다. 이러한 개념은 선진국의 "역사적인 배출"과 "필요 이상의 배출"에 대한 강력한 반격이라고 할 수 있다. 그러므로 협상에 입각하여 볼 때 이 의제는 성립될 수 있는 의제이다. 다만 이 의제는 의미가 있는 해결방안을 제시할 수 없었기 때문에 국제사회에서 호응을 얻지 못하였다. 이 의제는 선진국의 의제를 반격하는 데 어느 정도의 효과가 있지만, 선진국들이 온실가스 감축 의무를 부담하도록 유도하지는 못하였다.

2005년 캐나다 몬트리올 기후변화 당사국총회에서 중국은 "기술 보급"이라는 의제를 제기하였다. 이 의제는 선진국이 자금과 기술지원에 관하여 날린 공수표를 겨냥한 의제라고 할 수 있다. 미국 등 나라들은 개발도상국에 자금 지원을 제공하는 것은 밑 빠진 독에 물 붓기와 같을뿐더러, 환경보호 기술은 주로 사기업들이 보유하고 있으므로 무상으로 이전할 수 없다고 한다. 이런 상황에 대응하기 위하여 중국은 "기술보급"이라는 의제[90]를 제기하여 개발도상국이 부담할 수 있는 낮은 가격으로 기술을 이전하여 선진국 기업들이 경제적인 이익을 볼 수 있는 동시에 개발도상국을 지원하여 환경문제도 처리할 수 있도록 하였다. 이 의제는 win-win하는 사고방식의 구체적인 표현이고 일정한 합리성을 갖고 있으며 CDM 체제와 많은 공통점을 갖고 있다. 그러나 선진국들은 저렴한 가격으로 기술을 이전하려는 의향이 없다. 그들은 첨단 환경보호 기술 시장을 독점하여 더욱 큰 경제이익을 얻고 싶어 한다. "기술보급" 의제는 2008년 폴

---

90) 转引自张海滨 『环境与国际关系: 全球环境问题的理性思考』, 上海人民出版社 2008年版, 第84页.

란드 포즈난 당사국총회에서 재차 화제가 된 바 있었다. 중국 기후협상대표, 중국 국가발전과 개혁위원회 기후변화대응 그룹 그룹장 수웨이는 반드시 정부가 주도하고, 기업이 참여할 수 있는 시장의 검증을 받은 기술개발과 이전체계를 형성하여, 기술개발 및 이전의 속도와 효과가 기후변화 도전에 맞서는 요구를 충족하여야 한다고 말하였다. 그는 또한 선진국들이 기술개발과 이전을 지원하는 전문기금인 공동재정펀드를 설립하고, 정책적인 수단으로 사적자금을 유치하여, 공적자금과 사적자금을 총동원하는 형식으로 친환경기술의 개발과 이전에 투자하여야 한다고 말하였다.[91] 그러나 선진국이 기술이전을 진행할 의지가 부족한 관계로 중국은 비록 좋은 의제를 제기하였지만 실질적인 효과를 보지 못하였다.

2009년 코펜하겐 당사국총회에서 중국 정부는 "약속을 시키자"라는 의제를 제기하였다. "약속을 지키자"는 의제는 원자바오 총리가 코펜하겐 당사국총회 인터뷰에서 제기한 것이다. "약속을 지키자"는 하나의 의제일 수도 있고 나아가 하나의 해결방안일 수도 있다. "약속을 지키자"는 주로 기후협상에서 공수표를 날리는 선진국들을 겨냥한 것이다. 1995년 이래 선진국들은 자신들의 감축공약, 자금과 기술 지원공약 등을 실천하지 않았다. 이는 개발도상국이 감축의무의 부담을 거부하는 이유 중 하나이다. 만약 선진국들이 약속을 지켰다면 개발도상국은 기후협상에서 선진국들이 제기한 감축요구를 단호하게 거절하지 못하였을 것이다. 선진국들이 약속을 지키지 않고 있기 때문에 기후협상은 실질적인 내용이 없이 껍데기만 남게 되

---

91) 『中国倡议建设应对气候变化创新型技术开发和转让机制』, 载http://www.gov.cn/jrzg/2008-12/05/content_1169779.htm

었다. 중국이 제기한 "약속을 지키자"는 의제는 마침 기후변화체제의 근본적인 문제를 해결할 수 있는 최적의 방안이다. 그러나 선진국들은 "약속을 지키지" 않으려고 하기 때문에 이 의제는 선진국들의 공감을 얻지 못하였다. 비록 이 방안은 국제사회의 인정을 받지 못하여 결론적으로 큰 관심을 받지 못하였지만, 중국이 해당 영역에서 영향력을 발휘하려는 의향을 보여주었다. 선진국들이 약속을 지키고 자신에게 할당된 양을 감축한다면, 개발도상국의 협상의지와 열정도 크게 제고될 것이다. 비록 선진국들의 원인으로 "약속을 지키자"는 의제는 최종적으로 효력을 발생하지 못하였지만, 해당 의제는 하나의 해결방안으로 될 수 있으며 앞으로의 동향을 기대해 볼 만하다.

국제기후협상에서의 중국의 협상 연혁으로부터 알 수 있다시피, 중국은 기후협상에 점차적으로 적응하면서 새로운 의제와 방안을 제시하고 의제진척을 통제하는 능력을 쌓기 시작하였다. 중국이 제기한 의제들은 실질적인 문제의 해결에 초점을 두고 있으며, 중국은 약속을 이행할 수 있는 영역의 실행가능성이 있는 방안과 의제를 중요시하고, 행동으로써 점차적으로 약속을 지켜나가는 데 많은 노력을 기울이고 있다.

개발도상국인 브라질은 의제제기에 있어 중국보다 훌륭한 편이다. 브라질은 1992년에 유엔환경개발회의를 주최하였고 회의에서 유엔기후변화협약을 통과시켰다. 또한 1997년 일본 교토 당사국총회에서 브라질은 창의성이 있는 해결책을 제기하였는데, 바로 감축할당량을 완성하지 못한 선진국이 낸 벌금으로 청정개발기금을 만들어 개발도상국의 청정기술의 사용에 지원하자는 것이다. 이 제안은 브라질과 미국의 공동 수정작업을 거쳐 지금의 CDM 체제로 발전하게 되었다. 이 밖에 브라질은 "누적배출"이라는 의제도 제기하였다. 즉, 기준연도를 1990년이 아닌 산업화 이후부터로 정하여, 산업화 이후부터 배출한 이산화탄소의 누적량을 감축할당량 산정 기준으로 삼자고 제안하였다. "누적배출"은 상대적으로 합리적이다. 이는 배출한 양에 따라 책임을 부담하는 것인데 "자신의 행위에 책임을 진다"는 기본 윤리원칙에도 부합된다. 선진국들이 이 제안을 받아들일 수 있다면 개발도상국이 받는 압력도 줄어들 것으로 보인다. 만약 선진국들이 역사적인 책임을 부담한다면 개발도상국도 비록 작지만 자신이 배출했었던 양에 해당하는 역사적 책임을 부담할 것이다. 개발도상국들이 개발권을 굳건히 지키고 할당량을 부담하지 않는 근본적인 이유가 바로 개발도상국들은 선진국들이 향유한 역사적인 개발기회를 다시는 갖지 못하기 때문이다. 그러나 아쉽게도 브라질의 의제는 모든 당사국의 인정을 받지 못하였다. 다만 이 의제를 통하여 브라질은 기후의제에 대한 자국의 연구수준을 보여주었고, 국제기후협상에서의 영향력도 제고하였다. 브라질이 기후의제, 해결방안 등 영역에서의 노력은 중국을 포함한 모든 개발도상국이 따라 배울 점이 많다.

이 밖에 중국이 제기하는 기후의제가 적은 주요 원인 중의 하나가 바로 학술계의 강력한 지원이 없기 때문이다. 현재 기후변화 관련 연구에 있어 중국은 개발도상국 중에서 앞자리를 차지하고 있지만, 외교와 협상영역에 대한 연구는 부족한 상태이다. 학술연구와 정부정책이 분리되어 있어 국제기후변화협상에서의 중국의 활동공간은 제한되어 있다.[92] 국제기후협상은 많은 영역의 학문과 연관되어 있어 그 내용이 매우 복잡하며, 기후변화대응책도 기술력에 관한 많은 지식과 연관되므로, 기후외교는 더욱 많은 과학지식을 필요로 한다. 그러므로 과학자들은 기후협상전문가에게 실질적인 학술지원을 제공하여, 그들이 더욱 영향력이 있는 외교의제를 만들어 중국 기후외교의 발전을 추진토록 해야 한다.

(2) 중국 녹색의제의 발전방향

타국의 선진적인 무기체계를 복제하는 것은 자국의 전투력을 근본적인 면에서 향상할 수 없을 뿐만 아니라 오히려 타국에 대한 의존도를 높일 수 있다. 국제협상에서 중요한 지위를 차지하려면 반드시 자국에 맞는 의제체계를 개발하여야 한다. 새로운 의제를 내는 측면에 있어 중국은 현존하는 의제를 보완하거나 완전히 새로운 의제를 창조할 수 있다. 그러나 가장 중요한 것은 온전히 중국에만 속하는 의제를 만들어야 하는 것이다. 즉, 중국의 녹색의제를 창조할 때 반드시 아래의 두 가지 내용에 핵심을 두어야 한다. 하나는 녹색의제의 전향성(前瞻性)이고 다른 하나는 녹색의제가 갖는 중국특색이다.

우선, 중국의 녹색의제는 전향적인 특징을 가져야 한다. 그렇다면 현대사회에서 어떤 의제가 전향적인 특징을 갖고 있는가? 단기적으로 볼 때 첫째는 탄소거래시장에 관한 내용인데, 탄소거래시장은 경제적인 수단으로 참여국의 경제수익을 증가시킬 수 있을 뿐만 아니

---

92) 張海濱: 『环境与国际关系: 全球环境问题的理性思考』, 上海人民出版社 2008年版, 第95頁.

라 관련 국가의 온실가스 감축 적극성을 제고할 수 있다. 둘째는 청정기술의 시장화 가능성인데, 현재 개발도상국은 여전히 적극적으로 선진국으로부터 청정에너지기술을 이전받기 위하여 많은 노력을 기울이고 있다. 그러나 실현가능성은 매우 낮고 선진국이 기술을 이전하더라도 대규모의 청정기술을 이전할 가능성은 희박하며 그것이 첨단기술일 가능성은 더더욱 미미하다. 그러므로 청정기술문제에 관하여는 기술무역으로 해결하는 가능성이 더 클 수도 있다. 중국이 만약 청정기술무역 문제를 피할 수 없다면, 국제사회가 어떠한 기술무역체제로 청정기술의 이전을 구현하고, 이러한 이전은 어떠한 부가조건에 직면하게 될 것이며, 중국은 이 과정에서 얼마만큼의 이익을 얻을 수 있는지 등의 문제를 모두 고려하여야 한다. 셋째는 탄소관세인데, 2009년 코펜하겐 당사국총회 이전 프랑스 대통령 사르코지는 선진국들의 이익을 위하여 전 세계 범위 내에서 탄소관세를 도입하기 위한 활발한 활동을 벌였다. 비록 최근 1~2년 동안 탄소관세에 관한 논의는 많이 줄어들었지만 해당 논의가 재차 제기될 가능성이 존재한다. "탄소관세"는 서방 국가에 매우 유리한 협상의제로 기후변화대응에 관한 선진국의 이미지를 제고할 뿐만 아니라 그들의 경제발전에도 유리하다. 그러므로 서방 국가들은 이 정책도구를 포기할 가능성이 거의 없다. 이와 같이 해당 의제에 대한 국제적 논의가 재차 개시될 수 있는 가능성에 대비하여 중국은 기후외교에 있어 적합한 대응책을 마련하여야 한다.

다음으로, 중국특색이 있는 녹색의제를 창조하여야 한다. 중국특색이 있는 기후의제는 어떻게 창조할 것인가? 중국이 배출량을 감축하는 데에 있어서의 돌파구는 어디에 있을까? 감축의무에 있어 현재든 미래든 전 세계 각국의 일치된 의견을 도출하는 것은 거의 불가능한 일이다. 일치된 의견을 내놓더라도 경제적 혹은 정치적 원인으로 달성된 합의가 정체될 수도 있다. 예를 들면, 금융위기 이후 한국과 아르헨티나 등 국가들은 자발적인 감축의무의 부담을 취소하였다. 일본도 국내경제의 침체에 따라 더 이상 교토의정서를 이행하기 싫어졌으며, 특히 대지진 이후 감축의향이 불명확해졌다. 미국의 경우, 국내 두 정당의 기후문제에 대한 서로 다른 태도로 인하여 미국 국내에서 기후문제에 대한 일치된 의견을 도출하지 못하고 있는 상태이다. 이런 상황하에 전 세계적인 기후체제와 그에 따른 엄격한 집행을 기대하는 것은 매우 힘들다. 전 세계적인 체제를 달성하였더라도 단기간 내에 집행할 수 없을 것이며 "무임승차"와 기만행위를 방지할 수 없을 것이다. 현존하는 기후체제도 모든 국가가 엄격하게 지키는 것은 거의 불가능한 일이고, 감독체제도 실질적인 효력을 발휘하지 못할 것이다. 그러므로 중국은 기후문제에 있어 "전 세계적인 무효체제의 수립"의 방향이 아닌, 실질적인 감축효과를 가져올 수 있는 전 세계적인 체제 혹은 지역체제를 구축하기 위하여 노력해야 한다.

현재의 효과적이지 않은 체제를 보완하고 발생 가능한 위기를 예방하기 위하여 중국 기후외교는 우선 "행동의 효율성" 문제부터 고민하여야 한다. 왜냐하면 각국이 감축할당량에 대하여 합의를 도출하였더라도 이를 지키지 않을 가능성이 크기 때문이다. 중국의 경우 단기간 내에는 배출제한의 감축할당량을 수용할 계획이 없다. 이는 단지 서방의 사기극에 말려들지 않기 위한 것이거나 중국의 경제발전에 영향을 미칠 수 있기 때문이 아닌, 한 국가로서의 행동의 자유와 주권의 독립을 유지하고 싶기 때문이다. 중국이 행동의 자유를 잃게 되면 서방 국가들의 제약을 받게 되며 이로 인하여 새로운 문제에 직면하게 될 수도 있다. 만약 중국이 감축방안을 수용한다면 일련의 기타 문제, 예를 들면 감독체제, 탄소관세 문제 등도 잇달아 제기될 것이고 중국의 기후외교는 소극적인 국면에 접어들게 된다.

서방의 계획에 말려들지 않으면서 질책을 피하기 위하여 중국은 반드시 "자발적 감축"을 하여야 한다. 세계기후문제가 예사롭지 않도록 심각해지지 않는 이상 중국은 "자발적인 감축" 방식을 취해야 한다. 구체적으로 볼 때, 중국은 서방의 감축체제의 영향을 받지 않는 동시에 기후문제에 대한 대응을 잘 풀어나가면서 행동의 자유도 얻고 국제사회의 인정도 받는 방식이다. 이렇게 해야만 중국의 기후대응이 진정한 중국 특색을 갖는다고 할 수 있고, 다른 나라의 인정도 받을 수 있을 것이다.

자발적인 감축은 행동자유를 확보할 수 있을 뿐만 아니라 실질적인 효과도 있으므로, 끝없는 정치적 논쟁이나 국제협상의 소용돌이에서 빠져나올 수 있다. 자발적인 감축의 진정한 의미는 착실하게 지금부터 행동을 개시하여 티끌 모아 태산의 식으로 점차적으로 기후변화를 완화하는 것이며, 대량의 시간을 끝이 보이지 않는 협상에 "낭비"하지 않는 방식이다. 이는 그 어떠한 주 혹은 성(省)뿐만 아니라 주권국가에 대해서도 마찬가지이다. 중국이 자발적인 감축을 해야 하는 원인은 다음과 같은 두 가지 측면에서 살펴볼 수 있다. 하나는 서방 국가와 같은 체제 내에서 강제적 감축의무를 부담하게 되면, 중국은 개발권을 포기한 것과 마찬가지이므로 이는 중국에 대하여 매우 불공평한 것이다. 다른 하나는 현재 고공행진하고 있는 중국 경제의 발전은 그 막대한 관성으로 인하여, 중국 스스로 경제전환의 기간을 가질 필요가 있다. 현재 중국이 발표한 감축목표는 2020년까지 단위 GDP당 이산화탄소 배출량을 40~45% 줄이는 것이다. (올해 연말 파리 당사국총회는 Post-2020 기후변화협약의 채택을 목표로 하고 있고, 파리 당사국총회에 앞서 각 당사국은 INDC를 제출하도록 요구되었다. 중국은 2030년을 기점으로 온실가스 배출량을 더 이상 늘리지 않고, 2030년까지 단위 GDP당 온실가스 배출량을 2005년 대비 60~65% 감소하는 INDC를 제출하였다 - 역자주)

물론 중국이 자발적인 감축을 진행한다고 하여 국제기후협상을 완전히 배제하겠다는 것은 아니다. 중국은 자발적인 감축과 국제기후협상을 모두 중요시하되, 자발적인 감축에 주력하려는 입장이다. 왜냐하면 자발적인 감축 성과를 취득해야만, 국제기후협상에서 더욱 많은 발언권을 행사할 수 있기 때문이다. 그러므로 중국의 기후변화 대응방안은 반드시 자발적인 감축과 긴밀하게 연결되어야 한다.

4. 중국의 미래기후의제와 해결방안

우선 중국의 해결방안을 분석하기 전에 서방 국가들의 해결방안을 살펴볼 필요가 있다. 비교적 영향력이 있는 해결방안은 다음과 같은 몇 가지가 있다. 브라질 방안의 핵심은 상대적 책임을 기초로 하는 감축의무의 분담방법인데[93] 이는 오염자부담원칙의 구체적 표

---

93) 庄贵阳、陈迎: 『国际气候制度与中国』, 世界知识出版社 2005年版, 第138页.

현이다. 영국은 감축과 균등방안을 제기하였는데, 이 방안은 세계적으로 목표연도를 설정하여, 선진국은 점차적으로 1인당 배출량을 줄이고 개발도상국은 1인당 배출량을 늘림으로써, 목표연도에 이르러 전 세계 1인당 배출량이 균등해지면, 그때부터는 공동으로 감축하여 최종적으로 전 세계 탄소농도를 안정시키려는 방안이다.[94] 교토방식은 어느 한 해를 기준연도로 정하고, 예를 들면 1990년의 배출량을 기준으로 정하여 정치협상으로 각 당사국의 구체적인 감축 목표를 정하는 것이다.[95] 비록 교토방식은 전 세계적으로 광범위하게 받아들여지고 있지만 선진국과 개발도상국은 역사적 책임에 대한 의견이 달라 이 체제의 집행력이 점점 취약해지고 있다. 그리고 네덜란드와 노르웨이가 제기한 각 부문 균등방법은 국민 경제 부문을 발전, 민용, 공업, 교통, 서비스, 농업과 폐기물 등 7개 부분으로 나누어, 산업별 세계 1인당 배출량의 균등원칙을 토대로 각국의 감축목표를 정하였다. 특히 각국의 국정과 특수성을 고려하여 이 방안은 보조금제도를 도입하여 감축목표를 배분하는 데 필요한 조율을 진행할 수 있도록 하였다.[96] 다만 탄소배출에 관한 여러 산업의 차이점으로 인하여 많은 산업 부문이 공동으로 행동하도록 추진하는 것은 실행에 있어 교토체제보다 더 어려울 것이라는 문제점이 존재한다. 이 밖에 네덜란드의 단계별 약속 방안은 전 세계 탄소감축에 참여하는 나라들을 네 개의 단계로 구분하고 있다. 즉, 해당 네 단계는 각각 의무부담을 약속하지 않는 단계, 배출강도를 줄이는 단계, 절

---

94) 庄贵阳、陈迎: 『国际气候制度与中国』, 世界知识出版社 2005年版, 第141页.

95) 同上.

96) 同上书, 第194页.

대적인 배출량을 유지하는 단계와 절대적인 배출량을 줄이는 단계이다. 각 단계에는 일정한 기준이 있으며, 5년마다 심의를 진행한다.[97] 국가 간의 차이점을 반영한 이 방안은 훌륭한 방안이 될 수 있었으나, 선진국들이 반대한 관계로 협상에만 머물고 시행되지 못하였다. 스웨덴 학자가 제기한 그룹별 약속 방안은 전 세계 나라들을 여러 개의 그룹으로 나누어 감축목표를 이행하는 것인데, 개발도상국은 개발수준에 따라 또 상이한 그룹으로 나뉜다. 이 방안에 의하면 조건에 부합되는 나라들은 구속력이 있는 감축목표를 이행하고, 아직 조건이 허락되지 않은 개발도상국들은 구속력이 없는 감축목표를 이행한다.[98] 이 방안은 국가들 간의 경제실력의 차이, 개발단계와 정치적 차이점을 고려하였지만, 이와 같은 그룹의 설정은 기후협상을 더욱 복잡하게 만들어 합의도출이 더욱 어려워질 것으로 예상된다.

　중국 국무원 연구센터가 제기한 방안은 "국가계정의 설치" 방안이다.[99] 이 방안에 의하면 모든 나라는 배출계정을 설치하여 자국이 제1단계, 즉 산업화 단계부터 지금까지 배출한 온실가스의 양을 등록하고, 현 단계와 향후의 배출량에 대한 예측을 진행한다. 이 방안은 역사적 배출, 즉 과거에 배출한 양을 국가의 배출량에 포함시켜야 한다는 것을 강조하였다. 중국의 해당 방안은 배출의 공평성과 역사적 책임을 중요시하며, 브라질의 "누적배출" 방안과 유사하다. 그러나 중국의 방안은 한 국가의 모든 배출을 기록하여 설득력 있게

97) 庄贵阳、陈迎: 『国际气候制度与中国』, 世界知识出版社 2005年版, 第194页.

98) 同上.

99) 沈刚: 『从德班大会看全球气候治理方案』, 载 ‘经济' 2012年2月15日.

배출감축을 진행할 수 있으며, 기나긴 협상에서의 시간낭비를 방지할 수 있다.

이와 같이 살펴본 모든 방안은 각자의 장점과 단점이 있다. 모든 방안은 감축에 대한 시도를 하였는데, "교토방식"은 주권평등의 원칙으로 접근하였고, "단계별", "그룹별", "산업별" 방안들도 감축에 관한 문제점들을 직시하여, 서로 다른 방식으로 접근하였다. 임의의 국가에 갑작스럽게 강제적인 할당량 감축의무를 준수하도록 요구하는 것은 현실적으로 불가능하고 합리적이지 않다. 이러한 점에서 볼 때, "단계별" 방안은 어느 정도의 합리성을 갖고 있다. "그룹별" 방안도 일정한 합리성을 갖는데, 전 세계에는 수많은 국가들이 존재하고, 개발 상황 또한 각자 상이하므로, 국가들을 서로 다른 그룹으로 나누어 감축 목표를 설정하여야만 실현 가능성이 있다. "산업별" 방안도 매우 합리적이다. 온실가스는 주로 공업생산, 교통과 건축 등의 부문에서 많이 배출되므로, 중요한 산업부터 감축에 착수하여야만 실질적으로 문제해결을 할 수 있기 때문이다. 이러한 방안들은 모두 해결방안으로서는 일정한 합리성을 갖지만, 실질적으로 행동에 옮길 때 많은 어려움에 직면하게 된다. 수많은 국가들 중, 중진국만 30여 국이나 있으므로, 각국의 개발수준이 천차만별이고 이익 충돌이 심각한 상황에서, 순조롭게 단체행동을 행하는 것은 거의 불가능하다.

그러므로 얼마나 훌륭한 방안이라도 현실적인 행동으로 전환하지 못하면 아무런 의미가 없다. 현재 가장 중요한 것은 어떻게 실질적이고 가시적인 감축행동을 취할 것인가이다. 이런 의미에서 볼 때 자발적인 감축방안의 실현가능성이 가장 크며, 자발적인 감축방안을 시행하는 동시에, 국가들 간의 할당량에 관한 협상, 책임분담, 단계적인 집행 등 의제도 계속 진행할 수 있다. 만약 국가들이 즉각 공동행동을 개시할 수 없다면, 현실적인 측면에서 볼 때, 자발적인 감축행동을 시작하는 것이 마땅하며, 꼭 법적 구속력이 있는 국제합의의 체결을 고집하지 않아도 된다. 국제사회는 충분히 이익으로 각국의 자발적인 감축의 진행을 자극할 수 있다. 효과적인 면에서 볼 때, 자발적 감축은 지구온난화를 일정한 정도로 완화할 수 있을 뿐만 아니라 감축국가에 경제적인 수익을 가져다줄 수도 있다. 적극적인 기후정책으로 경제이익을 창출한 나라의 예로 독일을 들 수 있다. 독일의 목표에 의하면, 2020년까지 2만억 유로의 에너지 지출을 절약하고 몇백만 개의 일자리를 창출해내며, 전 세계 청정에너지기술 시장의 30% 점유율을 보유하려고 한다.[100] 자발적 감축으로 인하여 정책시행 국가들이 경제적 이익을 창출할 수 있다면, 이는 국가들의 감축활동에 큰 동기부여가 된다. 현재 전 세계적인 기후체제의 미흡한 점이 바로 서로 다른 개발단계와 환경에 처한 모든 국가가 유일무이한 체제하에서 감축을 해야 하는 것인데, 세계의 복잡성으로 인하여 하나의 체제하에서는 실현가능성이 매우 낮다. 그러므로 중국 기후의제의 핵심은 여전히 자발적인 감축을 진행하는 것이며 이와 동시에 국제 감축협상에 대비하는 대응방안을 마련하는 것이다.

---

100) 易鵬: 『气候谈判将进入"无轨时代"』, 载『中国经营报』 2010年12月27日.

(1) 자발적인 감축방안

- 의제 1: 국가행동계획

중국 기후의제의 핵심 중의 하나가 바로 국가행동방안이다. 이는 국가가 자발적으로 감축을 진행하는 방안이다. 국제적인 감축체제에 적극적으로 참여하는지를 막론하고 국가들은 모두 자신만의 감축목표와 감축규모 등을 포함하는 단기 혹은 중기의 자발적 감축행동계획이 있어야 한다. 구체적으로 어떤 방식으로 감축목표를 실현할 것인지는 각 나라의 상황에 따라 다르다. 수많은 감축방안 중에서 탄소집약도 방식이 가장 많이 사용되고 있고 현재 중국과 미국도 이러한 방식을 사용하고 있다. 이 밖에 산업별 감축방식에도 관심을 가질 필요가 있다. 탄소배출량은 많은 산업 부문과 긴밀하게 연관되어 있는데, 탄소배출량이 가장 많은 산업은 교통, 건축, 공업생산 등이며, 일부 국가와 지역에서는 전력산업도 탄소배출량이 많은 산업 부문에 포함시키고 있다.

현재 진정한 자발적 국가감축행동계획을 갖고 있는 나라는 많지 않으며, 유럽 국가들이 주로 시행하고 있다. 2007년 6월 4일, 중국은 <기후변화에 대응하는 국가행동방안>을 발표하였는데 이는 중국의 첫 번째 기후변화대응의 국가방안이다. 국가방안은 중국의 온실가스 감축 및 기후변화 대응에 관한 정책을 종합적으로 분석하였다.[101] 중국의 국가행동계획은 시범효과도 갖고 있다. 중국의 격려 하에 2008년 6월 30일 인도도 기후변화에 관한 국가행동계획방안을

---

101) 庄贵阳: 『全球环境与气候治理』, 浙江人民出版社 2009年版, 第283页.

발표하였다. 이는 모범역할을 할 뿐만 아니라 다른 국가들에게 일정한 정도의 도덕적 압력도 가한다. 이러한 압력은 무형인 것으로 기후협상대회에서 확연히 드러난 압력보다 훨씬 좋은 효과를 가져올 수 있다. 중국은 미래의 기후협상에서 개발도상국의 자발적인 감축계획에 주목할 필요가 있다. 한 나라가 자발적인 행동을 개시하였는지의 여부는 그 나라가 자발적인 행동방안을 발표하였는지 혹은 국내 차원에서 관련 제도를 설계하였는지 여부로부터 판단할 수 있다.

- 의제 2: 국내 탄소세의 시행과 탄소거래시장의 구축

탄소세는 미래의 국제협상에서 중국이 제기할 수 있는 중요한 의제 중 하나이다. 비록 탄소관세는 선진국이 개발도상국에 책임을 이전하는 수단이지만, 탄소세는 탄소관세와는 본질이 다르다. 탄소관세는 선진국이 무역보호주의를 시행하는 도구이지만, 국내 탄소세는 기후변화에 대응하는 한 국가의 자발적 조치이다. 탄소관세는 선진국들이 강제적으로 부과하는 것이지만, 국내 탄소세는 한 국가가 자주적(自主)으로 부과하는 것이다. 전자는 개발도상국의 국가주권을 존중하지 않는 표현이지만, 후자는 개발도상국의 주권을 제1순위에 둔다. 또한 개발도상국은 전자를 강력하게 반대하지만, 후자에 관하여는 참여의향을 갖고 있고 이로써 환경보호, 에너지 절감과 온실가스 감축의 목적을 이룰 수 있다. 국내 탄소세는 국내의 에너지소비량이 큰 산업을 상대로 부과하는 세금이며, 에너지소비량이 큰 산업들로 하여금 높은 세율의 조세 압력하에 환경보호에 동참하도록 유인하는 효과가 있다. 구체적으로 세금을 얼마만큼 부과할 것인지는 각 국가의 발전 상황에 따라 스스로 결정할 사안이고, 탄소관세처럼 독단적이지는 않다. 전 세계적으로 대부분의 국가가 경제전환의 시기에 처해 있기 때문에, 국내기업에 일정한 탄소세를 부과하는 것은 큰 무리가 없다.

중국이 제기할 수 있는 다른 하나의 의제는 국내 탄소거래시장의 구축이다. 국내 탄소거래시장의 구축은 탄소세와 마찬가지로, 국내의 에너지소비량이 큰 산업의 이익을 국내 기타 산업으로 이전시킴으로써 국가의 전반적인 이익에는 영향을 미치지 않게 된다. 국내 탄소거래시장은 청정에너지산업의 빠른 발전에 유리하고, 동시에 에너지소비량이 큰 산업의 발전을 늦출 수 있다. 국내 탄소세와 국내 탄소거래시장은 주로 국가의 경제전환에 유리할 뿐만 아니라 산업 간의 부(富)의 재분배를 진행하고, 동시에 국가 전체의 부(富)에는 어떠한 영향도 미치지 않는다. 그러므로 각 국가는 이러한 방안을 쉽게 받아들인다. 이와 반대로 탄소관세는 주권국가 간의 부(富)를 재분배하므로 개발도상국에 불리하다. 이는 중국이 선진국들이 제기한 탄소관세 의제를 강력하게 반대하고, 자발적인 감축을 근본으로 하는 국내 탄소세와 국내 탄소시장구축 등 의제를 추진하는 원인이기도 하다.

위에서 언급한 문제들은 모두 국내 차원의 문제이지만, 이러한 작은 의제들은 국제기후협상에서의 의제가 될 수 있다. 중국의 목표는 국제기후협상에서 개발도상국 혹은 이러한 방향으로 적극적으로 나아가고픈 국가들로 하여금 자발적인 감축행동을 시행하게 하는 것이다. 이러한 자발적인 방식이 일정한 영향을 발휘하면 위에서 언급한 많은 의제, 예를 들면 국내 감축체제의 구축, 국내 탄소거래체제의 구축, 국내탄소배출표준 등을 국제기후의제로 제기할 필요가 있으며 국제적으로 이에 대한 구체적인 방안을 논의하여야 한다. 물론 이러한 의제들은 모두 국가 내정을 간섭한다는 오해의 소지가 있어 어느 정도의 민감성을 띠고 있다. 중국은 예로부터 외국의 내정간섭을 반대하였고, 이러한 의제를 제기할 때 내정간섭의 이미지를 남기지 않도록 하여야 한다.

(2) 중기(中期) 완충방안

자발적인 감축방안은 중국 기후외교의 중요한 방안이지만 유일한 방안은 아니다. 기후문제 자체에 매우 큰 변수가 존재하는데, 예를 들면 지구온난화의 정도가 얼마만큼 되는지, 지구변화의 정도가 실질적으로 인류의 생존에 영향을 미치는지, 인류는 온난화된 지구에 적응할 수 있는지 등 이슈들이 존재한다. 지구온난화에 대하여 국제사회는 정확한 결론을 내리지 못하였고, 기후변화에 대응하는 모든 방안도 탐색하는 과정에서 발전하고 있다. 이러한 불확실한 발전 상황에 대비하여 만약 단 하나의 의제 혹은 해결책만 있다면 복잡하고 다양한 상황을 처리할 수 없을 것이다. 그러므로 자발적인 감축 이외에 중국은 기타 대체가능한 의제 혹은 해결방안을 찾아볼 필요가 있다. 이러한 대체가능한 방안은 서방 국가의 해결책 중에서 찾아서는 아니 되고 국제사회의 다양한 상황에 처한 국가들의 구체적인 상황을 고려하여 찾아야 한다.

현재까지의 방안은 대부분 서방 국가가 제기한 방안이며, 강제적인 감축방식으로 전 지구적인 감축을 목표로 하고 있다. 전 지구전인 기후문제가 불확실성을 갖고 있기 때문에 서방의 방안대로 감축한다면 잠재적인 위험이 존재한다. 개발도상국이 이러한 체제에 가입하면 국가의 경제발전은 상당히 큰 타격을 입게 될 것이고, 지구온난화가 예상을 벗어난다면 개발도상국에게는 매우 불리하다. 반대로 만약 이 체제의 가입을 거부하고 그 어떤 실질적인 감축행동도 하지 않는다면 국제사회의 도덕적 비난을 면치 못할 것이다. 그러므로 대체가능한 의제는 반드시 개발도상국과 선진국 사이의 절충적인 방안이어야 한다.

선진국과 개발도상국의 이익을 모두 고려하여, "중기 완충방안"을 제기한다면 양측 모두가 보다 쉽게 받아들일 수 있을 것이다. 이 방안의 주요 내용은, 개발도상국이 일정한 완충기간을 갖고 점차적으로 적은 할당량의 감축체제에 가입하는 것이다. 그러나 개발도상국이 감축체제에 가입하기 전에 하나의 전제조건이 있어야 한다. 즉, 개발도상국가의 감축체제에의 가입은 반드시 기후변화수준과 연결되어야 한다. 지구온난화의 영향이 클수록 개발도상국은 빨리 감축체제에 가입하여야 하고, 지구온난화의 영향이 상대적으로 작으면 개발도상국은 감축을 진행한 지 3년 혹은 5년 뒤에 자국의 실제 상황에 따라 감축체제에서 탈퇴하거나 일정한 조건을 완화시킬 수 있다.

- 의제 1: 3~5년의 완충기간

만약 지구온난화에 의하여 점점 더 많은 극단적 기후사건이 발생하고, 지구온난화의 사실이 과학적 증거로써 입증된다면, 개발도상국은 전 지구적 강제감축체제에 가입할 필요성이 있고, 이는 단지 자국의 이익을 위해서가 아닌 전 인류의 이익을 위해서이다. 이러한 관점에서 볼 때 국제사회는 강제적인 감축체제를 구축할 책임이 있으며, 이와 같은 국제적 배경과 압력하에 미국, 중국과 인도 등 국가들이 이 체제에 참여함에 있어서의 국내적 압력도 작아질 것이다.

그러나 개발도상국들이 전 지구적 강제감축체제에 가입할 때 현재의 대규모 감축방식이 아닌 일정한 완충기간을 부여하는 방식이 필요하다. 만약 개발도상국에 일정한 완충기간을 부여하지 않는다면 개발도상국 국내경제의 경착륙현상 혹은 침체현상이 초래될 것이고, 개발도상국 국민들의 생활에도 부정적인 영향을 미치게 된다. 이는 감축정책에 대한 국민들의 지지와 국가의 감축약속에 직접적인 영향을 미칠 수 있다.

완충단계의 기간은 기후 위기의 상황에 따라 정해야 한다. 만약 기후변화가 매우 긴박한 상황에 처하여 있다면 3년간의 완충기간이 적합할 것이고, 만약 상황이 매우 긴박한 것은 아니라면 5년, 8년 혹은 10년이 적합할 것이다. 대부분 개발도상국의 경제형태가 조방형(粗放型)이고 경제전환에 일정한 기간이 필요하므로 완충기간이 필요한 것이다. 이와 반대로 서방 선진국들의 경제발전 방식은 이미 일정한 단계에 처해 있기 때문에 이러한 과도기간이 필요없다.

- 의제 2: 중등 정도의 감축할당량

전 세계 모든 국가가 하나의 감축체제에 가입되어 있더라도 감축할당량의 분배는 매우 큰 골칫거리이다. 국가의 경제발전 상황과 할당량 분배는 국제사회가 합의를 도출하지 못한 중요한 원인이었지만, 앞으로도 이 문제들은 국제기후협상에서의 큰 장애가 될 것이다. 예컨대, 교토의정서에서 약속한 감축할당량은 거의 실현하지 못하였다. 그리고 유엔기후변화협약 사무국의 데이터에 의하면, 2005년 부속서 I의 체약국은 예상만큼의 목표를 달성하지 못하였다. 프랑스, 영국 등 경제전환을 겪은 나라들을 제외하고, 주요 체약국의 배출량은 오히려 증가하여 의정서의 1차 공약기간의 목표치를 달성하지 못하였다.[102] 그중에서 미국은(미국은 2001년 3월 29일에 교토의정서의 탈퇴를 선언하여 현재는 의정서 당사국이 아님 - 역자주) 16.3%, 일본은 6.9%, 캐나다는 25.3%, 호주는 25.6% 증가하였다. 많은 국가들이 목표를 달성하지 못한 것은 주로 감축의향이 강렬하지 않았다는 점과 감축할당량이 너무 크다는 두 가지 이유가 있다. 이 두 개의 원인은 상호 관련성이 있다. 즉, 감축할당량이 너무 큰 관계로 국가들의 적극성이 떨어진 것이다. 이러한 갈등을 해결하기 위하여 합의된 감축목표에 대한 조절이 필요하다.

기존 국가들의 감축성과로부터 알 수 있다시피, 감축할낭량은 최대한 보수적으로 정할 필요가 있고, 급진주의 방식은 궁극적으로 감축의 적극성에 부정적인 영향을 미칠 수 있다. 감축할당량은 "달성가능"한 기준에 맞춰 정하는 것이 가장 적합하고, "감축하여야 하는 양"을 기준으로 정하는 것은 비합리적이다. 국가들의 구체적인 상황은 모두 다르다. 어떤 국가들은 목표를 달성할 수 없는가 하면 어떤 국가들은 목표를 초과하여 감축할 수 있다. 그러므로 목표를 정할 때 "국가 경제와 사회, 국제사회가 용납할 수 있는 정도"의 기준[103]을 고려하여야 한다. 또한 이러한 기준은 기후변화가 가져온 위험의 정도에 따라 결정되어야 한다. 만약 기후위기가 긴박한 상태라면 기

---

102) 庄贵阳: 『全球环境与气候治理』, 浙江人民出版社 2009年版, 第140页.

103) 胡宗山: 『政治学视角下得国际气候合作无中国气候外交新对策』, 载『社会主义研究』 2010年 第5期, 第118页.

준을 적절히 높이는 것이 합리적이다.

－ 의제 3: 3～5년 약속기간에 대한 재평가

기후위기는 불확실성을 가지고 있기 때문에, 감축약속기간에 대한 재평가는 반드시 일정한 기간 내에 이루어져야 한다. 평가의 내용은 주로, 기후위기가 더욱 심각해졌는지 아니면 완화되었는지, 국제사회가 기후위기에 대응하는 능력이 제고되고 있는지 아니면 대폭 제고할 필요성이 있는지 등이다. 감축약속기간에 대한 재평가는 기후위기의 구체적인 상황에 따라 결정되어야 한다. 만약 기후위기가 완화되었다면 개발도상국의 감축할당량을 적당히 감소시킬 수 있고, 이와 반대로 기후위기가 심각해졌다면 모든 국가의 감축할당량을 증가할 필요가 있다. 그러므로 약속기간에 대한 재평가는 국제사회로 하여금 변화하는 상황에 따라 감축할당량을 조정하게 함으로써 개발도상국의 경제발전에 초래한 피해를 최소화할 수 있다.

(3) 기후변화에 관한 적응방안

지구온난화의 심각한 현실에 직면한 국제사회는 이산화탄소의 배출량을 감축하고 경제전환을 실현하는 것을 가장 중요한 사안으로 정해야 한다. 에너지 절감과 배출 감축은 국제사회가 선택하여야 하는 가장 중요한 방법이지만, 이미 진행된 지구온난화에 대한 적응도 매우 중요하다. 적응이라 함은 실제로 발생한 혹은 발생 가능한 기후변화에 대비하기 위하여, 생태시스템이나 인류시스템에 대한 조절을 말한다. 이는 기후변화가 초래한 피해를 최소화하고 기후변화로부터 발생한 여러 기회를 충분히 이용하는 것을 말한다.[104] 지구온난화는 점점 더 심각해지고 있고 가상이 아닌 현실이 되었다. 인류는 이러한 현실을 받아들여야 한다. 그러므로 국제사회는 지구온난화에 대한 "적응방안"을 내놓아야 한다. 즉, 지구온난화는 이미 되돌릴 수 없는 현실이 되어버렸고, 이런 상황에서 인류가 어떻게 변해가는 지구에 적응해 나갈지를 고려해볼 필요가 있는 것이다. 현재 국제사회는 주로 "감축"의제에 관한 논의를 많이 진행하고 있고, 적응방안에 대해서는 많은 시간을 투자하지 않았을 뿐더러 이에 관한 기후외교활동도 매우 드물다. 중국은 "기후변화에 적응"해야 하는 필요성을 인식하고 기후외교에서 지구온난화에 적응하는 방안을 중요시해야 한다. 비록 현재의 적응방안이 효과적이지 않을지라도 국제사회는 지구온난화에 대한 예방조치를 미리 준비해 둘 필요가 있다. 이러한 의제들은 현 단계에서 앞서가는 것으로 고려될 수 있지만, 외교의제로서 미리 제출하여 향후 기후외교에서 더 많은 발언권을 얻을 수 있다.

– 의제 1: 새로운 지정학(新地緣政治)

지구온난화가 심각해짐에 따라 세계 곳곳의 지리에도 일정한 변화가 발생하고 있다. 이러한 변화는 매우 급속하게 일어나는 것은 아니지만 현실적인 문제인 것만은 사실이다. 우선 북극이 녹아내림에 따른 북극주권의 귀속문제, 북극해의 해동에 따른 통항문제 등 지구온난화에 따라 북극이 상당히 중요한 분쟁의 대상지역이 될 수

---

104) 庄贵阳: 『全球环境与气候治理』, 浙江人民出版社 2009年版, 第88页.

있다. 다음으로 지구온난화로 인한 중앙아시아의 사막화 현상이 악화될 수 있고, 남아시아는 더욱 거주에 적합하지 않은 곳으로 변할 것이다. 이에 따라 세계의 정치중심, 심지어 경제중심이 점차 북쪽으로 옮겨져 지정학에서의 북쪽 지역의 중요성이 부각될 것이다. 이런 지역들은 예컨대, 북유럽, 러시아, 중국의 동북지역, 캐나다 등이다. 이 밖에 연해국가나 연해지역은 해수면 상승의 위협을 받을 수 있어 동남아, 중미 특히 군소도서국들은 점차 지정학적으로 상당한 영향력을 잃게 될 것이다.

　앞으로 지구온난화가 더욱더 심각해진다면 이러한 문제들에 대한 논의가 이루어질 것이다. 이러한 문제들은 심사숙고하여 신중하게 처리되어야 한다. 이는 지정학의 대규모 변동이 관련 국가들의 이익에 영향을 미칠 수 있기 때문이다. 현재 전 세계가 이토록 긴밀하게 연결되어 있는 상황에서 지정학의 변동으로 인하여 발생하게 되는 국가 간의 충돌을 막는 것은 매우 중요한 의제가 될 것이다. 그중에서 가장 민감한 것은 바로 북극의 빙하가 녹아내리면 어떤 국가들이 이 공동자원을 소유하게 되는지, 관련 국가들이 집단적으로 북극에 진입하는 것에 어떻게 대응할 것인지, 북극권에 있는 국가들이 기타 국가들에게 엄격한 진입조건을 설정하는 것이 합리적인지 등이다. 이에 관한 임의의 국가의 입장은 국제사회를 긴장한 국면에 접어들게 할 수 있다. 역사적으로 자원으로 인한 충돌은 많은 전쟁의 원인이었다. 그러므로 국제의제에 공동자원에 관한 충돌을 방지하기 위한 방법을 포함시켜야 할 것이다. 일부 국가들은 지리적 변동의 과정에서 입은 국토 손실로 인하여 다른 국가들에 비하여 훨씬 불안한 상태에 처하게 되며 국제사회에 대한 불만도 더욱 강렬해질 것이다.

이와 반대로, 지구온난화에 의하여 이득을 본 소수의 국가들은 더더욱 자신만의 입장에서 지리적 변농을 이해하고 기후변화문제를 고려하게 될 것이다. 그러므로 기존에 형성된 국제적 균형상태가 깨지면서 충돌이 쉽게 일어날 것이다. 중국은 이러한 전향적인 의제를 적합한 시기에 제기하여, 국제사회의 협상을 거쳐 해결책을 도모할 수 있도록 해야 한다.

- 의제 2: 새로운 안전문제

지구온난화는 매우 많은 새로운 안전문제를 초래할 것이다. 이러한 안전문제들은 새로운 안전문제들이며, 국제사회가 향후에 신중하게 해결하여야 할 문제들이다. 우선, 해수면의 상승으로 인하여 많은 군소도서국들은 바다에 잠기게 되고 일부 연해국가의 영토는 줄어들 것이며, 이는 국민재산의 손실을 동반할 것이다. 그러므로 해수면 상승으로 인하여 이동하는 사람들이 생기게 되는데, 그 사람들을 어떻게 안착시킬지가 국제적 의제로 떠오를 것이다. 다음으로, 빙산이 녹아내리면서 막대한 홍수재해가 발생할 것이다. 예컨대, 히말라야 산맥이 녹아내리면 한동안 주변 강의 물 양이 많아지고 여름철에는 홍수재해가 일어날 가능성이 크다. 그러므로 지구온난화로 인하여 발생하게 되는 홍수재해에 대응하는 방법 또한 국제사회의 하나의 안전의제가 될 것이다. 이 밖에 지구온난화는 가뭄을 일으킬 수 있는데, 가뭄은 식량의 안전문제를 일으킨다. 식량의 공급이 줄어들면 인류의 기본적인 식량문제를 안정적으로 해결하는 방법이 또 다른 중요한 안전문제로 부각될 것이다. 마지막으로, 지구온난화 현상은 세균들의 활성을 높이므로, 전 지구적인 질병이 증폭될 수 있다. 이러한 공공보건의 안전문제는 지구온난화 시대에 더욱 심각해진다. 앞서 언급한 새로운 안전문제들은 모두 지구온난화의 체제 내에서 충분히 토론되어야 하는 문제들이다. 현재 국제기후협상에 참가하는 장관이나 학자들은 대부분 환경영역의 전문가이지만, 안전영역의 기술을 장악한 장관이나 학자들은 드물다. 앞으로의 국제기후협상에서는 위와 같은 문제들에 관하여 논의와 협상을 진행해야 할 것이다.

- 의제 3: 국제구호

지구온난화는 많은 안전문제를 일으키는데, 허리케인, 해일과 같은 극단적인 기상재난이 빈번하게 나타날 것이다. 극단적인 기상문제든지 앞서 언급하였던 물 안전문제이든지를 막론하고, 일단 문제가 발생하게 되면 국제사회의 구호가 필요하다. 현재 국제구호체제는 완벽하지 못하며 유엔도 유사한 집단구호에서 기대에 미치는 작용을 못하고 있다. 지금의 국제구호는 대부분 동맹국가 혹은 인근국가의 지원으로 이루어지고 있다. 그러나 향후 지구온난화로 인한 대규모 극단적인 기상재난이 발생하면 국제사회의 집단적인 구호가 없이는 극복하기 힘들 것이다. 그러므로 극단적인 기상재난이 나타날 때 국제사회가 어떻게 대응하여야 하는 지가 문제된다. 비록 이런 문제들은 아직 나타나지 않았지만 미리 대비해놓는 것은 매우 중요하다. 국제구호는 유엔의 명의하에서 진행되어야 하며, 전문 지원기금을 마련하며, 각국은 전문적인 유엔구조팀을 구성하여야 한다. 이 밖에 주권국가의 개념이 뚜렷한 배경하에, 향후 기후난민이 발생할 때 어느 국가가 그들을 받아들일 것인지? 국제사회의 구성국이 자발적으로 받아들일 것인지 아니면 각국의 능력에 따라 책임을 분배하여 부담할 것인지? 이러한 의제들에 대하여 논의를 진행한 후 일차적인 결의를 달성할 필요가 있다. 중국은 바로 이와 같은 미래지향적인 의제를 제기하여야 한다.

5. 중국 기후협상능력의 향상방법

중국의 기후협상능력을 향상함에 있어 가장 중요한 임무는 바로 의제를 창조하는 능력과 의제의 진척을 통제하는 능력이다. 의제 창조능력과 의제진척의 통제능력의 향상은 한 나라 외교능력 향상의 가장 중요한 징표이다. 중국은 기후외교나 다른 영역의 외교에서 의제에 대한 파악능력이 약한 편이다. 이는 중국의 발언권에 직접적인 영향을 미치는 핵심요소이기도 하다. 중국은 비록 기후변화 대응에 있어 큰 노력을 기울이고 있는 나라이지만 그만큼의 발언권을 얻지 못하고 있고, 이는 중국의 국력과 어울리지 않는다.

1992년부터의 중국의 국제기후협상 과정을 살펴볼 때, 국제협력능력과 공공외교능력에 비하여 외교의제 파악능력이 빈약한 편이다. 지금까지 중국은 국제기후협상 과정에서 실현가능성이 있는 의제와 해결방안을 제기한 적이 없다. 중국이 제기한 "1인당 배출책임", "개발을 위한 배출"과 "필요 이상의 배출"의 구분 등은 책임에 대한 인식을 제고하였고, 책임의제 영역에 대한 기여라고 볼 수 있다. 그러나 중국이 제기한 의제는 아직 실현가능한 해결방안이 되지는 못하였다. 이러한 의제들은 모두 "파괴성 의제"에 속할 뿐 "건설적 의제"는 아니다. 통상적으로 의제는 주로 "파괴성 의제"와 "건설적 의제"로 나뉘는데, 전자는 강압적인 협상 상대에 대한 대응이고, 후자는 전반적인 흐름을 이끌어나가기 위한 방안이다. 일반적으로 협상에서 충분한 발언권을 갖지 못할 때 "파괴성 의제"를 제기하는 경향이 있으며, 이는 자국에 불리한 논의가 계속하여 이루어지는 것을 방지하기 위함이다. 이와 반대로, 발언권이 클수록 "건설적 의제"를 제기하여 전반적인 협상의 흐름을 이끌어 자신이 설정한 속도로 협상을 진행하도록 하는 경향이 있다. 중국은 전반 기후협상의 초기단계(1992~2005)에 기후의제에 대한 준비가 불충분하였고, 대부분 협상에서 협상상대의 공격에 대처하는 상황에 처하였기 때문에 "파괴성 의제"를 제기할 수밖에 없었다. 2009년부터 기후문제에 대한 중국의 인식은 대폭 제고되었고, 기후협상에서의 이미지도 점차 개선되었다. 따라서 협상에서의 중국의 발언권도 커지고 있다. 중국은 의제의 창조 측면에서 많은 발전공간을 갖고 있으며, 앞으로의 일정한 기간의 기후협상은 중국이 "건설적 의제"를 제기하는 단계가 될 것이다.

이전의 협상에서 중국이 영향력이 있는 국제기후의제를 제기하지 못한 것은 다음과 같은 저해요소들에 기인한다. 우선, 의제에 대한 인식수준이 낮고, 외교 자체에 대한 인식이 명확하지 않으며 심지어 잘못된 인식도 갖고 있었다. 예를 들면, 일부 사람들은 외교는 아무런 쓸모가 없고, 국가 간의 관계는 오로지 자국의 국력에 의해서만 좌우되는 것이라고 생각하였다. 이와 같은 인식으로 인하여 외교를 중요시하지 않는 결과가 발생하였다. 그러나 현대국가의 실력은 경제실력과 국방실력 이외에 외교능력과도 연관된다. 외교에 대한 잘못된 인식은 의제에 대한 잘못된 인식을 초래한다.

다음으로, 중국이 기후의제를 제기하지 못한 중요한 원인은 바로 아직까지 중국에 기후문제가 발생하지 않았기 때문이다. 기후문제에 관한 의제는 주로 서방 선진국들이 제기한 것이다. 그 이전에 중국은 거의 지구온난화에 대한 문제를 고려해 본 적이 없었다. 중국 정부는 1992년 리우데자네이루 회의에서부터 지구온난화 문제에 참여하기 시작하였다. 그때부터 2005년까지 중국은 거의 서방의 속도에 따라 기후외교에 참여해왔다. 중국 정부와 학술계, 그리고 중국사회는 1992년 이후부터 점차 이 문제를 고려하기 시작하였고, 이는 서방에 비해 약 20년 정도 느린 상황이다. 그러므로 지구온난화 문제가 정치적 문제로 변화되기 전까지 기후협상대표단과 학술계에 가치 있는 협상의제를 기대하는 것은 거의 불가능한 일이었다. 최근 10년간 중국학술계와 외교부서는 지속적으로 기후변화문제에 대한 인식수준만 제고하였지 문제 해결방안이나 협상방안을 제기하지는 않았다. 중국은 이 문제에 대한 연구와 협상과정에서 점차 지구온난화의 전반적인 문제에 대한 인식을 갖게 될 것이다.

마지막으로, 가치 있는 의제를 제기하려면 외교연구와 기후문제 연구 영역의 학자들을 필요로 한다. 그러나 중국의 이 두 영역의 학자들이 기후변화를 연구하기 시작한 것은 그리 오래되지 않아, 아직은 건설적인 해결방안을 제공하지 못하고 있다. 아울러 중국학술계 자체에 존재하는 문제도 의제의 창조능력에 영향을 미치고 있다. 중국의 외교학자들 중 일부분의 학자들만 기후문제 협상에 참여하므로, 지구온난화 문제에 대한 세밀한 분석이 이루어지기 어렵고, 기후문제를 연구하는 학자들은 문제 해결에 대한 강한 의식으로 인하여 외교협상에 어울리지 않는다. 이로써 결국 전반을 고려하는 해결방안을 찾을 수가 없었다. 이와 반대로 서방 국가, 특히 미국의 학술계는 정부에 든든한 지적 자원을 제공하고 있다. 미국의 대학과 정부부서 간에 이루어지는 교류로 인하여 미국정부는 대학으로부터 다양한 연구결과를 제공받고, 대학 자체도 더욱 활발하게 학술연구를 진행하고 있다. 이와 반대로 중국의 학술계와 중국 정부 간의 교류는 빈번하지 않고, 학술계의 연구는 현실과 동떨어져 중국의 외교의제의 창조능력은 한계에 부딪히게 되었다.

국제문제에 관한 의제창조능력을 향상하여야만 진정으로 외교능력을 제고할 수 있고, 국제사회의 주도권을 장악할 수 있다. 의제를 창조하고 진척을 통제하는 능력을 향상하기 위하여 다음의 방법들을 고려하여야 한다.

첫째, 의제창조능력의 향상을 위하여 학술계와 정부부서의 우호적인 교류가 필요하다. 의제의 창조는 전문가에 의해 이루어져야지 언론이나 기업에 의해서는 아니 된다. 그리하여 외교와 기후문제 영역의 연구자를 국가외교정책의 제정과정에 참여하게 함으로써, 전문영역의 외교정책 제정에 도움을 제공하도록 해야 한다. 동시에 외교부서의 우수한 인력들을 대학교에 파견하여 교육을 진행하도록 해야 한다. 이와 같이 학계와 정부는 상호 간의 활발한 교류를 유지하여야 한다. 현재 중국의 가장 큰 문제가 바로 학계가 외교활동에 참여하지 않아, 중국이 진정으로 가치 있는 혹은 영향력 있는 의제를 제기하지 못하고 있다는 것이다. 외교정책을 정할 때 정부는 학계 연구자들의 의견을 충분하게 수집하여야 하고, 기후협상에 최대한 학자들을 많이 참여시켜야 한다. 즉, 최소한 세 개 영역의 인력들이 함께 연구를 진행하여야 하는데, 그들은 외교협상인력, 외교연구인력과 관련된 기술영역의 전문 인력들이다. 구체적인 조치들로는, 외교부가 학술실력이 우수한 대학과의 교류를 진행한다거나, 외교부관원들이 대학에 가서 초청특강 혹은 교류회를 진행하거나, 외교연구인력과 관련 기술영역의 전문가들이 외교부 혹은 해외기구를 견학하는 것이다. 이러한 교류를 진행하여야만 외교연구자들이 비로소 현재 외교문제에 존재하는 문제가 무엇인지를 인식하게 되고, 보다 가치 있는 제안을 할 수 있을 것이다. 외교인력들은 외교연구자들의 연구결과를 토대로 외교활동에 보다 잘 임할 수 있다. 또한 협상에 참여하는 기술전문가들은 국가의 외교전략을 이해하여야만 외국과의 협상을 보다 효율적으로 진행할 수 있다.

둘째, 새로운 의제를 창조하는 능력을 제고해야 한다. 의제의 창의성을 제고함에 있어 가장 근본적인 것은 의제의 전향성을 제고하는 것이다. 외교학술계와 기후학술계는 여러 가지 형식의 미래 전향적인 세미나를 개최할 필요가 있다. 세미나에서 기후문제의 미래의 변화, 발전전망과 서방 국가가 제기할 수 있는 새로운 의제에 대하여 논의해야 한다. CDM 의제, 탄소관세 의제는 모두 서방 국가가 제기한 것이고, 기타 영역의 외교활동에서의 의제, 예컨대 핵무기감축, 인민폐 환율, 인권 등 의제도 모두 서방 국가가 제기한 것이다. 서방 국가들은 외교활동에서 선공하는 의제를 많이 제기하는 편이라 다른 국가들이 방어할 수 있는 기회조차 주지 않는다. 그러므로 다른 국가의 입장에서 볼 때 서방 국가의 의제는 항상 선공을 하여 우세를 점하고, 다른 국가들은 부득이하게 서방 국가의 속도에 따라 행동하는데, 이는 다른 국가의 외교능력의 향상에 불리하다. 중국의 기후외교세미나는 미래를 지향하고 미래를 예측하며 미래의 변화에 대응하는 여러 가지 예비안을 마련하여야 한다.

셋째, 의제개발체제를 구축하여야 한다. 모든 기후문제에 관한 의제와 방안은 모두 하나의 안정적인 체제에서 진행될 수 있다. 의제의 개발은 인재의 이동과 학계의 참여로만 이루어질 수 있는 것이 아니다. 외교능력을 근본적으로 제고하려면 지속가능한 의제개발체제의 구축이 필요하다. 예컨대, 전문적인 기후문제연구 논문대회, 전국기후대회, 기후포럼, 과학연구저널의 특집 면 등 고정된 기반을 구축함으로써 여러 사람의 생각을 수집하는 것이다.

넷째, 의제진척을 통제하는 능력을 제고하여야 한다. 의제의 진척을 통제하는 능력은 기후외교협상관이 반드시 장악하여야 하는 한 가지 능력인데, 이 능력은 협상을 자국에 유리한 방향으로 이끄는 것을 요구하며 협상이 궤도에서 벗어나게 해서는 아니된다. 1992년부터 지금까지의 국제기후협상에서 중국의 의제진척 통제능력은 양호한 편이다. 지금까지의 기후협상은 주로 선진국의 감축할당량, CDM 체제의 시행, 개발도상국의 감축참여 여부, 자금과 기술의 지원 등 의제에 대한 논의를 진행해 왔다. 선진국들은 개발도상국의 감축참여 문제를 가장 먼저 해결하려고 하였지만, 개발도상국들이 가장 먼저 해결하려고 하는 의제는 선진국이 어떤 방식으로 감축약속을 이행하는 것인지이다. 예컨대, 중국의 "할당량 고정(锁定份额)"의 의제가 바로 진척방향을 통제하는 의제에 속한다. 2007년 이전의 기후협상에서 개발도상국의 감축 참여여부와 참여형태에 관한 의제는 첫 번째 의제가 아니었지만, 2007년 이후 개발도상국의 감축에 관한 의제가 국제기후협상의 논의에서 앞자리를 차지하는 의제가 되었다. 선진국들은 개발도상국들이 감축의무를 부담하지 않을 경우 교토의정서 2차 공약기간에 참여하지 않겠다고 협박하였다. 이런 행위의 실질은 의제의 진척을 통제하는 것이다. 중국은 베이식 4국과의 기후협력하에 선진국의 "우선적인 감축(率先減排)"과 "자금 및 기술지원"을 협상의 우선논의 사항으로 정하여, 논의가 개발도상국에 유리한 방향으로 흘러가도록 하였다. 그러나 중국을 포함한 개발도상국들은 단지 소극적인 통제를 하고 있다. 즉, 논의가 자국에 불리한 방향으로 진행되지 않도록 할 뿐이고, 유리한 방향으로 의제를 이끄는 능력이 없다. 중국이 국제기후협상에서 의제의 진척방향을 통제할 수 있는 것은 개발도상국들의 지지가 있었기 때문이다. 그러므로 강력한 의제진척 통제능력을 갖추려면 반드시 양호한 기후파트너 관계, 예컨대 인도 등 베이식 국가들과의 관계를 유지하여야 한다.

이 밖에 의제의 진척을 통제하는 능력을 제고하려면 협상상대의 변경된 의제에 대하여 신속하게 반응을 취해야 한다. 예를 들면, EU 등이 "항공탄소관세"의 의제를 제기하였을 때 중국은 재빠르게 반응하여 "항공탄소관세" 의제에 대한 논의를 반대하였다. 이와 같은 의제가 기후협상에서 논의된다면 개발도상국은 또다시 협상에서 피동적인 위치에 처할 것이기 때문에, 이런 의제는 가급적 빨리 소멸시켜야 한다. 의제진척에 대한 통제의 경쟁(博弈)은 기후협상을 쉽게 곤경에 빠뜨리고, 과도한 통제는 협상을 교착 상태에 처하게 한다. 그러므로 의제진척에 대한 통제는 반드시 유연하게 이루어져야 한다. 협상이 붕괴의 단계에 이르렀을 때에는 그 어떤 통제도 의미가 없어질 것이다. 물론 선진국들이 협상이 붕괴되는 가상을 설정하여,

개발도상국들로 하여금 의제진척의 새로운 방향을 제기하도록 하는 가능성도 있다. 개발도상국은 이에 대하여 정확한 판단을 해야 한다. 만약 기후협상이 확실하게 더 이상 진행될 수 없는 단계에 이르렀다면 중국을 주로 하는 개발도상국은 원래 의제를 고수하는 것이 아닌, 진척방향에 대하여 일정한 수정을 할 수 있다. 그러므로 의제를 통제하는 것은 구체적인 시간과 상황에 따라 정해야 한다. 의제의 진척이 자국에 불리할 때 다른 국가와 연합하여 해당 의제를 견제할 수 있으며, 심지어 의제에 대한 논의를 더 이상 진행할 수 없는 상황으로 몰아 선진국들로 하여금 해당 의제의 합법성을 인정하게 할 수도 있다. 만약 의제의 진척이 자국에 유리하여 선진국들이 협상에서 탈퇴하려고 하면 어느 정도 양보하는 것도 가능하다. 이와 같이 의제협상의 진척방향을 통제하는 것은 구체적인 상황에 따라 다르다. 이는 보다 공정한 감축합의를 도출하여 전 인류의 이익을 지키기 위한 협상의 최종 목적에 기인한다.

제6장

공공외교능력
구축

1. 중국의 기후공공외교전략

(1) 공공외교란?

현대의 공공외교는 1990년대 중후반 영국과 미국에서 시작되었고, 국제적인 홍보수단으로 사용되었다. 공공외교에 대한 정의는 매우 다양하다. 일부 학자는 공공외교의 기능과 목표를 강조하는데, 영국 외교관인 마크 레너드(Mark Leonard)는 공공외교는 목표국가가 자국에 대하여 내리는 평가에 영향을 미치는 기능을 갖는다고 말하였다.[105] 중국 사회과학원의 우바이(吳白乙)교수는 "공공외교의 기능은 한 국가의 정부가 다른 국가의 국민에게 문화, 경제, 정치와 사회 교류 등 방식으로 자국의 국정과 정책을 설명함으로써 상대국의 민심을 다지거나 증강하는 것"이라고 하였다.[106] 어떤 학자들은 공공외교에 참여하는 주체의 다양성을 강조하였는데, 케네디정부의 전문화 정보국 서장인 에드워드 뮐러(Edward Mueller)는 공공외교는 정부 간의 상호교류에 주목할 뿐만 아니라, NGO와 개인 간의 상호교류를 더욱 중요시하여 흔히 정부의 관점에 여러 가지 개인과 조직의 관점을 더하는 것이라고 하였다.[107] 전 국무원 언론홍보실의 자오치정(赵启正)은 공공외교는 "NGO, 민간단체, 대학, 연구기구, 언론, 종교조직과 국내외 유명 인사들의 사회적 역량을 통하여, 각자의 국제교류무대에서 서로 다른 시각과 전문지식으로 외국의 특정

---

105) Mark Leonard, Public Diplomacy, the Foreign Policy Center, 2002, p.1.

106) 吳白乙: 『公共外交——中国外交变革的重要一环』, 载『国际政治研究』 2010年 第3期, 第115页.

107) Allen C. Hansen, USIA: Pulic Diplomacy in the computer age(second version), New York: Praeger, 1989, p.2.

상대에게 자국의 이익과 정책을 알리는 것이다."108)라고 하였다. 어떤 학자들은 또한 공공외교의 전반적인 과정을 강조한다. 칭화대학의 자오커진 교수는 공공외교는 "한 나라가 자국의 인지도, 명성과 공감대를 향상하기 위하여, 중앙정부 혹은 권한을 위임받은 지방정부와 기타 부서가 자국 혹은 외국의 사회행위주체에게 위임하여 언론홍보 등 수단으로 외국의 대중들과 소통함으로써, 전 지구에 있는 사람들을 대상으로 진행하는 외교활동이며 잘못된 정보를 시정하고 지식을 전파하며 가치관을 형성하여 자국의 이익실현을 최종목표로 하는 활동"109)이라고 말하였다. 또 어떤 학자들은 공공외교에 포함되어 있는 문화교류를 강조하였는데, 푸단(复旦)대학의 왕의웨이(王义桅) 교수는 공공외교는 "정책목표, 가치이념(价值理念), 외교행위 등 세 가지의 결합(三位一体)"이라고 보았다.110)

이와 같이 공공외교는 아래의 내용을 포함하고 있다. 첫째, 공공외교는 국제 홍보방식 중의 하나이며 효율적인 홍보기반을 기초로 하고 있다. 둘째, 공공외교의 본질은 문화교류행위이며 단순한 홍보가 아니라 상대방의 생각을 바꾸는 데에 있다. 문화교류로서의 공공외교는 문명한 대화를 필요로 하며, 단순한 정책의 전파가 아니다. 셋째, 공공외교는 여러 측면의 참여가 필요하다. 정부 부처, 비정부조직 혹은 일반 대중인지를 떠나서 모두 공공외교를 진행할 수 있다. 넷째, 공공외교의 목표는 자신의 이미지를 개선하여 상대방이 내리는 정책에 영향을 미치는 것이다.

---

108) 赵启正: 『由民间外交公共外交』, 载『外交评论』 2009年 第5期, 第2页.

109) 赵可金: 『公共外交的理论与实践』, 上海辞书出版社 2007年版, 第182页.

110) 王义桅: 『中国公共外交的三种考验』, 载『公共外交季刊』 2011年 第7期.

공공외교를 뒷받침하는 이론은 소프트파워 이론이다.111) 조지프 나이(Joseph Nye)가 미국의 권력을 이야기할 때 "소프트파워"라는 개념을 제기하였는데, 이는 한 국가의 문화, 제도 혹은 이념상의 영향력을 말한다. 이러한 영향력은 무형의 방식으로 다른 나라가 자신의 정책을 따르도록 한다. 사실 소프트파워는 미국만 갖는 것이 아니라, 모든 국가가 가질 수 있는 것이다. 핵심은 어떻게 자신만의 소프트파워를 개발할 것인지에 있다. 소프트파워는 주로 한 나라의 문화, 제도 등 측면에서의 영향력으로 표현되는데, "문화의 확산을 통하여 다른 국가의 국민과 국제사회의 관심을 끌어, 자국의 외교정책에 대한 이해와 지지를 얻음으로써 자국의 외교정책에 유리한 여론환경을 만드는 것이다."112) 이러한 소프트파워 전략의 지도하에 미국외교부는 잇따라 "소프트파워" 외교와 "스마트파워" 외교라는 개념을 제기하였는데, 그 본질은 바로 미국의 의사대로 국제사회를 만들려는 것이다. 공공외교도 일종의 "소프트파워" 외교 혹은 "스마트파워" 외교로 볼 수 있는데, 모두 국제적인 전파를 기초로 한다. 그 목표 또한 유사하여 모두 자신의 이미지를 향상하여 국제사회에서 자국의 외교정책이 더욱 많은 인정을 받아 순조롭게 진행될 수 있도록 하는 것이다.

미국은 자신의 소프트파워를 매우 중요시하는 편이며, 효과적이고 창의적인 공공외교활동을 진행하였다. 예컨대, 미국이 냉전시기에 설립한 VOA(Voice of America)와 자유방송(Radio of Liberty)은 여

---

111) Joseph S. Nye, "Public Diplomacy and Soft Power", The Annals of the American Academy of Political and Social Science 2008; 606; 94.

112) 李德芳: 『全球化时代的公共外交』, 山东大学博士论文, 2009年.

러 가지 언어로 구성되었는데, 이는 미국에 대한 다른 나라 국민들의 인식에 중요한 영향을 미쳤다. 21세기에 들어선 이후 세계 각국은 점차 공공외교를 중요시하기 시작하였다. "9·11"사건 후 미국은 계속적으로 공공외교를 강화하였다. 부시정부는 2001년 10월에 "긴급 상황 대응기금(緊急狀态反应基金)"에 17억 달러를 제공하였는데, 그중 중동에 대한 공공홍보경비가 1,500만 달러에 달하고, "VOA" 채널을 아랍어, 페르시아어, 파슈토어 등 언어로 방송할 수 있도록 언론관리 이사회에 1,225만 달러를 지원하였다.113) 영국, 독일, 프랑스와 일본 등 나라들도 자신의 영향력을 높이는 공공외교를 진행한 바가 있다. 영국은 2003년 400만 파운드의 거금을 투자하여 중국에서 영국 역사상 최대 규모의 공공외교 활동인 "창의영국(创意英国)"을 진행하였다. 이는 상업, 예술, 교육 등 측면에서 현대 영국의 다원화, 포용성, 창의성의 신 이미지를 구축하였다.114) 공공외교에 있어 언어영역의 효과가 가장 뚜렷하다. 독일은 정부의 지원하에 괴테학원을 설립하여 독일문화를 전파하였다. 프랑스도 유사한 방식으로 전 지구적인 범위에서 프랑스 언어와 문화를 전파하였는데, 구체적으로 프랑스어 강사를 파견하는 방식과 국외의 방송국에 프랑스어 프로그램을 신설115)하는 방식 등이 있다. 이에 관하여 중국이 설립한 공자학원도 공공외교행동의 하나이다. 2004년 11월 한국 서울에 첫 번째 공자학원이 설립된 이래 현재까지 전 세계 106개 나라에 총

---

113) President Bush releases 1.7 billion dollors in emergency funds to provide for the security and humanitarian needs related to the attack on America, http://www.fas.org/terrism/at/docs/2001/terrism4.html

114) Mark Leonard and Andrew Small with Martin Rose, British public diplomacy in the "Age of Schisms", the Foreign Policy Center, 2005, p.3.

115) 李智: 『文化外交: 一种转播学的解读』, 北京大学出版社 2005年版, 第116页.

350여 개의 공자학원이 설립되었다. 공자학원의 주요 목표는 중국어와 중국 전통문화를 전파하는 것이다. 공자학원은 중국에 대한 국제사회의 이해도 증가와 중국 외교활동의 순조로운 진행에 기여할 것으로 사료된다.

성공적인 공공외교는 국가의 이미지를 대폭 제고하여 그 국가의 소프트파워를 증강시킬 수 있다. 중국은 국력의 제고에 따라 국제적인 이미지와 외교발언권을 강화할 필요가 있다. 기후협상에서의 중국의 입장은 항상 비난을 받아왔는데, 중국은 이러한 비난을 해소하기 위하여 노력하여야 한다. 전 국무원 언론홍보실 주임 자오치정은 중국은 자국의 발전을 위하여 반드시 냉정하게 국제사회가 제기하는 의혹을 직시하고, 비난을 해소하며, 타국의 공격과 왜곡에 합리하게 대응하여야 한다고 말하면서, 이 모든 것은 공공외교를 발전시키는 것으로부터 시작한다는 의견을 제기하였다.[116] 중국 사회과학연구원의 우바이교수는 공공외교는 중국 현대외교변혁의 중요한 내용이라고 하였다.[117] 공공외교의 기본기능은 자국의 의견을 널리 전파하여, 자국에 대한 타국의 인식을 재수립함으로써 국가의 새로운 이미지를 구축하는 것이다. 중국은 특히 기후협상에서 공공외교수단을 필요로 하고, 공공외교로 기후외교정책과 이념을 전파하여 자국의 긍정적인 이미지를 수립하여야 한다.

---

116) 贺潇潇: 『"中国已经进入公共网外交时代" - 赵启正谈如何开展公共外交』, 载『对外传播』 2009年 第12期, 第14页.

117) 吴白乙: 『公共外交 - 中国外交变革的重要环节』, 载『国际政治研究』 2010年 第3期, 第115页.

(2) 중국은 왜 기후공공외교를 진행해야 하는가?

기후 측면에서의 중국의 이미지는 비교적 부정적이다. 또한 중국은 전 세계 협상에서 발언권이 약하다. 이는 중국이 기후변화 대응에 있어 공공외교를 진행해야 하는 원인이기도 하다. 중국은 그동안의 국제기후협상에서 늘 강력한 방해꾼으로 인식되었다. 코펜하겐 당사국총회에서 영국의 외무부 장관 데이비드 밀리밴드(David Miliband), 프랑스 대통령 사르코지와 미국 국무 장관 힐러리는 기후변화 당사국총회에서의 중국의 입장에 대하여 번갈아가면서 비난을 하였는데, 그들은 중국이 기후협상의 진행을 방해한다고 하였다. 코펜하겐 당사국총회 마지막 날 미국 국무장관 힐러리는 MRV(측정, 보고, 검증) 방식을 내세워 간접적으로 중국을 비판하였다. 즉, "세계 2위의 배출대국이 투명성을 가진 감축을 하기 전에 미국이 그 어떠한 법적 효력이 있거나 자금지원의 약속을 포함하는 국제적 합의를 체결하는 것은 불가능한 일이다."118)라고 하면서 기후협상 실패의 책임을 중국에 떠넘겼다. 영국 일간지 <가디언(The Guardian)>의 마크 리나스기자는 "중국이 코펜하겐 합의를 망친 것을 내가 어떻게 알았을까? 나는 그 방에 있었다."라는 기사에서 오바마 대통령이 "혼신의 힘을 다해 합의를 도출하려고 노력하였는데", 중국은 "반복적으로 'No'밖에 하지 않았다"119)고 묘사하였다. 중국은 서방의 언론보도에 따라 국제적 책임을 회피하는 나라로 부각되었으며, 이는 기후변화

---

118) 袁雪:『欧盟再谋气候谈判主导权或借'三可'原则施压中国』, 载『21世纪经济报导』2010年3月17日.

119) Mark Lynas, How do I know China wrecked the Copenhagen deal? I was in the room,
   http://www.guardian.co.uk/environment/2009/dec/w22/copenhagen-climate-change-mark-lynas

대응에 있어서의 중국의 이미지에 막대한 타격을 줄 것이다.

그러나 이산화탄소 배출문제에 관하여, 중국에 대한 도덕적인 질타에는 편견이 존재한다. 역사적 이유의 측면에서 볼 때, 서방 국가들이 온실가스 배출에 있어 질책을 받아야 하지만, 서방 국가들은 오히려 중국을 비난하고 있다. 최근 몇 년 동안 중국은 에너지 절감과 배출감축에 관하여 유례없는 노력을 기울이고 있다. 2006년 1월 1일부터 「중화인민공화국 신재생에너지법(中华人民共和国可再生能源法)」이 정식으로 시행되었고, 2006년 10월 국무원은 정식으로 <신재생에너지 중장기발전계획(可再生能源中长期发展规划)>을 비준하여 수력발전, 풍력발전, 메탄가스, 태양에너지와 바이오매스를 중점개발대상으로 선정하였다. 2007년 6월 중국은 <기후변화에 대응하는 국가행동방안>을 발표하여 중국식의 자발적 감축방안을 제기하였다. 이는 인류와 국가에 대하여 책임을 지겠다는 중국의 입장 표현이기도 한다. 그 이행방식의 일환으로 중국은 일부 작은 화력발전소와 오염이 심한 작은 시멘트공장들을 폐쇄하였다. 이와 동시에 중국은 폐기물발전과 이산화유황폐기처리 등의 환경보호산업을 추진하였다. 최근 몇 년 동안 중국은 에너지 절감과 배출량 감축의 폭이 가장 큰 국가이자 신재생에너지의 개발속도가 가장 빠른 국가이다. 중국의 전 국가주석 후진타오는 2007년 7월 G8회의에서 기후변화대응에 관한 중국의 입장을 재천명하였다. 즉, 중국 정부는 중국인, 전체 인류, 후손세대에 대한 책임을 짊어지고 지속가능한 개발120)을 토대로 전 세계 대중들과 함께 공동으로 기후변화에 따른 불리한 영향에 대

---

120) 『中国应对气候变化政策与行动(2011)』白皮书, 载http://www.gov.cn/jrzg/2011-11/22/content_200 0047.htm

응하겠다는 것이다.[121] <기후변화대응에 관한 중국의 정책과 행동 (2011)>백서는 거대한 계획을 제시하였는데, 그중 제12차 5개년계획 에서 제기한 기후변화대응에 관한 구속력 있는 목표로는, 2015년까 지 단위 GDP당 이산화탄소 배출량을 2010년 대비 17% 감소하고, 단위 GDP당 에너지소모량을 2010년 대비 16% 감소하며, 1차 소비 에너지 중 비화석연료의 비중이 11.4%에 달하도록 하는 것이다. 이 밖에 2020년까지 단위 GDP당 이산화탄소 배출량을 2005년 대비 40 ~45% 감축하는 목표도 제기하였다.

중국 정부가 발표한 "국가기후감축방안(国家气候减排方案)"은 단지 정책을 소개하는 것이 아닌, 진정한 감축행동을 제시하는 문서이다. 그러나 서방 국가, 특히 영국과 미국 등 국가들은 중국을 여전히 "기후협상을 방해하는 자"로 평가하며, 중국의 노력과 기여를 고려 하지 않는다. 브라질 기후협상 대사 세아라(Sérgio Barbosa Serra)에 의하면, "중국과 브라질은 모두 저탄소경제 측면에서 많은 노력을 하였지만 홍보는 많이 하지 않았다. 이는 이러한 성과가 충분한 인 정을 받지 못한 원인이다."[122]라고 한다. 중국 에너지절감협회 이사 장인 부쩐환(傅振寰)은 중국이 오래전부터 기후변화위기에 대응하기 시작하였고, 다른 나라와 지역보다 더 현저한 성과를 거두었지만, 이러한 노력을 알아주는 경우는 드물다고 말하였다.[123] 환경 측면에 관한 중국의 이미지는 국제사회의 인위적인 영향하에 만들어진 것 이라고 하여도 과언이 아니다. 진정으로 책임을 묻는다면 전 세계

---

121) 『气候变化,中国在行动』, 载http://blog.voc.com.cn/blog_showone_type_blog_id_576402_p_1.html
122) 陈晓晨, 张愊: 『哥本哈根气候变化大会前中巴协调气候谈判立场』, 载『财经第一日报』2009年5月21日.
123) 王颖春, 张守营: 『气候谈判应有更多中国声音』, 载『中国经济导报』2009年7月25日.

기후변화의 주된 책임을 부담하여야 하는 나라는 당연히 서방의 산업화 국가들이다. 게다가 현재 선진국과 개발도상국의 배출량이 모두 많은 상황에서, 수많은 개발도상국의 배출량은 증가세를 보이고 있는데, 단지 중국만을 질책하는 것은 공평하지 않다. 이러한 원인에 입각하여 중국은 반드시 기후협상영역에서의 공공외교를 대폭 제고할 필요가 있는 것이다.

(3) 중국 기후공공외교의 대상

공공외교를 진행하기 전에 우선 명확한 홍보의 대상을 정해야 한다. 이는 다양한 공공외교 대상에 따라 공공외교의 수단이 달라지기 때문이다. "공공외교는 외국 국민들과의 소통을 목표로 하는 외교행위이며 명확한 대상을 정하는 것은 외교 목적을 실현하는 데 있어서의 핵심이다."[124] 만약 홍보의 대상을 잘못 정하였거나 중점적으로 홍보해야 하는 대상을 잘못 정하였을 때, 그리고 공공외교의 대상에 대한 인식이 부족할 경우 공공외교의 효과는 급감할 수 있다. 이와 같이 대상을 분석하고 정하는 것은 성공적인 공공외교의 필수요건이다. 미국의 공공외교 담당관 샬롯 비어스(Charlotte L. Beers)에 따르면 공공외교의 목적은 무엇을 말했는지에 있는 것이 아니라, 기대효과를 달성하는 것이라고 말하였다.[125] 기대한 호응을 얻으려면 반드시 외교의 대상을 정확하게 분석하고 판단하여야 한다. 오로지 상대국 국민들의 언어표현방식, 심리특징과 사고방식을 정확하게 분석

---

124) 韩方明主编: 『公共外交概论』, 北京大学出版社 2011年版, 第123页.

125) Mark Leonard, Public Diplomacy, the Foreign Policy Center, 2002, pp.56-57.

하여야만 성공적인 공공외교를 이룰 수 있다.[126] 남캘리포니아대학 공공외교센터 교수 니콜라스 카(Nicholas George Carr)에 의하면, 공공외교는 국가의 발언욕망을 자극하지만, 공공외교는 타국 국민들의 이야기를 듣는 것으로부터 시작하므로, 외국 언론을 체계적으로 분석하고 수집하여야 한다고 한다.[127] 무엇을, 어떻게 이야기할지, 어떤 효과를 거둘지 등은 모두 공공외교에 있어 주목해야 할 점들이다.

국가들 상호 간의 이해 정도와 형식에 따라 공공외교의 대상은 다음과 같은 세 가지로 분류된다. 첫째, 자국에 대한 이해가 부족한 국가 혹은 그 국가의 국민들이고, 둘째, 이념 차이로 인하여 자국에 대하여 오해가 있는 국가 혹은 그 국가의 국민들이며, 셋째, 이익 차이로 인하여 자국을 이해하려고 하지 않는 국가 혹은 그 국가의 국민들이다. 중국의 기후 홍보대상에는 이 세 가지 분류의 대상들이 모두 존재한다. 그중 선진국, 예컨대 미국 등 국가는 중국의 입장에서 중국을 이해하려고 하지 않는 국가이고, 중국의 국정과 비슷한 개발도상국, 예컨대 인도는 중국의 경제개발 상황을 이해하려는 면이 존재하며, 군소도서국들은 중국에 대한 이해가 부족하지만 오해는 없는 편이다. 오직 공공외교대상에 대하여 충분한 분석을 진행하여야만 공공외교의 수단과 내용을 정확하게 파악할 수 있다.

이 밖에 중국의 기후공공외교의 대상을 두 개 차원으로 구분할 수 있다. 하나는 전 세계 다양한 국가들이고, 다른 하나는 목표국가의 국민들이다. 첫 번째 차원의 대상에 관하여 비록 전 세계의 모든 나라가 중국 기후공공외교의 대상이지만, 그중에서 특히 서방 국가들

---

126) 王娟: 『浅谈新闻传播中的公共外交政策』, 载『当代传播』 2010年 第4期, 第112页.

127) [美] 尼古拉斯·卡尔: 『公共外交: 以史为鉴的七条法则』, 载『国际新闻界』 2010年 第7期, 第7页.

과 최빈개발도상국이 중국의 공공외교의 주된 대상이다. 공공외교의 목표는 중국을 이해하지 않는 나라들에 중국의 기후정책을 전파하는 것이기 때문에 중국과 유사한 기후협상이익을 갖고 있는 인도 등 국가를 상대로 하는 공공외교는 보다 쉽게 진행될 수 있다. 즉, 대상에 따라 공공외교의 내용이 구분되고, 기후영역에서의 주요 공공외교대상은 위에서 소개한 두 분류의 국가와 그 국가들의 국민들이다. 즉, 서유럽과 미국, 그리고 군소도서국들이다.

중국의 기후협상압력은 주로 서방 국가들로부터 온다. 그러므로 그들은 중국의 핵심 설득대상들이다. 서방 국가들은 기후외교정책에 있어 중국과의 인식의 차이가 존재한다. 서방 국가들은 중국경제가 이미 상당한 발전을 이루었고, 또한 중국의 탄소배출량이 매우 크기 때문에 중국은 당연히 국제적 감축책임을 부담하여야 한다고 생각한다. 그들은 중국의 상황에 대하여 완벽하게 이해하지 못하고, 아직 중국의 중서부에는 매우 빈곤한 지역이 있다는 것을 인식하지 못하고 있다. 이 밖에 서방 국가들은 중국의 탄소배출은 대부분 선진국들이 중국에 "배출 이전"한 결과이며, 중국의 에너지 절감과 배출 감축 측면의 노력을 인식하지 못하고 있다. 그러므로 서방 국가들이 중국을 이해하고 중국의 진정한 모습을 알 수 있도록 해야만 중국의 기후외교가 성공적이라고 볼 수 있다. 이러한 점에서 볼 때, 서방의 선진공업국가가 중국 기후공공외교의 첫 번째 목표국가이다. 그러나 모든 서방 국가들이 같은 생각을 하고 있지만은 않다. 예를 들면, 유럽의 대부분 국가들은 관념, 문화전통 등의 차이로 인하여 중국에 대한 오해가 많은 편이지만, 미국처럼 완고하게 중국을 꼭 강제적인 감축체제에 가입시키려고 하지는 않는다. 미국은 중·미 권력싸움과 환경보호시장에서의 경쟁관점에 입각하여 중국의 기후입장을 바라보고 있다. 미국은 감축행동으로 인하여 자국의 패권을 잃고 싶지 않고, 중국이 강제적인 감축을 하지 않음으로 인하여 더 많은 발전공간을 얻는 것을 원하지 않는다. 중국과 미국 간에는 이러한 국제권력경쟁이 존재하지만, 중국과 유럽 간에는 이와 같은 경쟁관계가 존재하지 않는다. 그러므로 중국은 미국과 유럽을 구분하여 서로 다른 방식으로 공공외교를 진행하여야 한다.

이 밖에 중국은 자국에 대하여 불만을 토로하는 개발도상국들을 설득하여야 한다. 최근 몇 년 이래 지구온난화 영향을 많이 받는 소국들은 현재 중국의 기후정책에 대한 불만을 토로하였다. 심지어 일부 군소도서국들은 국제사회 전체의 기후변화대응에 대하여 불만을 갖고 있다. 이러한 불만은 전체 개발도상국의 협력을 위협할 뿐만 아니라 중국과 개발도상국 간의 기타 영역에서의 외교관계에도 영향을 미친다. 이러한 개발도상국들은 서방 언론의 영향을 받아 중국이 국제기후협상의 방해자라고 생각한다. 그러므로 중국은 이러한 나라들을 설득하여 중국의 기후변화대응에 있어서의 입장과 현재 국제기후협상의 상황을 정확히 알려야 한다.

여러 국가 간에는 인식상의 차이가 존재하기 때문에, 국가별 홍보의 방식과 내용에도 차이점을 두어야 한다. 중국에 대한 기본적인 이해가 부족한 제3세계 국가들을 상대로 홍보할 때, 홍보의 내용에 초점을 맞춰 개발도상국으로서의 중국의 어려움을 설명하고, 해당 개발도상국과 중국 간의 공통점을 찾아, 중국에 대한 이해를 얻어야 한다. 오로지 이와 같은 맞춤형 홍보를 통해야만 상호 간의 공감대를 형성할 수 있고, 중국의 기후변화대응에 대한 이해도를 제고할 수 있을 것이다. 이와 동시에 중국은 해당 국가들에 최대한도의 기후원조를 제공하고 기술협력으로 국가 간의 정치 및 경제관계를 개선할 필요가 있다. 유럽 국가들을 상대로 하는 홍보의 목적은 이해의 제고가 아닌 오해의 제거에 있으므로, 홍보할 때보다 설득력 있는 사진 혹은 음성 자료와 같은 홍보자료를 제공해야 한다. 이 밖에 정책에 대한 홍보, 예컨대 중국의 국가행동계획, 에너지절감과 배출감축에 관한 중국의 조치, 삼림흡수원과 신재생에너지개발영역에 투자한 자금과 노력 등에 대한 홍보를 하여야 한다. 유럽을 대상으로 하는 중국의 공공외교의 주요 목적은, 유럽 국가에 중국이 책임을 회피하는 것이 아니라 계속적으로 대응조치를 취하고 있다는 점을 알리려는 것이다. 이와 반대로, 중국이 미국을 대상으로 자국의 기후변화대응 행동을 홍보하더라도 미국의 이해를 얻기 힘들 것이므로, 실질적으로 미국은 중국의 기후공공외교의 핵심대상이 아니다. 이는 중국이 자국의 정책을 설명하여도 미국이 들어주지 않을 수도 있기 때문이다.[128] 미국은 국제기후협상에서 중국을 강제적인 감축체제에 가입시키고야 말겠다는 태도를 취하고 있고, 양국은 기후변화대응의 기술, 예컨대 청정에너지기술 등에 관하여 치열한 경쟁을 벌이고 있다. 미국 공무원은 중국이 태양에너지 영역에서 거둔 성과를 여러 차례 언급하면서, 미국이 이 영역에서 중국에 비해 뒤처져서는 안 된다고 말한 바가 있다. 기후변화대응에 있어 경쟁관계에 있는 중국과 미국의 관계로 보아, 중국이 미국을 대상으로 기후홍보를 하더라도 실질적인 효과를 얻지 못할 것이다. 미국은 중국이 감

---

128) 袁瑛: 『天津气候谈判大会直击: 气候司为中国"正名"』, 载『南方周末』 2010年10月14日.

축체제에 가입할 것을 희망하지만, 중국의 어려움을 헤아리지는 않는다. 비록 미국은 중국의 생태건설 노력을 칭찬하고 있지만, 미국의 진정한 목표는 여전히 중국을 서방이 설정한 감축체제에 가입시키려는 것이다.

2. 최근 몇 년 동안 중국이 진행한 공공외교

중국은 2009년 코펜하겐 당사국총회에서부터 적극적인 공공외교를 시작하였다. 그 이전에 중국은 당사국총회에서의 공공외교의 중요성을 인식하지 못하였다. 2009년 이후 중국이 공공외교를 중요시하게 된 이유에는 다음과 같은 세 가지가 있다. 첫째, 중국의 경세선환이 시작되었기 때문이다. 중국의 저탄소경제는 2002년부터 시작되었는데, 중국 공산당 제16차 회의에서 최초로 생태문명사회를 구축해야 한다는 목표를 제기하였고, 제17차 회의에서 "생태문명의 구축"을 당헌에 추가하였다. 이 시기에 중국은 경제전환에 있어 매우 큰 한 발자국을 내딛었으며 중국의 청정에너지기술개발과 스마트교통 등 영역은 모두 세계 앞자리를 차지하게 되었다. 중국은 자국의 지구온난화에 대응하는 능력의 제고에 따라, 기후외교에 관하여 더욱 큰 열정을 갖게 되었고 기후공공외교의 발전을 대폭 추진하였다. 둘째, 중국의 탄소배출량이 매년 증가하였기 때문이다. 중국의 경제전환은 가속도가 붙은 상태였지만 중국의 탄소배출의 절대적인 양은 계속적으로 증가하였다. 중국은 공공외교로써 자국의 협상압력을 완화시킬 필요가 있음을 인식하였다. 셋째, 기후협상의 이익그룹이 점차 분열되어, 중국이 반드시 효과적인 전략을 세워야 했기 때문이다. 1992년부터 2005년까지의 세계기후협상은 주로 선진국들의 의무에 관한 협상으로 이루어졌다. 예컨대, 선진국의 감축할당량과 개발도상국에 대한 자금 혹은 기술지원을 둘러싼 논의가 주를 이뤘다. 그리하여 공동의 이익을 가진 개발도상국들은 하나의 그룹으로써 움직일 수 있었다. 그러나 2005년 교토의정서가 발효된 이후부터 선진국들은 협상의 압력을 개발도상국에 이전하였다. 한편으로 중국과 인도는 확실히 많은 양의 온실가스를 배출하고 있고, 다른 한편으로 G77이 분열되기 시작하면서 일부 국가들, 예컨대 아르헨티나와 한국은 자발적인 감축을 시도하였고 군소도서국들은 선진국들과 함께 중국과 인도를 비난하기 시작하였다. 이로써 개발도상국의 그룹이 와해되었고, 협상에서 일부 사안에 대하여 같은 입장을 유지하기 어렵게 되었다. 이와 같은 배경하에 중국은 협상의 입장을 조절하고 공공외교를 진행하여 자국의 협상압력을 줄이려고 한 것이다.

중국은 2009년 이후부터 더욱 적극적으로 기후공공외교를 진행하였고, 매우 훌륭한 성과를 거두었다. 코펜하겐 당사국총회에서 중국은 공공외교 홍보채널인 "뉴스와 교류센터"를 개설하였다. 중국은 개발도상국들 중 유일하게 "뉴스와 교류센터"를 개설한 국가이다. "뉴스와 교류센터"는 세계가 중국의 정책을 이해할 수 있는 중요한 창구이며, 중국은 또한 이 창구를 통하여 다른 국가들에게 자국의 기후정책을 소개할 수 있게 되었다. 중국 외교부 신문사(新聞司) 공무원인 장쇼옌(蔣小燕)은 "뉴스와 교류센터를 개설한 목적은 당사국총회의 기회를 빌려, 기후변화대응에 관하여 중국 정부와 각 부서가 시행 중인 정책, 행동, 노력과 얻은 성과 및 중국의 기후변화대응에 관한 입장을 전면적으로 소개하고, 개발도상국을 대변하여 오해와 비난에 맞서기 위함이다."라고 하였다. 그리고 실질적으로 공공외교의 플랫폼의 개설은 현저한 효과를 거두었다. "센터의 대외발표사무실은 여러 나라의 기자들이 소식을 얻는 중요한 장소가 되었고, 50명 정원인 방에 150여 명의 사람이 모여 있는 광경을 흔히 볼 수 있었다. 또한 여기는 중국이 의견을 발표하는 곳이기도 하였다."129) 중국의 "뉴스와 교류센터"의 개설은 공공외교에 있어 중국, 미국, EU의 "삼족정립(三足鼎立)"의 국면을 초래하였다. 코펜하겐 당사국총회는 중국 기후공공외교의 시작이라고 볼 수 있고, 중국의 기후발언권은 코펜하겐 당사국총회에서부터 강화되었는데 이는 단순한 우연이 아니다.

2010년 멕시코 칸쿤 당사국총회에서 중국은 계속하여 기후공공외교를 강화하여 더 큰 성과를 거두었다. 이번 회의에서 중국의 NGO가 활발하게 활약하여 중국의 기후외교에 많은 기여를 하였다. 공공외교는 한 나라의 국민들이 다른 나라 정부를 상대로 진행하는 외교활동이거나 한 나라 정부가 다른 나라의 국민들을 상대로 진행하는 외교활동이라고 볼 수 있다. 즉, 공공외교의 최종 대상은 상대국의 국민들이다. NGO는 민간조직으로서 국민의 목소리를 대변하므로 이러한 NGO가 기후공공외교에서 중요한 작용을 발휘할 수 있었던 것이다. 2009년 중국 기후공공외교의 시작과 함께 중국 NGO들은 세계 기후협상에서 자신의 존재감을 나타냈다. 칸쿤 당사국총회기간 중국의 환경 NGO인 "산수자연보호센터(山水自然保护中心)", "자연의

---

129) 『气候变化大会中国高调"发声"』, 载http://news.xinhuanet.com/world/2009-12/16/content_12656299.htm

친구(自然之友)"와 중국 인터넷사이트인 "소후(搜狐)녹색채널"은 공동으로 "탄소제로배출, 칸쿤에서부터(零碳行动,始于坎昆)"라는 활동을 개시하였다. 그들은 "칸쿤 당사국총회에 참가하는 각국 대표들이 실제 행동으로 탄소배출을 감축하고, 회의기간동안 대중교통을 이용하고 전자파일을 활용하여 종이의 사용량을 줄이며, 탄소를 부득이하게 배출해야 하는 경우에는 탄소 크레딧으로 상쇄하자"[130]고 선전하였다. 칸쿤 당사국총회에서 중국의 환경 NGO들은 국제 NGO들 중에서의 영향력을 키웠을 뿐만 아니라, 중국 기후공공외교의 홍보채널이 되어주었다. 그들은 전 세계에 또 다른 중국의 이미지를 구축하였고, 일반대중들도 환경을 보호하고 적극적으로 국제기후변화의 대응에 책임을 짊어지고 있다는 사실을 보여주었다.

2011년 남아공 더반 당사국총회에서 중국의 기후공공외교는 한층 새로운 발전을 가져왔다. 이번 회의에서 중국은 또 하나의 새로운 채널을 추가하였다. 중국은 처음으로 "중국포럼(中国角)"을 신설하였는데, 이는 기존의 "뉴스와 교류센터"와는 또 다른 기능을 수행하였다. 후자는 기능이 비교적 단순하여 오로지 언론발표를 진행하는 채널이었다면, 전자는 발표뿐만 아니라 토론회를 소집할 수도 있어 기능이 보다 다양하였다. 토론회는 일방적인 언론발표보다는 더욱 효과적으로 중국의 기후변화 대응에 관한 노력을 보여줄 수 있다. 더반 당사국총회에서 중국대표단 단장 셰전화와 유엔기후변화협약 사무국장 크리스티아나 피게레스(Christiana Figueres)는 함께 "중국포럼"의 개막행사를 치렀다. 셰전화는 "중국포럼"이라는 채널로 중국

---

130) 『中国NGO和搜狐绿色在坎昆发起零碳运动倡议』, 載http://green.sohu.com/20101209/n2781870 16.shtml

의 목소리를 전파하였으며 개막행사에서 중국 정부의 기후변화대응에 관한 결심과 행동을 다시 보여주었다. 그는 "'중국포럼'의 활동은 수준 높게, 그리고 입체적으로 중국의 기후변화대응의 성과를 보여주며, 중국 정부는 자국의 국정, 개발단계와 실제능력에 맞게 국제적 감축책임을 부담하려고 하고, 개방적이고 적극적으로 기타 모든 국가와의 협력에 임하여 더반 당사국총회에서 긍정적인 성과를 거두기 위하여 노력을 다하겠다."[131]라고 말하였다. 이 밖에 더반 당사국총회에서의 또 다른 성과로 중국 민영기업의 참여를 꼽을 수 있다. NGO와 민영기업은 모두 중국사회를 대표하는데, 전자는 사회적 일반대중을 대표한다면, 후자는 중국의 엘리트 단체들의 기후변화대응에 관한 입장들을 대변한다고 볼 수 있다. 이번 회의에서 중국민영기업은 "중국포럼"의 모든 활동에 참여하여 많은 관심을 받았다. "중국포럼"에서 주최한 "전 세계와 중국에서의 기후변화 대응전략의 발전추세"라는 세미나에서 중국 에너지절감 환경보호 그룹(中国节能环保集团) 대표와 신오그룹 이사회 회장인 왕위쉐(王玉锁)는 중국 국유기업과 민영기업을 대표하여 주제발표를 하였는데, "국제기술협력을 추진하자"는 주제로 국가 간 청정에너지 핵심기술의 교류와 협력을 제안하였다. 이것은 중국의 청정에너지기업이 처음으로 당사국총회에서 세계기술협력을 추진하자는 제안을 한 것이다.[132] 기업과 홍보채널의 결합은 더반에서의 중국 기후공공외교의 발전을 추진하였다. 중국 에너지 절감과 배출감축의 주요 부담자인 기업들

---

131) 『德班气候大会"中国角"彰显"中国行动力"』, 载http://finance.people.com.cn/BIG5/5215/210272/235862/16500087.html

132) 『中国企业呼吁全球清洁能源技术合作』, 载http://www.people.com.cn/h/2011/1229/c25408-2011304316.html

이 기후변화 당사국총회에서 자신의 행동을 알리는 것은 그 어느 연설보다도 설득력이 있다. 기업의 공공외교는 기술협력의 기회를 쟁취할 수 있을 뿐만 아니라 중국의 기후외교가 보다 많은 인정을 받을 수 있도록 한다.

2012년 카타르 도하에서 진행된 당사국총회에서 중국의 기후공공외교는 또 다른 발전을 가져왔다. 이번 당사국총회에서 중국은 공공외교의 모든 방식을 총동원하였는데, 이번 총회는 최근 중국의 기후외교 중에서 가장 성공적인 총회로 평가받고 있다. 이번 총회에서 중국대표단 단장 셰전화는 중국 CCTV에서 제작한 환경보호 다큐멘터리 <전 세계가 함께하는 추위와 더위(环球同此凉热)>를 특별한 선물로 유엔사무총장 반기문과 유엔기후변화협약 사무국장 피게레스 등 당사국총회의 대표들에게 증정하였다. 이 다큐멘터리에서의 "사막이 오아시스로 변하는 이야기는 도하 당사국총회에 참석한 대표들의 감탄을 자아냈다. 이 이야기에서 중국의 민영기업 이리자원(亿利资源)이 중국 어르둬스 부쿠치(鄂尔多斯布库其) 사막에서 24년 안에 5,000여 제곱킬로미터의 사막 오아시스를 창조한 모습을 그렸다."[133] 도하 당사국총회 회의장 내의 "중국포럼"에서는 이 다큐멘터리 영상을 반복적으로 재생하여 기후협상에 관한 중국의 입장을 확고하게 전파하였다. 이 밖에 중국기업은 지속적으로 기업의 생태이념과 에너지절감행동을 홍보하였는데, 하이씬그룹(海信集团)이 중국기업의 대표주자로서 녹색기술에 관한 새로운 진척을 소개하였다. 이는 하이씬그룹이 2011년 유엔환경계획(UNEP)의 "녹색혁신상(绿色创新

---

133) 『中国政府送"环球同此凉热"展现中国人努力』, 载http://finance.sina.com.cn/roll/20121207/185213
936289.shtml

奖)"의 협력파트너가 된 이후, 다시 한 번 국제무대에서 중국기업의 이미지를 홍보한 셈이다.[134] 그리고 이번 기후공공외교에서 중국은 기후여건이 취약한 국가에 대한 지원을 제공하였다. 총회기간에 진행된 기후변화대응에 관한 남남협력포럼에서, 중국대표단 단장 셰전화는 중국 정부는 이미 남남협력을 지원하는 전문자금을 마련하였으며, 해당 자금은 아프리카, 최빈개발도상국과 군소도서국의 기후변화대응을 지원하는 데 사용될 예정이라고 밝혔다. 이로써 도하 당사국총회에서 중국은 자신의 기후공공외교를 더욱 전면적으로 펼쳤다고 할 수 있다.

이와 같이 살펴본 바에 따르면, 전 세계 기후총회에서 사용된 중국의 공공외교수단은 아래와 같은 특징을 띤다. 첫째, 공공외교채널의 개설을 중요시하였다. 예컨대, 코펜하겐 당사국총회에서의 "뉴스와 교류센터", 더반 당사국총회에서의 "중국포럼" 등이다. 둘째, 외교활동에 참여하는 주체가 다양하며 중국 정부를 대표하는 기후협상대표단 이외에도 지방정부[예컨대, 광둥성(广东省)과 칭하이성(青海省)], 민영기업과 NGO 등이 있다. 셋째, 여러 가지 포럼과 회의를 주최하고 녹서와 다큐멘터리를 제작하며, 기후여건이 취약한 국가에 기술과 자금 지원을 제공하는 등 다양한 수단을 활용하였다.

---

134) 『多哈气候大会中国企业活动为中国形象增光添彩』, 载http://green.sohu.com/20121208/n359876076.shtml

3. 중국 기후공공외교능력의 향상방법

비록 중국의 공공외교는 2009년 이후로부터 큰 성과를 이뤘지만, 앞으로의 발전공간은 여전히 매우 크며 부족한 점도 많다. 우선, 중국의 기후공공외교는 거의 대부분이 기후총회 회의장에서 이루어졌고, 세계 곳곳에 전부 전달되지는 못하였다. 중국 기후공공외교는 자신의 활동범위를 넓혀 당사국총회에서 전 세계로 뻗어 나가야 한다. 다음으로, 기후공공외교에 대한 중국사회의 참여도는 여전히 낮다. 현재 언론의 참여도가 가장 높은데, 이에 반해 기업은 참여한 지 오래되지 않았고, NGO의 참여범위는 비교적 작으며 대중들은 여전히 진정으로 기후외교에 참여하지 않은 실정이다. 특히 중국의 환경과 기후영역의 학자들의 참여가 적은 편이라 기후의제의 창조에도 불리하고 공공외교의 발전에도 불리하다. 셋째는 중국의 기후공공외교의 수단이 국한된 점이다. 중국은 기자회견, 기후백서 혹은 녹서, 세미나, 다큐멘터리 등 방법으로 기후공공외교를 진행하였는데, 앞으로도 이러한 수단들을 유지해야 할 것이다. 이 밖에 중국은 더 많은 공공외교수단, 예컨대 기후연구학술사업을 지원하거나 기후홍보대사를 활용하는 등 수단을 이용하여야 한다. 마지막으로, 전문적으로 공공외교를 담당하는 업무팀이 없다. 공공외교는 일시적인 대외행동이 아니라 상대방에게 영향을 미치는 장기적인 전략이므로, 전문지식을 구비한 인력을 동원하여 진행하여야 한다. 중국의 공공외교능력의 향상을 위하여 다음과 같은 몇 가지 건의를 제기한다.

(1) 공공외교수단의 다양화

비록 공공외교와 홍보는 다르지만 두 가지는 긴밀하게 연결되어 있다. 만약 뛰어난 홍보능력이 없다면 공공외교는 성공을 거두지 못할 것이다. 그렇다면 어떻게 한 나라의 홍보능력을 제고할 것인가? 그 핵심은 바로 홍보내용과 현대 언론매체를 어떻게 결합시키는가에 달려 있다. 현대 언론의 우월성은 주로 편리하고 신속하며 더욱 광범위한 대중들을 연결시킬 수 있다는 점인데, 이는 대중들과 정부 간의 거리를 좁히고 보다 많은 여론의 지원을 얻어 궁극적으로 성공을 이룰 수 있게 한다. 현대사회는 정보사회이며 전 세계 그 어떠한 정보든지 모두 재빠른 시간 안에 접근할 수 있다. 언론은 국가 간 교류의 중요한 채널이다. 국가는 공공외교를 개시할 때, 장기적인 효과를 가져다줄 수 있는 언론매체인 신문, 문헌 등을 중요시하는 동시에 즉각적인 효과를 가져다줄 수 있는 TV, 인터넷 등 채널도 중요시하여야 하며,[135] 새로운 채널인 웨이보(微博), 웨이신(微信)에도 관심을 가져야 한다.

- 기자회견

기자회견은 정부가 국내외 대중들과 정보를 나누고 소통할 수 있는 중요한 수단이며 정부와 뉴스매체들의 관계를 조절하는 중요한 도구이기도 하다.[136] 기자회견은 통상적으로 질문과 발표하는 시간

---

135) [美] 沃纳·赛佛林·小詹姆斯·坦卡德: 『传播理论: 起源、方法与应用』, 华夏出版社 2000年版, 第260页.

136) 詹文都主编: 『政府公共关系』(第二版), 华南理工大学出版社 2009年版, 第194页.

이 주어지는데 기자들이 자유롭게 질문을 할 수 있어 기자들에게 더욱 많은 정보를 획득할 수 있는 시간을 마련해 준다.[137] 외국 언론사의 기자들이 제기한 의문에 대한 답변이 외신을 통해 즉각적으로 전파될 수 있으며, 그 답변으로 인하여 일부분의 국제적 압력이 순식간에 사라질 수 있다. 이런 방식은 보다 직접적인 공공외교방식이라고 할 수 있다. 중국 정부는 2009년 코펜하겐 당사국총회 이전에 기자회견을 진행하여 외신에게 중국의 기후변화 대응현황과 정책을 소개하였다. 그리고 코펜하겐 당사국총회 기간 중국 기후협상대표단 단장 셰전화는 중국대표단이 소집한 모든 기자회견에 참석하여 중국의 기후정책을 소개하였다.[138] 총회시작 전의 시점은 다양한 정보들이 쏟아져 나오는 시기이므로, 이 시점을 이용하여 국제사회 전체를 대상으로 공공외교를 진행하는 것은 필수적인 홍보방식 중 하나라고 할 수 있다. 이 방식은 중국이 모든 기후협상회의에 참석할 때 꼭 사용하는 관례가 되었다.

- 중국 기후변화대응 관련 학술연구에 대한 지원

학술연구에 대한 지원은 매우 효과적인 공공외교수단이다. 성공사례로는 중·미 양국 정부가 공동으로 지원한 "폴브라이트 사업", 중국 교육부와 미국 국무부가 지원하는 방문학자제도 등이 있다. 그리고 중국은 외국에서 진행하고 있는 중국 관련 기후변화대응에 관한 연구를 지원할 필요가 있다. 이는 중국에 대한 타국의 이해도를 높일 수 있기 때문이다. 일반적으로 서방 언론보도는 부정적이고 부

---

137) 李晓虎: 『中国政府新闻发布制度研究』, 復旦大学博士论文, 2007年.

138) 胡亮、解振华: 『从容应对气候谈判』, 载『中国经济时报』 2009年12月14日.

분적인 뉴스를 보도하는 경우가 많은데 이는 언론보도의 특성과 연관된다. 언론매체는 사람들의 눈길을 끄는 데 주목하고, 문제의 본질을 깊게 탐구하지는 않는다. 그러나 이와 반대로 학술연구를 하는 학자들은 사물의 본질을 탐구하기 때문에 중국 기후문제에 대한 태도와 이해가 보다 진실하고 객관적일 것이다. 학술연구지원을 받는 외국학자들은 중국현지를 방문하여 실제조사를 통하여 중국의 환경현황과 중국 정부가 하고 있는 노력에 대한 인식을 갖게 될 것이므로 중국을 맹목적으로 비판하지는 않을 것이다. 본국으로 귀국한 후 그들은 자신의 경험과 중국 환경기후문제에 대한 이해를 대중들에게 이야기할 것이며, 학술성과도 저널 혹은 학술계에서 오랫동안 영향력을 미칠 것이다. 이와 같이 학자들은 방사선 효과처럼 자신의 인식을 기하급수적으로 널리 전파할 수 있다.[139] 중국의 학술연구지원 사업은 주로 유럽, 미국과 일부 개발도상국가의 대학에 장학금 형식으로 지원하거나, 대학 간의 교환학생 지원방식 혹은 외국의 NGO 사업을 후원하는 방식으로 진행될 수 있다. 학술지원자금은 중국 정부가 부담하거나 환경보호의식을 가진 우수기업이 부담하거나 혹은 정부 간 합의에 따라 실시할 수 있다.

- **국제언론과의 협력**

언론 세계화의 시대, 특히 서방의 언론이 독보적인 우세에 처해 있는 상황에서 중국이 자국 뉴스의 홍보수준을 제고하려면 언론매체와의 협력을 진행해야 한다. 언론은 공공외교에서 핵심적인 역할

---

139) 曲星: 『公共外交的经典含义与中国特色』, 载『国际问题研究』 2010年 第6期, 第9页.

을 하므로 국제언론과의 협력을 추진하는 것은 공공외교의 중요한
임무가 되었다. 중국의 언론들은 적극적으로 "찾아가고, 모셔오다(走
出去,请进来)"의 방식으로 외국 언론과의 소통을 진행하고 상호 간의
이해를 증진하며, 외국 언론의 잘못된 보도내용을 시정하고 해외 대
중들의 의혹과 오해를 풀어주어야 한다.[140] 외교학원의 취싱(曲星) 교
수는 중국 언론은 "搭台唱戏(자국의 언론이 직접적으로 외국을 상대로
방송)"하는 단계에서부터 "借台唱戏(외국의 언론을 통해 자국의 프로
그램을 방송)"하는 단계로 전환하여, 최종적으로 "让别人唱我们的戏(투
자하는 방식으로 주식을 보유하여 외국매체가 객관적으로 중국을 소
개하는 프로그램을 제작)"[141]할 수 있도록 해야 한다고 말하였다. 중
국의 기후공공외교는 반드시 언론 간의 국제협력을 중요시하여야 하
고, 두 가지 언어로 방송하는 독립적인 환경보호 채널을 신설하거나
외국과 공동으로 환경보호 채널을 신설하여야 한다. 환경보호 채널을
운영하는 과정에서 외국의 환경 혹은 기후 전문가를 초청하여 중국
의 기후정책에 대하여 토론도 진행할 수 있다. 중국의 TV 매체는 이
러한 프로그램을 해외에서 방송할 뿐만 아니라, 외국 언론사의 채널
을 통하여 방송할 수도 있다. 이 밖에 국제 언론 간의 협력은 TV에
국한하는 것이 아니라 신문이나 잡지로 확대될 수 있다.

– 환경보호 외교관이 외국신문지 칼럼 투고

또 하나의 공공외교방식은 바로 외교관이 직접 해외의 잡지나 신
문에 글을 발표하거나 외국 언론의 취재에 응하는 방식이다. 예컨대,

---

140) 王颖春、张守营: 『气候谈判应有更多中国声音』, 载『中国经济导报』 2009年7月25日.

141) 曲星: 『公共外交的经典含义与中国特色』, 载『国际问题研究』 2010年 第6期, 第9页.

현 중국외교부 부부장이자 전 영국대사였던 부잉(傅莹)은 2008년 프랑스 등 나라가 중국 올림픽을 보이콧하자 <파이낸셜 타임스(Financial Times)>에 이 사건에 대한 자신의 견해를 발표하며, 외국 언론이 중국을 보다 많이 이해해주기를 바랬다. 이 문장이 발표된 후 인용 회수가 매우 높았고 유럽사회에서 많은 호응을 불러일으켰다. 이와 마찬가지로 중국 환경보호 외교관도 외국의 유명 잡지에 글을 발표하여 중국의 기후정책을 설명할 수 있다. 환경보호와 기후협상 부서의 공무원들이 외국 언론에 발표한 내용은 매우 큰 권위성을 갖고 있어, 보다 많은 외국 언론과 대중들의 주의를 불러일으킬 수 있다. 정부를 대표하는 환경보호 외교관의 말, 행동과 그들이 발표한 데이터는 여러 가지 불확실한 정보, 루머와 추측을 뒤엎을 수 있다.[142]

– 녹색원조 전략

최빈개발도상국 혹은 군소도서국에 대한 녹색원조 전략도 공공외교 방식 중의 하나이다. 중국은 일부 아프리카 국가의 환경보호인력 교육과 아프리카 국가에 에너지 절감 제품을 지원하는 방식으로 녹색원조를 시작하였다. 2012년 6월 유엔지속가능발전 정상회의에서 원자바오 총리는 앞으로 3년간 중국 정부는 2억 위안을 투자하여 남남협력을 추진할 것이라고 하였다.[143] 이러한 원조활동은 중국의 양호한 국가이미지 형성에 도움이 된다. 그러나 지원을 어떤 방식으로 진행할 것인지, 어떻게 하면 지원하는 국가와 지원받는 국가 양측의 이익을 모두 증진할 수 있는지의 문제가 제기된다. 그동안 중국의

---

142) 郑保卫、宫兆轩:『从德班气候大会大会看中国气候传播与环境形象建构』, 载『对外传播』2012年 第2期.
143) 『多哈气候大会,中国向最不发达国家赠送节能产品』, 载http://green.sohu.com.20121204.n359476876.shtml

원조활동은 주로 물질적인 지원으로 이루어졌고, 1회적인 지원이 대부분이었다. 이러한 원조방식은 기대에 미치는 효과를 얻지 못하였다. 그러므로 녹색원조에 있어 어떤 방식을 채택하여야 최적의 결과를 가져올지 고민할 필요가 있다. 우선, 중국은 미국의 방식을 모방하지 말아야 한다. 미국은 항상 경제 혹은 재정적인 지원을 하면서 지원받은 국가에 일정한 정치적 조건을 제시한다. 예컨대, 상대국의 정치체제를 보완하라고 하거나 재정금융체제를 개혁하라는 등 부가조건이 붙는다. 미국식의 원조는 수혜국의 주권을 침해하는 것이고 중국은 이런 방식을 취하지 않을 것이다. 중국은 예로부터 타국의 주권을 존중하고 자신의 의지를 다른 나라에 강요하지 않는다는 원칙을 고수하여 왔다. 중국의 원조는 그 어떤 정치적 사항을 부가조건으로 하지 않는다. 그러나 수혜국에 어느 정도의 선의의 제언은 할 수 있다. 둘째, 합리적인 원조금액을 정해야 한다. 중국은 예전의 알바니아와 베트남에 대한 정치적·경제적 원조의 교훈을 참고하고, 자신도 개발도상국에 처해있다는 사실을 고려하여 녹색원조에 큰 비용을 들일 필요가 없다. 셋째, 원조의 효과에 주목하여야 한다. 중국은 최대한 경제적 협력의 방식으로 기후원조를 진행하여야 하고, 그중에서 CDM 방식의 실행가능성이 가장 크다. 비록 CDM 사업은 선진국과 개발도상국 간에 진행되는 사업이지만, 청정에너지기술 분야에서 앞서 있는 국가가 다른 국가에 대한 지원에도 이러한 형식이 적용될 수 있다. 그러므로 중국은 가난한 작은 나라들과 청정에너지기술협력을 진행할 수 있다. 이러한 협력은 한 나라가 감당할 수 있는 범위 내에서 원조하도록 통제가능하고, 지속적인 협력의 틀을 마련할 수 있어 후속협력에 기초를 마련한다는 장점이 존재한다. 한 나라의 원조사업이 너무 방대하면 이는 정치적 투자이지 공공외교가 아니다. 모든 정치적 투자는 국제압력과 국내압력 등 정치적 리스크를 감수하여야 하는데, 중국은 이러한 위험까지 감내하면서 공공외교를 진행할 필요가 없다. 그러므로 중국은 상대국의 환경생태부서와 청정에너지기술협력을 진행하여, 상대국에 일정한 자금과 기술지원을 제공함으로써 경제적 이익을 창출할 뿐만 아니라 대규모의 정치투자도 피할 수 있다.

– 새로운 도구–웨이보, 웨이신, 페이스북, 트위터 등의 사용

공공외교의 새로운 형식으로 현대 매체의 운용을 고려할 수 있다. 레이건 정부 외교사무 과도업무팀의 구성원인 케네스 아델만이 언급한 바와 같이 "신속하게 발전하고 있는 세계 통신네트워크는 공공외교를 더욱 강력한 도구로 만들고 있다."[144] 칭화대학 자오커진 교수는 대외적 매체가 "공공외교의 전략적 중심에 있다."[145]라고 평가하였다. 현재 가장 인기가 많은 국제 소셜매체는 웨이보, 웨이신, 페이스북과 트위터 등이다. 이러한 매체들은 생동하고 인터랙티브한 특징을 갖고 있으며, 단순한 디지털매체가 아닌 상호 간의 소통으로 이루어진 새로운 매체이다. 이런 매체는 그 간편성과 즉시성의 특징 때문에 상대국 국민들과의 소통이 보다 용이해진다는 장점을 갖는다. 더욱 중요한 것은 이런 방식은 소통의 장애를 해소하여 정부 장관과 다른 나라 국민들이 직접 많은 주제에 대하여 논의할 수 있어 매우 "친서민적인" 소통방식이고, 이런 방식의 소통은 "현장에 있

---

144) 李智: 『国际政治传播: 控制与效果』, 北京大学出版社 2007年版, 第126页.

145) 赵可金: 『公共外交中的媒体角色』, 载『对外传播』 2010年 第12期, 第31页.

는" 느낌을 준다.146) 이러한 친서민적인 소통방식은 정부와 타국의 국민들 간의 거리를 좁혀 친근감을 주며 이로써 더욱 많은 지지를 얻을 수 있으며 여러 차례 홍보되는 누적효과도 있다. 일반적으로 TV와 신문 등 일반매체의 전파속도는 이들과 비교할 수 없으며, 웨이보, 웨이신, 페이스북과 트위터 등 매체는 정보를 신속하게 대중들에게 전파하며 그 확장효과도 매우 뚜렷하다. 기후변화 당사국총회에 참가한 중국대표단은 이러한 채널을 운용하여 전문적인 영문교류팀을 구성한 후, 웨이보와 웨이신을 통해 정보를 공개하고 페이스북과 트위터를 이용하여 외국으로 정보를 전달할 수 있는데, 이는 협상 중에 있는 중국의 정책을 공유하고 분석하여 국제여론에 영향을 줄 수 있다.

- 전 세계에서 발행되는 영상물 제작

문화교류의 한 부분으로 기후공공외교는 외국 국민들에게 영상제품을 발행하는 방식으로 중국의 기후정책을 홍보할 수 있다. 영상자료는 보다 깊은 인상을 남길 수 있는데, 특히 외국 국민들이 의사결정을 내릴 때 생동한 영상자료의 효과는 뚜렷할 것이다.147) 아울러 영상물은 학술연구에 제공될 수 있다. 외국학자들은 인터넷에 떠돌아다니는 논평 혹은 부정적인 정보에 근거하여 중국의 기후정책을 평가하는 대신에, 이러한 영상물을 통하여 더욱 이성적으로 중국의 기후변화대응의 문제에 접근할 수 있다. 방송국은 중국환경의 변천사를 영상파일로 제작하여 전 세계에 방영하여야 한다. 이 밖에 관

---

146) 赵凯: 『我国媒体公共外交战略应有的特色』, 载『新闻记者』 2010年 第3期.

147) 佐斌: 『社会心理学』, 高等教育出版社 2009年版, 第141页-142页.

련 영상자료를 제작한 후 사이트에서 다운로드 서비스를 제공할 수 있다. 현재 중국 환경보호사이트에는 정책이나 사건보도에 관한 자료는 많으나, 영상물자료는 아직 적은 상황이다. 중국의 첫 번째 대형 다큐멘터리인 <전 세계가 함께하는 추위와 더위>는 CCTV 9에서 처음으로 방송되었는데, 이 다큐멘터리는 새로운 시각, 이야기하는 듯한 전개, 그리고 기발한 관점으로 인하여 시청자들의 인정을 받았다. 칭화대학 인홍(尹鸿) 교수는 이 다큐멘터리는 십여 개 나라를 방문하고 수백 명의 환경보호 분야의 과학자, 정부 중요 인사들과 전문가들을 취재하여 제작되었으며, 중국의 방송제작자로 하여금 세계적 입장에서 문제를 고려하고 관찰하며 세계의 변화를 기록하고 중국의 생각을 표현함으로써 중국의 발전을 알려주었다고 말하였다.[148] 만약 유사한 영상물을 더 많이 제작하여 여러 가시 언어의 자막을 추가한다면, 이는 중국 기후외교를 홍보하는 데 더욱 중요한 역할을 할 것이다. 그리고 공공외교를 진행하는 차원에서 이러한 영상물들은 기후변화 당사국총회 기간 동안 전 세계의 언론에 무료로 보급되어야 한다.

- 감축약속 백서, 연구보고서와 녹서

중국의 또 하나의 공공외교의 형식은 바로 기후변화대응 백서를 활용하는 것이다. 한 국가는 공식적인 문서인 백서를 발표함으로써 자국이 해당 문제를 중요시한다는 사실을 알린다. 백서는 두 가지 기능을 갖고 있다. 하나는 감독기능이다. 백서의 발표에 따라 중국

---

148) 『<环球同此凉热> 首播好评如潮, 英文版"征战"多哈气候大会』, 载http://www.cnr.cn/life/gdxw/
     201211/t20121127_511427223.shtml

국내기업 특히 건축기업, 교통 부문과 공업생산 부문의 기업들에게 전환의 압력을 가한다. 아울러 백서는 중국 내 각 성(省)의 감축압력을 증가시킨다. 이와 같은 압력이 있어야만, 중국의 녹색경제전환은 순조롭게 진행될 수 있다. 그리고 다른 하나의 기능은 홍보기능이다. 백서의 발표는 국제사회의 관심을 받을 것이고 기후변화대응에 있어서의 중국의 이미지를 개선할 수 있다. 중국의 백서는 다른 나라들로 하여금 중국을 이해하도록 할 수 있을 뿐만 아니라, 중국의 양호한 도덕적 이미지를 구축할 수 있다. 중국 정부는 2008년부터 <기후변화대응에 관한 중국의 정책과 행동에 관한 백서>를 발표하기 시작하였다. 중국 사회과학원이 발표한 <기후변화 대응 보고서(2009)-코펜하겐을 향하여[应对气候变化报告(2009)-通向哥本哈根]>, <기후변화 대응 보고서(2010)-칸쿤에서의 도전과 중국의 행동[应对气候变化报告(2010)-坎昆的挑战与中国的行动]>, <기후변화 대응 보고서(2011)-더반에서의 곤경과 중국의 전략적 선택[应对气候变化报告(2011)-坎昆的困境与中国的战略选择]>은 모두 국제사회에서 큰 반응을 일으켰고, 중국 전문가들과 관련 정부부서가 기후문제에서 취득한 성과와 기후협상이라는 전향적인 영역에서 얻은 연구성과를 충분히 보여주었다. 중국 사회과학원은 백서를 통하여 전 세계에 중국의 입장을 더욱 명확하게 설명하였고, 기후변화협상의 추진에 대하여 적극적인 역할을 하였다.[149] 아직까지 탄소감축에 관한 백서를 발표한 국가는 적은 편이므로, 중국이 이런 유형의 백서를 발표한다면 더욱 큰 영향을 미칠 것이다. 기후감독영역에서 중국은 다른 나라들이 내정간

---

149) 『2011年气候变化绿皮书正式发佈』, 载http://www.gov.cn/gzdt/2011-11/12/content_1991502.htm

섭의 방식으로 자국을 감독하는 것을 원치 않으며, 중국은 충분히 자체감독의 방식으로 유사한 기능을 수행할 수 있다. 만약 중국이 기후변화 대응영역에서 연차보고서를 발표할 수 있다면, 중국에 대한 국제사회의 평가도 반드시 달라질 것이다. 2012년까지 중국과 노르웨이 등 나라들이 기후변화대응 백서를 발표하였다. 중국은 <기후변화대응에 관한 중국의 정책과 행동에 관한 백서(2008, 2010, 2011, 2012)>를, 노르웨이 정부는 2012년에 기후변화대응 관련 백서를 발표하였다. 이 밖에 국제 NGO(기후조직)가 발표한 녹서인 <중국 청정혁명보고서(中国清洁革命报告: 2008, 2009, 2010)>도 매우 큰 관심을 끌었다.

– 기후 홍보대사

홍보대사는 요즘 매우 유행하는 홍보수단의 하나이다. 사람들이 스타를 따라 하는 경향에 비추어, 많은 정부부서는 인기스타를 홍보대사로 임명하고 있다. 홍보대사는 자신의 영향력으로 이념을 전파하고, 모범역할을 하면서 대중들의 행동을 격려한다. 중국 기후 홍보대사는 충분한 환경보호의식을 갖추어야 하고 국제석상에 최대한 많이 참석하여 중국의 녹색정책과 녹색이념을 홍보하여야 한다. 환경보호부, 중국환경문화추진회는 2011년부터 "국제 환경보호 홍보대사 선발대회"를 주최하였다. 중국의 기후 홍보대사는 국제기후협상에 참가하여 중국의 기후변화대응 이념을 홍보할 수 있고, 기타 장소에서도 녹색이념을 홍보할 수 있다. 만약 기후 홍보대사가 일정한 국제적 인지도가 있으면 홍보효과가 더욱 확실하게 나타날 것이다.

(2) 기후공공외교의 표현방식의 주의점

어떠한 창의적인 홍보수단으로 공공외교를 추진할지는 매우 중요하지만, 어떠한 태도와 표현방식으로 공공외교를 진행할지도 꼭 고려해야 할 문제들이다. 전파학(傳播学)의 시각에서 볼 때, 공공외교에 있어 상대방에게 메시지를 전달하는 방식과 태도에 신경을 써야 한다. 어떠한 매체를 통하여 전달하는지를 막론하고, 공공외교는 언어와 관련된 문화소통이므로, 언어를 어떻게 활용하여 중국의 기후변화대응을 설명하는 것 또한 매우 중요하다. 언어정치학의 시각에서 볼 때, 국가인격화의 특징은 점점 더 뚜렷해지고, 국가 간의 소통에 있어 상대국의 말투를 점차적으로 더 중요시하는 경향이 존재한다. 표현, 단어선택과 어투 등은 국제기후협력에 영향을 미칠 수 있기 때문에, 중국의 기후공공외교는 반드시 표현방식에 많은 신경을 써야 한다. 그러므로 기후협상영역의 공공외교에서 어떻게 중국의 기후정책과 행동을 표현하는지에 따라 공공외교의 성패도 갈릴 것이다. 기후문제는 전 세계 모든 국가와 국민들에게 영향을 미치는 비전통적인 안전문제이다. 중국의 기후공공외교가 외국 국민들의 마음을 움직이려면, 단지 논리만 설명하는 방식으로는 기대효과를 얻을 수 없으며, 반드시 생생한 이야기로 중국의 경험을 설명하여야만 진정으로 국민을 설득시킬 수 있다. 통상적으로 공공외교의 표현방식에는 아래의 네 가지가 포함된다.

- **직설형(直白型)**

직설형의 표현방식은 표현하고자 하는 내용을 아무런 포장을 거치지 않고 바로 대중에게 전달하는 것이다. 이런 타입은 직설적이고 숨김이 없어 상대방이 바로 요점을 알아들을 수 있다. 예컨대, 기자회견, 백서 등 직접적인 방식으로 중국의 기후정책을 설명하는 것이다. 이런 방식의 장점은 직접적인 것인데, 외국의 언론들도 중국이 전달하려는 정보를 바로 파악할 수 있다. 그러나 상대방은 오로지 정책적 시각에서 중국을 바라보므로, 중국의 입장에서 중국을 이해할 수 없는 단점이 존재한다. 전통적인 공공외교는 대부분이 독백형150)에 속하지만, 현대의 신매체를 토대로 하는 공공외교정책은 점차 상호 간의 소통을 중요시하는 방향으로 발전하고 있다.

- **교조형(敎条型)**

교조형은 직설형의 경직된 버전이며 공식발표와 유사한 문서를 일컫는다. 이러한 문서 역시 단지 정책을 전달하는 데에만 사용되고, 국외의 언론과 대중들에게 영향을 미치기는 힘들다. 정책발표에 있어 교조형의 공공외교가 가장 적합하다. 그러나 기후협상에서 서방사회의 일반대중 혹은 비정부조직을 상대로 할 때, 교조형으로 진행하는 정책설명은 큰 효과를 보지 못할 것이다. 기후공공외교를 진행할 때 중국은 보다 상냥하고 진정성 있고 논리적으로 설명해야 하며, 핵심을 벗어난 빈말과 비판을 회피하거나 국내의 규정과 언어습관을 외국의 대중에게 주입시키려고 해서는 안 된다.151)

---

150) 李忠斌: 『新媒体与奥巴马政府的公共外交』, 载『美国研究』 2011年 第1期, 第114页.

151) 颜琳: 『文明国家视野下的公共外交: 评<当中国统治世界>』, 载『公共外交』 2010年 夏季号, 第

- 따뜻한 감정형(情感温馨型)

중국의 기후변화대응정책이 외국의 공감을 얻기 위해서는 소통과정에 "이성과 감성"[152]을 모두 필요로 한다. 월시는 상대방을 어떻게 설득하는지에 대해 설명할 때 "설득하는 사람이 보다 많은 정보를 가지고 있고 이러한 정보를 성실하게 전달하고 있다고 믿을 때, 설득의 성공가능성이 가장 크다."[153]라고 하였다. 중국의 외교관인 우쩬민(吳建民)도 중국이 외교활동을 진행할 때 온화한 대화와 진실한 감정으로 임하여, "성(诚)"과 "정(情)"으로 상대방의 마음을 움직여야 한다고 말하였다. 절묘한 공공외교는 "바람을 따라 몰래 밤에 찾아 들어와 아무도 모르게 만물을 적시다(随风潜入夜,润物细无声)"는 식으로 이루어져야 한다.[154] 이러한 표현방식은 중국과 매우 잘 어울린다. 중국은 전통문화와 도덕예의를 중요시하는 나라이고, 다른 국가와의 우정을 매우 중요시한다. 중국문화의 특유한 겸손함과 평온함이 중국공공외교의 기본이념을 결정하였다. 즉, 상대방의 이해를 바라는 것이지 다른 나라에 자신의 생각을 주입하려고 강요하지는 않는다.[155] 자크 데리다(Jacques Derrida)의『우정의 정치학(Politics of Friendship)』에 따르면, 국가들 간에 오랜 기간의 교류가 이루어지면 반드시 우정이 쌓인다고 하였다. 중국은 환경보호 관련 생생한 이야기를 많이 전파하여, 친화력을 제고하여 외국 국민들의 지지를

123-124页.

152) 母耕源: 『外交沟通理论与实践初探』, 外交学院博士论文, 2010年.

153) James I. Walsh, "Persuasion in International Politics", Politics & Policy, Volume 33, No. 4, December 2005, p.1.

154) 王娟: 『浅谈新闻传播中的公共外交策略』, 载『当代传播』 2010年 第4期, 第112页.

155) 吴白乙: 『公共外交——中国外交变革的重要一环』, 载『国际政治研究』 2010年 第3期, 第119页.

얻어야 한다. 그러나 국제정치의 현실은 중국이 생각한 바와 다르다. 서방 사회는 기후문제에 있어 경제적 이익을 중요시하는 편이므로, "같은 배를 탄" 공동체의 마인드가 없기 때문에, 중국의 표현방식은 서방의 호응을 얻지 못할 뿐만 아니라, 오히려 상대방의 끊임없는 요구에 시달리게 될 것이며, 최종적으로 중국의 적극성에 부정적인 영향을 미칠 수 있을 것이다. 그러나 중국은 여전히 이러한 중국 특색이 있는 표현방식을 유지하여 세계 각 나라와의 우정을 발전시켜 나가야 할 것이다.

- 논쟁형(议论探讨型)

논쟁형의 표현방식은 서방의 대표적인 표현방식이다. 서방의 언론은 두 개의 대립된 입장에서 논쟁을 하는 방식으로 문제에 내재된 모순을 보여주곤 한다. 이러한 방식은 문제의 여러 측면을 모두 보게 함으로써 문제의 본질을 전면적으로 파헤칠 수 있다. 중국의 기후정책을 이런 방식으로 표현하여, 객관적으로 장단점을 모두 분석한다면, 이성적인 분석가들의 이해를 훨씬 쉽게 얻을 수 있다. 그러나 이런 방식은 항상 공방의 상태에 있어 경쟁의 양측 혹은 여러 명의 경쟁자가 존재하므로, 먼저 자신의 문제점을 폭로하게 되면, 상대방은 그 기회를 이용하게 되고, 이로써 오히려 자국의 소극적인 국면을 초래할 수 있다. 논쟁형의 표현방식은 또한 대중에게 강변하고 있는 느낌을 줄 수 있으므로 기대에 미치는 효과를 볼 수 없을 것이다.

이와 같이 살펴본 네 가지 표현방식은 모두 각각의 장단점을 갖고 있으므로, 중국은 기후변화대응에 관한 공공외교를 진행할 때 이러한 방식들을 조합하여 사용하여야지, 단일한 방식으로 표현해서는 안 된다. 엄격하게 정책을 분석하고 구체적인 정책에 대해서는 열렬한 토론을 진행하며, 기후협력에서의 따뜻한 대화는 모두 공공외교에서 필요한 표현방식들이다. 그러나 절대로 빠질 수 없는 한 가지는 기후변화대응에 있어서의 중국의 진정성이다. 위르겐 하버마스(Jurgen Habermas)의 『의사소통행위 이론(Theorie des kommunikativen Handelns)』에서는 의사소통에 있어 가장 중요한 한 가지가 바로 소통할 때 내용의 진실성과 태도의 진정성이라고 하였다.[156] 즉, 진정성은 교류나 소통이 성공적으로 이루어지는 기본적인 요건이라는 것이다. 중국 기후외교에서 그 어떠한 영상물, 기자회견 혹은 관련 환경토론 등을 막론하고 모두 진정성 있게 중국이 직면하고 있는 실질적인 문제와 미래에 선택할 수 있는 정책방안을 논의하여야 한다. 진정성 없는 모든 공공외교는 대중들의 이해를 얻지 못하는 것은 물론이고, 외교발언권도 얻을 수 없을 것이다. 중국은 기후외교를 포함한 모든 공공외교를 진행할 때 모두 실사구시(实事求是)의 태도를 취하여야 하며 자신을 포장하거나 잘못을 회피해서는 안 된다.[157] 중국외교부 부부장 부영(傅莹)은 다음과 같이 말하고 있다. "공공외교는 실사구시(实事求是)하여야 하며 세계에 중국의 성과를 알려야 할 뿐만 아니라 중국이 문제를 직시하고 해결하려고 하는 적극적인 태도도 보여주어야 하며…… 공공외교는 이야기를 많이 하여야 하고, 명확하게 이야기해야 하며, 국제사회가 중국의 목소리에 귀를 기울일 수 있도록 하여야 한다."[158] 이러한 진정성이야말로 중국에

---

156) 陈学明, 吴松, 远东编: 『通向理解之路: 哈贝马斯论交往』, 云南人民出版社 1998年版, 第200页.

157) 曲星: 『公共外交的经典含义与中国特色』, 载『国际问题研究』 2010年 第6期, 第9页.

서 현재 진행되고 있는 기후정책이 자신의 사리사욕을 채우기 위한 변명이 아님을 보여줄 수 있다. 선진국과 개발도상국의 감축체계의 충돌은 궁극적으로 서로에 대한 불신으로 인해 나타난다. 선진국이 약속을 지키지 않은 것이 이런 불신을 증가시켜 기후협상에서 합의 도출을 더욱 어렵게 만들었다. 진정성이 있는 공공외교는 장기간 동안 "불신"[159]에 처한 선진국과 개발도상국의 협상을 곤경에서 구해낼 수 있는 가장 좋은 방법이다.

(3) 공공외교 전담팀의 구성

기후변화를 포함한 모든 영역의 공공외교를 잘하려면 반드시 전문 지식을 갖춘 인재가 필요하다. 인재는 공공외교의 성패를 결정하는 핵심이다. 기후공공외교는 일반적인 사교활동과 달라 대외홍보에 대한 전문성을 많이 요구한다. 그러므로 수준 높은 공공외교는 창의력을 갖춘 전담팀이 맡아야 한다.

우선, 공공외교팀은 언론 인재를 기본으로 갖추어야 한다. 이는 언론 인재가 어떻게 언론을 움직이고 또한 어떻게 국제 언론사와의 협력을 추진하는지에 대해서 더 많이 알고 있기 때문이다. 중국과 국제 언론의 협력은 아직 낮은 수준에 처해 있다. 특히 환경기후영역에 있어 중국은 아직 자신의 환경보호 채널이 없고 우수한 환경 다큐멘터리도 부족하여 세계 환경보호에 큰 영향을 미칠 수 없는 상황이다. 이 모든 것은 언론 인재가 추진해야 하는데, 한편으로 보다

---

158) 傅瑩: 『重視公共外交』, 載『今日中國論坛』 2009年 第9期.

159) 翰墨: 『气候談判: 通向坎昆之路面临两个"关口"』, 載『中國石化报』 2010年6月11日.

훌륭한 환경보호 다큐멘터리의 제작활동을 추진하여 튼실한 기반을 마련하고 다른 한편으로는 국제사회와의 언론 측면에서의 협력을 진행해야 한다.

둘째, 공공외교팀에는 문화 창의력을 가진 인재가 필요하다. 공공외교는 단순한 홍보가 아닌 짙은 호소력으로 상대방의 마음을 움직이는 활동이다. 만약 단순한 홍보로만 이루어진다면 이는 정치적인 홍보와 다름이 없을 것이며 쉽게 거부당할 수 있다. 그리고 공공외교의 방식은 늘 새롭게 변화할 필요가 있다. 공공외교는 문화창의(文化創意) 상품처럼 정성들여 만들어야 한다. 창의력이 있는 체제나 사업은 창의력이 떨어진 외교행동보다 훨씬 큰 영향을 미칠 수 있다. 예컨대, 미국이 제3세계에 파견한 "평화봉사단"은 매우 창의적이며 큰 효과를 얻은 공공외교사업이라고 볼 수 있다. 중국은 공공외교 전담팀을 통해 더 많은 외교사업을 진행하여야 하고, 단순한 홍보만 해서는 안 된다. 중국의 기후공공외교는 단지 외부세계에 중국의 기후정책을 홍보하는 데 한하는 것이 아니라 중국의 생태문화와 이념도 전달하여야 한다. 공공외교는 "문명과 문화 간의 균열을 봉합하고 서로 다른 문명으로 인한 국제관계의 경계선을 넘어야 한다."160)

셋째, 공공외교팀에 외교학자를 영입하여야 한다. 공공외교는 다양한 나라의 대중들을 상대로 하는데, 중국에 대한 이런 대중들의 태도를 분석하고, 다른 나라들의 기후정책을 분석하는 데에는 모두 외교연구자들의 도움이 필요하다. 공공외교는 한 나라의 대중들을 상대로 진행하며, 추상적이고 일률적인 공공외교를 진행하여서는 안

---

160) 赵可金: 『软战时代的中美公共外交』, 时事出版社 2011年版, 第183页.

된다. 각각 다른 나라의 대중들은 서로 다른 외교내용과 수단을 기대하고 있기 때문에 세밀하게 준비하여야만 실질적인 효과를 얻을 수 있다. 당사국총회에서의 공공외교와 여러 나라를 겨냥한 공공외교는 분명히 다르다. 당사국총회에서의 공공외교는 단기간 내에 수많은 국가를 대상으로 하며, 또한 외국 언론사들이 주된 목표이기 때문에, 이때의 공공외교는 정책과 협상을 주된 내용으로 진행한다. 그러나 국가별 공공외교는 완전히 다르다. 국가별 공공외교는 해당 국가의 구체적인 상황에 따라 설득과 호소를 주요 수단으로 하고, 중국의 환경생태에 관한 문화와 이념을 전파하는 것을 기본내용으로 하고 있다.

마지막으로 공공외교능력을 제고하기 위해서는 국가의 지원이 필요하다. 공공외교에는 대량의 자금이 소요되기 때문에 민간자발적인 조직으로는 공공외교를 실현하기 어렵다. NGO가 진행하는 공공외교는 전체 공공외교 중에서 매우 작은 부분을 차지하며, 국내기업의 활동도 단지 관련된 분야에서만 진행되고 있으며, 학자들의 공공외교도 국제학술계에만 국한되어 있다. 전 세계를 상대로 하는 대규모의 공공외교는 국가의 재정지원이 필요하다. 아울러 공공외교는 공익성을 띠는 외교활동이므로, 기업 활동처럼 빠른 시일 내에 이득을 보기 힘들다. 공공외교활동은 장기간의 전략적 계획이 필요하고 이런 계획은 국가가 세워야 한다. 이 밖에 공공외교팀은 많은 영역의 협력을 필요로 하므로, 이를 조율하는 강력한 관리기구가 필요하다. 중국 외교부 혹은 기타 부서는 전문적인 공공외교기구를 설립하여 중국의 기후외교를 전담하도록 해야 한다.

제7장

코펜하겐 당사국총회 이후의
중국 기후외교 사례분석

1. 코펜하겐 당사국총회

(1) 외교사례1: 중국의 행동을 전 세계에 알리다

2009년 12월 4일, 코펜하겐 당사국총회가 열리기 직전, 중국 정부는 전 세계를 상대로 기후변화에 대응하는 국가감축행동계획을 발표하였다. 이 계획에 의하면, 2020년까지 단위 GDP당 이산화탄소 배출량을 2005년 대비 40~45% 감축할 것이라고 하였다.

- 외교행동에 대한 반응

중국 정부는 26일 온실가스 배출량을 감축하겠다는 목표를 발표하였고, 관련 정책과 행동계획을 제기하였다. 이에 대하여 국제사회는 적극적인 평가를 하였다. 일본 수상 하토마야 유키오는 중국의 온실가스감축 행동목표에 대하여 "매우 평범하지 않은 목표를 제기하여 큰 의미를 갖는다."라고 평가하였다. 당시 EU 의장국인 스웨덴 수상 프레드릭 라인펠트(Fredrik Reinfeldt)와 EU 집행위원장 조제 마누엘 바호주(Jose Manuel Barroso)는 연합성명을 하여, 중국의 기후변화대응에 관한 조치를 인정하였고, 중국이 제기한 온실가스 감축목표는 적극적인 의미를 갖는다고 평가하였다. "중국은 매우 웅장한 감축목표를 제기하였다." 이는 영국의 <인디펜던트(The Independent)>가 중국 정부가 발표한 온실가스 감축 행동목표에 대하여 큰 관심을 가지고 평가한 내용이다. 기타 영국 언론들도 적극적인 평가를 하였는데, 그중 <파이낸셜 타임스>는 중국이 2020년까지 단위 GDP당 이산화탄소 배출량을 2005년 대비 40~45% 감축하도록 결정하였고, 동시에 국무원 총리 원자바오는 덴마크 수도인 코펜하겐에서 열릴 당사국총회에 참석할 예정이며, "이러한 결정은 기후변화협상에 진지하게 임하는 중국 정부의 입장을 보여준다."고 보도하였다. 로이터통신사의 논평에 의하면, 중국이 구체적인 감축목표를 제기한 점은 광범위한 호평을 받았으며, 이는 중국이 전 세계 기후변화대응에 적극적으로 참여하고 있음을 보여주는 것이라고 하였다. 브라질 대통령관저 직원인 코즈 신트라(Coase Sintra)는 중국 정부의 에너지 절감과 배출량 감축에 관한 중대한 약속은, 선진국의 적극적인 책임 부담을 추진할 것이며, 전 세계가 저탄소경제의 방향으로 발전하도록 추진할 것이라고 말하였다. 인도 전 재정 장관의 경제고문, 정책 선택방안 연구센터 책임자 모한 구루스와미(Mohan Guruswamy)는 중국 정부가 온실가스 배출량 감축목표를 발표하는 것은 여러 가지 요인을 고려한 결과이며 현실적인 결정이라고 평가하였다. 그는 또한 중국 정부는 오래전부터 에너지 절감과 배출량 감축의 행동을 추진하였고, 수많은 작은 화력발전소를 폐쇄한 것이 바로 그 증거라고 말하면서, 그 성과가 중국 정부에 온실가스 감축의 자신감을 부여하여, 중국 정부로 하여금 기후변화에 대응하려는 결심을 하도록 추진하였다고 한다. 국제에너지기구도 중국이 발표한 감축목표에 대하여 적극적인 반응을 보였고 미국과 중국이 모두 이산화탄소 배출량을 감축하겠다고 발표하는 것은 코펜하겐 당사국총회에서 전 세계적인 중요한 합의를 달성하는 "관건적인 절차"라고 하면서, 이 또한 국제에너지기구가 선도하는 대기 속의 이산화탄소의 농도를 통제하자는 목표와 일치하다고 하였다. 세계자연기금 기후행동사업 담당자인 짐 카르스텐센(Jim Carstensen)은 중국경제의 규모와 개발단계를 고려할 때, 경제발전과 탄소감축을 동시에 진행한다는 것은 쉽지 않은 선택이며, 이는 매우 큰 의미를 갖는다고 평가하였다. 유엔기후변화협약 사무국장 피게레스는 중국이 발표한 자발적인 행동계획은 국제사회의 기후변화대응에 대하여 적극적인 영향을 미칠 것이고, 중국의 행동으로 인하여 코펜하겐 당사국총회가 성공적으로 이루어질 것이라고 전망하였다.

("국제사회는 중국의 온실가스 배출통제의 행동목표에 대하여 적극적인 평가를 하고 있다", <인민일보>, 2009년 11월 30일 제3면.)

– 외교논평

중국 특색이 있는 해당 계획의 발표시점은 국제사회에 큰 영향을 미쳤다. 중국은 총회 직전에 감축목표를 발표하였는데, 이는 중국의 협상압력을 완화하는 효과가 있다. 국제사회는 코펜하겐 당사국총회에서 교토의정서 2차 공약기간의 감축합의를 달성하려는 목표를 갖고 있었다. 미국 대통령 오바마는 연설에서 여러 차례 중국의 탄소배출 상황을 언급하면서, 중국은 이미 미국을 초월하여 세계 최대배출국임을 강조하면서 중국이 감축의무를 부담할 것을 요구하였다. 오바마 대통령의 연설에 따르면, 만약 기후협상이 실패로 끝나게 된다면 모든 책임은 마치 중국에 있는 것 같은 인상을 주고 있다. 그러나 대회의 진척 상황으로부터 볼 때, 중국이 아닌 미국이 오히려 국제사회의 큰 압력을 받았다. 이번 외교행동의 훌륭한 조치는 총회 시작 전에 발표해야지, 진행과정에서 발표해서는 안 된다는 것을 보여주었다. 왜냐하면 회의과정에서 발표할 경우 중국이 큰 압력하에 타협한 것으로 간주될 수 있기 때문이다. 총회 전의 발표는 기후변화대응에 관한 중국의 진정성 있는 입장을 보여주어, 중국의 기후 이미지를 변화시킬 수 있다. 중국의 행동은 국제사회의 찬양을 받았고 기후협상의 압력은 미국 등 서방 선진국에게로 돌아갔다. 코펜하겐 당사국총회 이후 중국의 기후외교는 새로운 단계에 진입하였다. 이번 행동은 중대한 공공외교 행동이자 의제진척을 통제한 행동이기도 하다. 이 행동으로 인하여 코펜하겐 당사국총회에서 중국의 감축의무 부담을 가장 중요한 의제로 논의한 것이 아니라, 선진국의 감축의무를 우선 논의하였다.

(2) 외교사례2: 중국과 인도의 기후파트너 관계가 호전되고, 베이식 4국의 긴밀한 협력이 이루어졌다

코펜하겐 당사국총회 이전에 이미 중국을 비롯한 베이식 국가들은 협상입장을 조율하는 외교활동에 나섰다. 중국과 브라질은 2009년 5월부터 소통을 하기 시작하였다. 후속 준비과정에서 베이식 4국의 협상대표는 계속 긴밀한 협의를 진행하였다. 기후협상과정에서 중국, 인도를 포함한 베이식 국가의 대표들은 개발도상국의 중심이 되어 선진국의 무리한 요구에 반대의견을 제기하였고, 개발도상국들의 권리와 이익을 보호하였다. 덴마크 총리가 협상에서 "덴마크 초안"을 추진하려고 하였을 때, 브라질이 반대하였으며, 이는 같은 협상그룹의 기후파트너인 중국, 인도와 남아공의 든든한 지지를 받았다.

- 외교행동에 대한 반응

비록 일부 국가들은 코펜하겐 당사국총회는 실패에 가깝다고 평가하지만, 인도는 언론이 가져다준 다른 기쁨을 만끽하였다. 바로 중국과의 관계 개선이다. 이는 심지어 이번 총회에서 인도가 얻은 "유일한 이득"이라고 평가될 정도이다. 보름 전에 보도되었던 국경 문제와 달라이(达赖) 문제는 기후협상에서의 양국의 "동구적개(同仇敵愾)"(동구적개란 함께 공동으로 적을 격렬하게 증오한다는 뜻 - 역자주)라는 내용에 의해 묻혀버릴 정도였다. 코펜하겐 당사국총회 전후로 인도의 언론은 중국에 대한 보도내용으로 도배되었다. 인도에서 가장 유명한 NDTVV 24x7 TV채널은 중국과 인도 양국의 협상대표를 상대로 연합취재를 하였고, 양국 정상들이 함께 회의에 참석하는 모습을 담았다. 인도의 <힌두교신문(The Hindu)>,<이코노믹 타임스(The Economic Times)> 등 언론의 보도도 매우 적극적이었다. 타임스 오브 인디아(The Times of India)는 인도가 강대국들의 대규모 공세에 대항하기 위하여 중국, 브라질, 남아공의 그룹에 가입하였는데 이것은 "유례없는 일이다."라고 평가하였다. 코펜하겐 당사국총회 당시 중요한 회의 직전에 중국의 원자바오총리와 인도의 싱총리는 단독회담을 가졌다. <인디언 익스프레스(The Indian Express)>는 비록 코펜하겐 당사국총회는 실패로 끝났지만 최소한 인도에게는 긍정적인 의미를 가져다줬다고 평가하였다. 이는 기후변화대응에 관한 토론에서 인도는 중국과의 관계를 발전시킬 수 있었고, 아시아 양국이 계속 함께할 수 있는 방법을 찾았기 때문이라고 한다.
["인도는 중국과의 코펜하겐에서의 '동구적개(同仇敵愾)'에 환호하다", <글로벌 타임스(Global Times)>, 2009년 12월 22일.]

- 외교논평

중국과 인도의 기후협력은 양국의 공통된 이익에 기초한다. 중국과 인도는 모두 개발도상국에 속하며, 모두 불행한 과거를 겪었고, 또한 현재는 개발의 기회를 가지고 있다. 경제발전은 양국의 공통된 임무이며 양국은 모두 경제발전의 중요한 시기에 처해 있다. 또한 기후문제에 관하여 양국은 모두 서방에 양보할 생각이 없다. 중국과 인도의 인구수는 세계 제1, 2위를 차지하고 자원에 대한 수요가 많다. 이는 양국이 미래에 유사한 배출곡선을 보유할 것이라는 사실을 결정하고 있다. 이와 같이 중국과 인도는 기후문제에 관한 여건이 유사하며, 이러한 사실은 양국으로 하여금 기후협상에서의 "황금조합"을 이룰 수 있도록 하였다. 중국은 기후협상에서 인도를 가장 긴밀한 파트너로 삼을 수 있다. 아울러 브라질과 남아공도 기후협상에 있어서의 중국의 중요한 파트너이다. 2009년 이후 개발도상국그룹의 협상의 핵심은 베이식 국가들이고, 베이식 국가 간의 긴밀한 연합이 없이는 선진국의 압력에 대항할 수 없었을 것이다. 2009년부터 지금까지 유엔기후변화협약, 교토의정서 2차 공약기간과 "공동의 그러나 차별화된 책임"은 모두 유지되었는데, 이는 베이식 국가들 간의 협력과는 갈라놓을 수 없다.

(3) 외교사례3: 중국의 목소리를 전파하다

A. 코펜하겐 당사국총회에서 중국은 "뉴스와 교류센터"를 설립하였다. 이 센터의 담당자인 장쇼옌(蔣曉燕)은 센터의 설립목적은 "중국의 목소리를 반드시 알리는 데 있다."라고 하였다. 중국은 유일하

게 정보공유 채널을 설립한 개발도상국이었다.

B. 코펜하겐 당사국총회에서 중국 기후협상 외교관은 서방의 비난에 대하여 더 이상 침묵하지 않았고, 연속된 며칠 동안에 서방의 잘못된 언론을 비판하였다. 2012년 12월 9일 중국대표단 기후협상 수석대표 수웨이는 EU 대표들을 비판하였다. 수웨이는 "EU 대표들은 오늘 오전 빌표회에서 중국을 EU와 비교하였는데, 이것은 매우 고약한 것이다. …… '공동의 그러나 차별화된 책임'에 의하여 선진국과 개발도상국의 의무는 엄연히 다르다."라고 말하였다. 11일 중국 외교부 부부장 허야페이(何亚非)는 유엔작업반의 기후합의초안에 대해 비판하였다. 즉, "나는 선진국들이 한 약속의 진실성에 대하여 의문을 갖는다. 그들은 2050년까지 자금을 지원하겠다는 약속에 대해 전혀 언급하지 않는데, 이는 그들이 한 감축약속의 신빙성을 떨어뜨린다."라고 하였다. 대회기간 동안, 중국 외교부 기후변화협상 특별대표인 위칭타이(于庆泰)는 "미국은 가슴 깊이 반성을 해야한다. …… 선진국들이 개발도상국에 원조를 제공하는 것은 부자들이 하는 시주나 기부가 아니다. 이것은 엄연히 법적 책임이자 역사적 책임에 기한 것이다."라고 하였다.

– 외교행동에 대한 반응

중국이 미국을 비판한 뉴스는 "헤드라인"에 뜨게 되었고, 미국 기후변화 특사 토드 스턴(Todd Stern)은 미국이 온실가스배출에 있어 세상에 빚진 것이 없고, 중국에 감축 관련 지원을 제공하지 않을 것이라고 말하였다. 중국 외교부 부부장, 중국대표단 부단장인 허야페이(何亚非)는 "나는 이분에게 무식하다는 평가를 하고 싶지 않다. 이

분은 양호한 교육을 받았다. 그러나 중국에 대한 자금지원을 거절하는 발언은 몰상식하고 무책임하다고 본다."라고 말하였다. 허야페이의 발언은 많은 외국매체의 헤드라인 뉴스로 등장하였다. 중국 외교부 기후변화협상 특별대표 위칭타이가 기자회견에서 밝힌 바에 따르면, 예전에 어떤 협상에서 한 선진국대표를 만났는데, 이 대표가 자신의 국가가 감축목표를 달성하지 못한 것은 사실이지만 "당신들은 이러한 사실을 받아들여야 한다"라고 말하였다고 한다. "아무런 사과도 없이!" 위칭타이는 기후변화대응의 문제에 있어 선진국들은 약속을 지켜야 한다고 강조하였다.

("당사국총회에서 중국이 공개적으로 발언, 미국에 대한 비판이 '헤드라인'으로 등장하였다", <신경보>, 2009년 12월 17일.)

– 외교논평

우선 중국은 보다 과감하게 자신의 목소리를 내기 시작하였다. 발언권은 단지 실력에만 의존하는 것이 아니라 표현에도 의존한다. 침묵을 유지하는 나라는 그 어떤 영역에서도 발언권을 얻을 수 없다. 미국이 외교발언권을 얻은 과정을 보면, 미국의 적극적인 발언과 밀접한 연관성이 존재한다. 적극적으로 의제를 제기하고 자신의 목소리를 전파하는 것은 발언권 획득의 시작이다. 코펜하겐 당사국총회에서의 중국의 기후외교는 매우 큰 책략의 전환을 가져왔다.

그리고 이번 총회에서 중국은 목소리를 전파하는 채널을 만들었다. 중국은 개발도상국 중 최초로 "뉴스와 교류센터"를 설립한 나라이다. 예전에는 선진국들만 이러한 채널을 보유하였지만, 중국이 이채널을 설립한 후부터 또 다른 목소리가 전파되는 가능성을 열어두었다. 아울러 중국은 인도, 브라질과 남아공, 심지어 러시아 등 국가들과 연합하여 뉴스센터를 개설하는 시도도 할 수 있다.

다음으로, 코펜하겐 당사국총회에서의 비판은 대회의 주목을 받았다. 독일의 언론 매체는 중국이 이번 총회에서 자신감을 갖고 세계무대에 등장하였다고 보도하였다. 예전의 외교에 있어 중국은 자국을 향한 비난에 대하여 묵묵부답하거나 온화한 방식으로 반격하였다. 그 결과, 상대국은 한술 더 떠서 중국을 비난하였고, 중국의 반격을 무시하였다. 이번 총회에서 중국이 한 비판은 큰 주목을 받았고, 여러 언론 매체의 헤드라인 뉴스로 보도되었다. 서방 국가의 일부 잘못된 행동에 대하여는 반드시 엄격하게 비판하여야 한다. 그렇지 않을 경우 서방 국가의 행동은 더욱 심각해질 것이며 이와 함께 중국의 이미지는 점점 추락할 것이다.

코펜하겐 당사국총회에서의 날카로운 언쟁으로부터 알 수 있다시피, 당사국총회 등의 비전통 안전영역의 협상에서의 발언권 쟁탈은 매우 치열하게 벌어지고 있다. 이는 군사전쟁과 달리 인내와 계략이 필요하며 적합한 공격기회를 찾는 것이 매우 중요하다. 발언권의 쟁탈은 언어의 전쟁이며 즉각적으로 반응하여 상대국의 급소를 찔러야 하는데, 군사전쟁에서의 "적군을 유혹하는 등의 작전계획"이 필요 없는 대신에 말하는 전략이 필요하다. 이에 관하여 확고한 입장, 날카로운 반박과 유연한 책략이 필요하다. 코펜하겐 당사국총회에서 중국이 치른 언어전쟁은 매우 성공적으로 이루어졌다고 볼 수 있다. 사실상 코펜하겐 당사국총회 이후부터 기후협상영역에서의 중국의 외교발언권은 점차적으로 강해지고 있으며, 기타 국가들이 중국에 대한 비난이 적어지고, 오히려 칭찬하는 목소리가 커지고 있다.

2. 칸쿤 당사국총회

(1) 외교사례1: 백서와 녹서를 발표하여 협상의 진척에 영향을 미치다

여기서의 백서는 중국 국가발전과 개혁위원회가 칸쿤 당사국총회 전에 발표한 <기후변화대응에 관한 중국의 정책과 행동 2010년 연차보고>(이하 <보고>)를 말한다. <보고>에서는 지난 1년 동안 기후변화 완화와 적응에 있어 중국이 채택한 정책과 행동을 소개하고, 기후변화 관련 국제협상에서의 중국의 입장과 주장을 설명하였다. <보고>에 따르면, 중국은 2009년부터 계속하여 기후변화에 대응하는 정책과 행동을 추진하였고, 기후변화를 최대한 완화시키고, 에너지를 절감하여 녹색 저탄소에너지를 대폭 발전시켰으며, 삼림 탄소흡수원을 증가하여 저탄소성(省)과 저탄소도시의 시범운영을 개시하여 저탄소배출을 특징으로 하는 산업체계와 소비형식을 구축하기 위하여 노력하고 있다고 한다.[161]

그리고 녹서는 칸쿤 당사국총회 기간의 "중국의 날" 행사에서 국제 NGO(기후조직)가 발표한 <중국 청정혁명(보고 Ⅲ: 도시)>을 가리킨다. 이 보고는 2008년과 2009년에 발표한 <중국 청정혁명>의 후속보고서로 저탄소도시발전을 주제로 하는 종합보고서이다. 보고서는 수많은 전문가, 실무자들에 대한 취재와 토론을 통하여 중국 저탄소 도시발전의 원동력, 개발기초, 과정, 중점영역과 도전문제에

---

161) 『国家发改委报告阐述中国气候谈判立场和主张』, 载http://green.sohu.com/20101123/n277844304.shtml.

대하여 분석을 진행하면서, 제3자의 객관적인 입장에서 중국의 각 성과 도시의 저탄소발전의 진척을 분석하였다.[162]

- 외교행동에 대한 분석

미국 기후변화 특사 스턴은 한 기자회견에서 탄소배출량 감축에 관한 중국의 진지한 노력을 인정하면서, 이에 대한 "극도의 존경"의 뜻을 표현하였다. 그린피스 국제사무총장 쿠미 나이두(Kumi Naidoo)는 중국이 총회에 적극적으로 임한 자세가 매우 고무적이라고 말하면서, 중국 국내에서 진행되는 기후변화대응 조치들을 긍정적으로 평가하였다. 총회 폐회 후, 한 인도기자는 글로벌 타임스의 기자에게 말하기를, 일본이 교토의정서를 중지하려는 행동이 없었다면, 논의를 남아공 총회까지 끌고 가지 않아도 되었다고 하였다. ("소문으로 휩싸인 칸쿤 당사국총회에서 중국의 '매력적인 외교'가 인정을 받다", <글로벌 타임스>, 2010년 12월 13일.)

- 외교논평

첫째, 백서는 당사국총회 개막 일주일 전에 발표하여 전반 의제의 진척에 영향을 미쳤다. 코펜하겐 당사국총회 직전에 중국이 감축목표를 발표하여 큰 효과를 본 것과 마찬가지로 이번 백서도 국제적으로 큰 영향을 미쳤다. 칸쿤 당사국총회 이후 중국에 대한 국제사회의 평가가 양호한 원인은 바로 국제사회가 이 백서를 통하여 중국의 기후변화대응의 희망을 보았기 때문이다. 둘째, 중국의 백서와 녹서

---

162) 『气候组织城市低碳发展报告发布展示中国成就』, 载http://green.sohu.com/20101206/n278133185.shtml.

모두 기후 공공외교영역에서의 중국의 발전을 보여주었다. 백서는 그 권위성으로 국제사회에 중국의 감축노력을 알렸고, 녹서는 중국의 저탄소도시구축을 위하여 기울인 노력과 그 성과를 보여줌으로써 훌륭한 홍보효과를 얻었다. 녹서의 발표는 또한 국제 NGO를 이용하여 공공외교를 진행하는 방법을 제시하기도 한다. 즉, 공공외교를 진행함에 있어 단지 본국의 NGO뿐만 아니라, 국제 NGO를 통해서도 외국의 국민들에게 영향을 미칠 수 있다는 것이다. 2008~2010년에 기후조직이 발표한 녹서가 바로 국제 NGO를 통하여 진행한 중국공공외교의 대표적인 예이다. 이 조직의 본부는 영국에 위치하여 있고, 중국기업과 긴밀하게 연결되어 있다. 차이나 모바일(China Mobile), 브로드(Broad) 에어컨, 썬텍파워(Suntech Power) 등 중국기업들은 중국에서 가장 먼저 이 조직에 가입한 기업들이다. 중국기업은 국제 NGO에 가입함으로써 이러한 기반을 이용하여 중국의 기후공공외교를 강화하여야 한다.

(2) 외교사례2: 중국 NGO가 기후공공외교에 참여하기 시작하였다

칸쿤 당사국총회에서 중국의 환경 NGO인 산수자연보호센터, "자연의 친구(自然之友)"와 "소후(搜狐)녹색채널"은 공동으로 "탄소제로배출, 칸쿤서부터(零碳行动, 始于坎昆)"라는 행동을 제안하여, 칸쿤 당사국총회에 참석한 각국 대표부터 탄소배출을 줄이는 행동을 취하자고 호소하였다. 그들은 총회에 참가하는 각국 대표들이 실제 행동으로 탄소배출을 감축하고, 회의기간 동안 대중교통을 이용하고 전자파일을 활용하여 종이의 사용량을 줄일 것을 제안하였다.

- **외교논평**

칸쿤 당사국총회에서 중국의 NGO가 공공외교를 진행한 것은 매우 고무적인 사안이다. NGO의 활동에 있어, 중국 현지 NGO들은 전 세계에 중국의 감축조치와 책략을 소개하려고 노력하였고, 중국은 또한 미국 NGO들과 함께 토론회를 개최하여 중국의 기후이미지를 전파하였다. 공공외교영역에서 NGO들의 활동공간은 매우 크다. 한편으로 NGO들은 국제기후협상에 압력을 가하여 기후협상의 순조로운 진행을 추진할 수 있고, 다른 한편으로 광범위한 선전을 통하여 대중들의 환경보호 의식을 제고하기도 한다. 예를 들면, 중국의 환경 NGO인 산수자연보호센터 등 NGO들은 대중들의 환경보호 의식을 제고할 뿐만 아니라, 환경보호에 관한 중국의 적극적인 이미지도 전파하고 있다.

(3) 외교사례3: "베이식 4국" 간의 협력

칸쿤 당사국총회에서 "베이식 4국" 간의 협력은 중국의 기후협상의 유력한 초석이었다. 중국, 인도, 브라질, 남아공으로 구성된 "베이식 4국"의 장관들은 공동으로 기자회견에 참석하였다. 이로써 4국은 공통된 협상전략과 기후변화대응정책을 가진다는 사실을 알 수 있다. 기자회견에서 인도의 환경부 장관인 자이람 라메시(Jairam Ramesh)가 사회를 보고 모두발언을 하였고, 중국대표단 단장이자 중국 국가발전과 개혁위원회 부주임인 셰전화, 남아공 수자원과 환경사무부

장관 부옐라 손지카(Buyelwa Sonjica)와 브라질 환경부 장관 이자벨라 테이세이라(Izabella Teixeira) 등 인사들이 기자회견에 참석하였다. 라메시는 "베이식 4국"이 협상에서 고수하는 세 가지 공동원칙을 강조하였다. 그중 첫째는 칸쿤회의에서 반드시 교토의정서 2차 공약기간과 의정서 부속서 I에 속하지 않는 국가들의 상대적인 감축약속을 받아내는 것이고, 둘째는 다자간 감독체제하에서 신속하게 기금을 운용하여 빠른 시일 내에 배당하는 것이며, 셋째는 기술이전의 틀을 만드는 것이다. 셰전화는 발표 중에서 "베이식 4국"은 모두 개발도상국이고 G77의 구성국이므로, 중국은 과거, 현재와 미래에 모두 G77과 함께할 것이며 개발도상국의 권리를 지키겠다고 밝혔다.163)

- 외교논평

베이식 국가 간의 협력은 중국 기후외교가 성공을 이룰 수 있는 중요한 보장이며 "베이식 4국"의 틀 안에서 협상하는 것은 중국 기후외교의 가장 중요한 내용이다. 만약 4국이 원활하게 조율하지 못하고 따로 분리된 상태에서 협상에 임한다면, 선진국의 공격에 견디지 못할 것이다. 베이식 4국 간에는 당사국총회 이전의 의사소통과 입장조율이 매우 필요할 뿐만 아니라, 협상과정에서도 공동기자회견 등 방식으로 4국의 긴밀한 협력을 보여줄 필요가 있다. 중국 기후협상 대표단 단장 셰전화는 "베이식 4국"이 G77에 속한다고 발표하였는데, 이러한 외교적 표명은 매우 중요하다. "베이식 4국"은 개발도상국을 대표하고 개발도상국 그룹 내의 중견역량이다. "베이식 4국"

---

163) 毛玉西, 薛松: 『中国展开"旋风式"气候外交』, 载『广西日报』 2010年12月8日.

간의 협력은 비록 규모가 작지만, 그들이 대표하는 것은 개발도상국이라는 큰 집단이다. 기후협상과정에서 개발도상국들은 수많은 작은 그룹으로 나뉠 수 있지만, "베이식 4국"이 만약 자신을 G77에서 분리한다면 그들이 대표하는 범위가 축소됨으로써 협상이 어려워진다.

(4) 외교사례4: 지방정부가 점차적으로 중국기후협상에 참여하다

칸쿤 당사국총회에서 진행한 "중국의 날" 활동에는 300여 명의 사람들이 참여하였다. 광둥성 발전과 개혁위원회 부검사관 조우젠화(赵建华), 자원절감과 환경기후처 처장 린요쥔(林耀军)은 광둥성 허왠(河源)의 저탄소 사례를 소개하였고, 허왠의 경험이 국제사회에 중요한 시사점을 제공할 수 있다고 하였다. 아울러 봉황망(凤凰网)은 조우젠화와 허난성 뤄양시(洛阳) 충현(嵩县) 현장 리다웨이(李大伟)를 봉황망이 칸쿤에서 진행한 "칸쿤을 주목하고 정치가들의 공동인식을 찾자(关注坎昆, 为政治家寻找气候共识)"는 활동에 초대하였다.

– 외교논평

기후외교는 여러 차원에서 진행될 수 있다. 중앙정부의 차원에서 진행될 수도 있고, 성급 정부를 포함한 지방정부, 기업, NGO, 학술단체 혹은 민간 차원에서 진행될 수도 있다. 성급정부가 기후협상에 참여하는 것은 중국 기후외교의 중요한 방식 중 하나로 중국 기후외교의 내용을 더욱 풍부하게 한다. 지구온난화의 영향을 직접적으로 받는 지역은 연해에 위치한 일부 행정구역이고, 이는 국가 전반에 직접 영향을 미치는 것은 아니다. 이와 같이 성급정부는 지구온난화의 영향을 더욱 직접적으로 받으므로 시一온난화에 대하여 더욱 민감하게 반응하고 있다. 예컨대, 미국 캘리포니아 주와 독일의 바이에른 주 등이 이와 같은 행정지역에 속한다. 그러므로 성급정부도 세계 기후협상에 참여할 필요가 있다. 중국의 각 성시정부도 중국 기후외교에 참여할 책임이 있으며 국제기후협상에서 자신의 목소리를 낼 필요가 있다. 이러한 점에서 볼 때, 광둥성 정부가 칸쿤 당사국총회에 참가하여 허왠의 경험을 소개하고, 허난성 뤄양시 충현 현장이 충현의 기후변화대응과 국제 선진경험의 습득 경험을 소개한 것은 중국 지방정부의 기후외교에 있어서의 획기적인 발전이라고 할 수 있다.

(5) 외교사례5: 기후변화 적응에 관한 의제를 제기하다

중국은 칸쿤 당사국총회의 협상진척에 관하여 실질적인 추진역할을 하였다. 중국대표단은 G77과 함께 기후변화 완화에 관한 교육과 인지문제에 관한 보고초안을 제출하였는데, 이는 전체회의에서 통과되어 칸쿤 총회에서 이루어진 첫 번째 합의가 되었다.

– 외교논평

개발도상국의 이익을 수호하는 의제를 제기하는 것은 기후협상에 있어서의 중국의 매우 중요한 임무이다. 칸쿤 총회에서 중국은 "기후변화 완화에 관한 교육과 인지문제" 등은 모두 중요한 의제이며, 이 의제는 주로 어떻게 개발도상국을 도와 기후변화에 적응할지에 초점을 두었다. 개발도상국에는 환경보호 기술인원과 행정관리인력이 부족하므로 선진국들의 교육지원이 시급하다. 교육지원은 자금과 기술 면의 지원에 비하여 보다 쉽게 성사될 수 있다. 그리고 지구온난화에 대한 사회의 인지도 역시 성공적으로 지구온난화에 대한 대응을 이루어낼 수 있는 중요한 요소이다. 만약 사회적 인지수준이 낮으면 국가가 기후변화에 대응하는 난이도도 증가될 것이므로 개발도상국 국민들의 기후변화에 대한 인지수준을 반드시 제고하여야 한다. 사회적 인지수준은 교육과 연계되는데, 선진국들은 개발도상국의 환경보호 교육을 지원하는 데 기여해야 한다. 중국 등 국가가 제기한 "교육과 양성" 의제는 중국의 의제창조능력의 향상을 보여주고 있다.

3. 더반 당사국총회

(1) 외교사례1: 중국기업의 기후공공외교

중국의 기후변화대응에 적극적으로 동참하여 온 중국기업들은 무시할 수 없는 중요한 역량이 되었다. 2008년 폴란드 포즈난 당사국총회에서 중국기업은 점차 활발한 활동을 하기 시작하였고, 더반 당사국총회에서 더욱 큰 공공외교효과를 가져올 것으로 예상되었다. 포즈난 당사국총회에서 브로드(Broad) 에어컨, 썬텍파워(Suntech Power)는 모두 파트별 세미나에 참석하여 중국기업의 입장을 전하였다. 포즈난 당사국총회에서 열린 행사 중에서, 중국 기업의 저탄소행동이 특히 사람들의 이목을 끌었다. 브로드(Broad) 에어컨회사는 "에너지 절감 건축(建筑节能)"의 중요한 의미를 제기하였고, 썬텍파워(Suntech Power)는 각국 정부가 계속하여 국내 재생에너지영역에 대한 보조금을 유지하도록 호소하였다.[164] 더반 당사국총회에서 중국기업의 활동은 더욱 활발하게 진행되었고 그 국제적 영향력도 커졌다. 12월 6일 저녁 신오그룹은 "중국포럼"에서 국제적인 기술협력을 추진하자는 주제로 세계 각국이 국제적인 청정에너지 핵심기술 교류와 협력을 진행할 것을 제안하였다. 이는 중국의 청정에너지 기업이 최초로 당사국총회에서 "세계 기술협력"을 추진하자는 제안을 한 사례이다. 신오그룹은 또한 "각국은 청정에너지기술의 연구개발과 투자를 증가하고 청정에너지기술에 관한 수출입금지 규정을 완화하며 국제투자와 기술교류를 격려하여 국제교류와 기술의 산업화 실천을 추진하며, 기술로써 감축목표를 실현하자고 호소하였다."[165]

- 외교행동에 대한 평가

신오그룹의 "세계 기술협력"은 회의에 참석한 대표들, 예를 들면, 유엔개발기구(UNDP) 고문 허슈젠(何秀珍), 듀크에너지(Duke Energy) 부회장 빌 틴달, 미국 리브모어(Livemore) 연구소 등의 지지를 받았다. 듀크에너지의 부회장인 빌 틴달은 당사는 신오그룹의 주장을 적극적으로 지원할 것이고, 더욱 많은 기업들이 듀크와 신오그룹처럼 국제 기술협력을 진행하여 자국 산업을 발전시키는 동시에 세계 환

---

164) 罗家家, 吴昌华: 『由波兹南会议想到的』, 载『世界环境』 2009年 第1期.

165) 李晓菲: 『中国企业呼吁全球清洁能源技术合作』, http://www.people.com.cn/h/2011/1229/c25408-2011304316.html

경을 개선하는 데 기여하기 바란다고 말하였다.

[웨이산수이(韦三水), ("더반총회에서 중국기업이 '세계 기술협력'을 제안하다", <중국발전관찰>, 2012년 제1기.]

- 외교논평

더반 당사국총회에서의 중국 기후외교 중 눈에 띄는 점은 민영기업이 총회에 참가하였다는 것이다. 더반총회에 참가한 중국기업은 신오그룹이다. 신오그룹이 더반총회에 참석한 것은 다음과 같은 세 가지 장점이 있다. 첫째, 신오그룹은 민영그룹이므로 국영기업처럼 국가이익을 대표한다는 의혹을 받지 않을 것이다. 둘째, 청정에너지 회사인 신오그룹은 에너지 절감과 배출량 감축을 추진하고 있는데, 이러한 신오그룹이 국제사회에 중국의 감축노력과 청정에너지개발의 성과를 보여주는 데 도움이 된다. 셋째, 신오그룹은 자사의 기술성과를 보여주고 청정에너지합의를 체결하여 경제이익을 확보할 수 있다.

(2) 외교사례2: "중국포럼"으로 중국 기후공공외교를 추진하다

더반 당사국총회에서 중국은 처음으로 "중국포럼"의 행사를 주최하였다. 이 행사는 9일간 지속되었고, 23차례의 테마 이벤트가 준비되었다. 중국은 당사국총회에서 처음으로 이런 방식으로 자신의 목소리를 전파하였다. "중국포럼"을 통하여 중국은 기후협상에 있어서의 개방성과 적극성을 보여주었다. "중국포럼"의 "전 세계와 중국에

서의 기후변화대응전략의 발전추세"라는 세미나에서 중국 에너지절
감 환경보호 그룹(中国节能环保集团) 대표와 신오그룹 이사회 회장인
왕위쉬(王玉锁)는 각각 중국 국유기업과 민영기업을 대표하여 주제발
표를 하였고, 주로 제11차 5개년 계획기간 동안 중국기업이 거둔 에
너지 절감과 배출량 감축에 관한 성과를 소개하였다.

- **외교행동에 대한 반응**

각국의 언론 매체는 중국의 환경보호 이미지에 대하여 더욱 긍정
적으로 보도하기 시작하였다. 캐나다 일간지인 <글로브 & 메일(The
Globe and Mail)>은 "중국은 더반 당사국총회의 스타가 되어 중국의
모든 언행이 메인뉴스가 되었고, 협상 당사국들이 분석하는 주제가
되었다."라고 보도하였다. 독일 <타게스슈피겔(Der Tagesspiegel)>은
"중국의 감축 측면의 발전은 미국보다 앞서 있다"라는 주제로 "세계
는 중국에 많은 기대를 하고 있으며, 중국이 환경보호 측면에서 행
한 노력과 거둔 성과, 예를 들면 환경보호 기술과 환경보호사업을
영입하는 등 측면에서는 미국보다 앞서 있다"고 보도하였다. 일본
<요미우리신문(読売新闻, よみうりしんぶん)>도 국제협상에서의 중
국의 주도력이 점차 커지고 있다고 보도하였다.

[정보위(郑保卫), 궁쪼쉔(宫兆轩), "더반 당사국총회로부터 본 중국의 기
후홍보와 환경 이미지 구축", <대외전파(International Communications)>,
2012년 제2호.]

- **외교논평**

"중국포럼"의 설치는 중국 공공외교에 새로운 채널을 마련하였으

며 중국 공공외교능력의 향상을 보여주고 있다. 공공외교는 여러 가지 수단을 필요로 하고, 그중에서 특히 홍보수단은 없어서는 안 되는 수단이다. 중국의 이산화탄소 배출량이 증가함에 따라 중국은 협상에서 더 많은 주목을 받게 되었다. 중국은 반드시 공공외교로 일부 압력을 제거하여 국내경제의 전환이 순조롭게 이루어질 수 있도록 하여야 한다. 이번에 창설한 "중국포럼"은 중국의 감축영역에서의 기여를 알리는 데 중요한 역할을 하였다. "중국포럼"의 홍보기능은 2009년 코펜하겐 당사국총회에 설치한 "뉴스와 교류센터"보다 더욱 발전되었고 보다 실용적이다. "중국포럼"은 기자회견을 진행하여 정보를 즉각 공유할 수 있을 뿐만 아니라, 여러 가지 활동과 토론을 진행하고 환경보호에 관한 다큐멘터리를 방송하여, 더 많은 언론 매체와 기업들의 관심을 받았고 국제적인 이목을 끌어 보다 좋은 홍보효과를 얻을 수 있었다. 그리고 신오그룹 등 기업이 "중국포럼"에서 전시를 한 것은 기후변화대응에 대한 중국의 진정성을 더욱 돋보이게 하였다. 공공외교 채널의 설치에 따라 "중국포럼"에는 더욱더 풍부한 요소들이 더해질 것이고, 더욱 큰 영향력을 발휘할 것이다.

(3) 외교사례3: 중국이 협상입장을 조절하여 책임을 부담하는 국가로 거듭나다

더반 당사국총회에서 각국은 모두 자국의 입장만을 고수하여 협상이 매우 심각해졌다. 이러한 상황에서 중국은 입장을 살짝 조절하여 세계 기후협상체제의 붕괴를 막았고 기후협상이 성공의 방향으로 나아갈 수 있게 추진하였다. 회의 초기 중국대표단의 주요 멤버인 쉬칭화(徐清华)는 중국은 향후 감축의무를 부담할 가능성이 있다고 말하였다. 중국의 기후협상 수석대표인 수웨이는 언론 매체의 취재를 받을 때 중국은 협상의 상황에 따라 법적 구속력이 있는 감축합의를 체결할 가능성을 배제하지 않는다고 명확하게 말하였다. 중국대표단 단장, 중국발전과 개혁위원회 부주임 셰전화 또한 중국이 받아들일 수 있는 감축시점을 발표한 바 있다. 그는 중국이 2020년 이후의 감축의무를 부담하는 것에 조건부 동의할 의향이 있지만, 이것은 반드시 선진국들이 교토의정서 2차 공약기간에 대한 합의에 서명하는 것을 전제조건으로 한다고 하였다. 중국은 실제행동으로 기후협상과 배출감축에 임하는 진정성 있는 태도를 표명하였으며, 국제사회와 함께 기후변화대응을 추진하겠다는 입장을 보여주었다.

– 외교행동에 대한 반응

대회주석, 남아공 국제관계협력부 장관 마이테 은코아나-마샤바네(Maite Emily Nkoana-Mashabane)는 중국의 발표는 이미 어떻게 교토의정서 2차 공약기간을 체결할지에 대한 답안을 제시하였으며 다음 단계 협상의 원활한 진행에 좋은 시작을 열어주었다고 하였다. 이번 회의에 참석한 많은 NGO들도 중국에 대해 높이 평가하였다. 환경보호영역에서 큰 영향력을 갖고 있는 <히말라얀 컨센서스(Himalayan Consensus)>의 창시자 로렌스 브람(Laurence Brahm)은 기후문제에서의 적극적인 태도는 한 국가의 이미지와 소프트파워의 표현이며 이런 면에서 볼 때 중국은 매우 만족스러운 답변을 제출하였다고 하였다. 그는 중국이 이번 대회에서 많은 개발도상국을 대표하여 자신들의 입장을 명확히 하고 원칙을 지킴으로써 책임감이 있는 면모를 보여주었다고 말하였다. 중국은 제12차 5개년 계획에서 명확하게 에너지 절감과 배출량 감축의 목표를 정하였는데, 이는 다른 나라들에게 모범을 보여주는 역할을 한다. 미국은 자국의 이익만 고려하여 에너지 소모가 큰 발전방식을 고집하고 있는데, 이는 에너지 절감과 배출량 감축에 불리하고 이번 회의에서도 걸림돌이 되었다고 하였다.

[위따붜(于大波), "더반 당사국총회의 성과는 완벽하지 못하다", <중국증권보>, 2011년 12월 13일 제A5면.]

– **외교논평**

중국의 협상태도의 변화는 이번 회의의 큰 변화라고 할 수 있다. 중국은 미래의 감축할당량에 대하여 협상을 진행할 의향이 있으며, 법적 효력이 있는 합의를 체결하는 것을 배제하지 않을 것이라고 하였다. 중국이 이와 같은 적극적인 태도를 취한 것은, 기타 선진국들이 보수적인 입장을 채택하는 것에 비하여 매우 돋보였다. 만약 중국의 태도변화가 없었다면 더반 회의의 침체된 분위기는 더욱 심각해졌을 것이다. 중국의 태도변화는 중국 기후외교의 전환점이고, 중국의 미래 기후협상에 더 많은 협상공간과 유리한 협상기초를 마련해주었다. 그러나 중국은 구체적으로 언제 합의에 가입할 것인지를 발표하지 않았다. 중국은 이로써 최대한 많은 시간을 벌 수 있고, 국제기후협상의 정체된 국면도 완화하면서 자국의 기후협상에서의 발언권도 강화하였다.

(4) 외교사례4: 루머에 반격하고 기후파트너 관계를 유지하다

더반 당사국총회에서 "베이식 4국"이 분열된다는 루머가 떠돈 바 있다. 기후협상은 당사국의 경제발전과 긴밀하게 연계되어 있어 대부분 국가들은 협상정책에 대하여 매우 민감한 편이다. 만약 이런 루머가 계속 떠돌아다니게 내버려두면 4국의 협력에 영향을 미치게 된다. 파트너 간의 조율능력은 단지 같은 입장을 취할 수 있도록 협의를 하는 것이 아니라, 외부의 이간질에 어떻게 대응하는지도 포함한다. 이에 관하여 중국대표단 단장 셰전화는 더반 "베이식 4국" 장관급 기자회견에서 4국의 협력에 관한 답변을 통하여 4국 간에 발생할 수 있는 위기를 해소하였다. 셰전화는 4국은 기후영역에서의 단합이 매우 잘 되어 있으며, 기후변화대응의 문제에 관하여 모두 책임감을 갖고 적극적인 행동을 취하고 있으며 일정한 성과도 거두었다고 말하였다. 그리고 중국, 인도, 브라질, 남아공은 모두 "하나의 목소리"로 말하고 있다고 덧붙였다.

- 외교논평

파트너 간의 단결을 유지함에 있어 두 개의 핵심적인 내용이 포함되는데, 그중 하나는 파트너 간의 공통된 이익이고, 다른 하나는 파트너 간의 믿음이다. 공통된 이익의 측면에서 볼 때 4국은 유사한 국가 상황과 국가이익을 갖고 있어 파트너 간의 단결은 튼튼한 편이다. 믿음의 측면에서 볼 때 거의 모든 주권국가 간에는 불신의 요인이 존재한다. "베이식 4국" 중의 중국과 인도는 역사와 현실적인 이유로 국경문제와 국가실력의 경쟁에 있어 불신의 요인이 존재한다.

그러므로 4국은 단합이 잘되더라도 지속적으로 루머에 대응할 필요가 있다. 루머는 파트너 관계를 파괴하는 주된 요인 중의 하나이고, 이는 파트너 간의 불신을 초래하기도 한다. 만약 장기간 동안 소통을 하지 않으면 파트너 관계는 무너질 수도 있다. 중국은 즉각 대응의 방법을 선택하여 4국 간의 파트너 관계를 유지하였다. 이번 반격은 "베이식 4국"의 협력에 있어 훌륭한 참고가치가 있다. 4국 간의 협력을 유지하려면 베이식 4국은 반드시 기후협상 전이나 협상과정에서 전체의 입장을 잘 정리하여 하나의 목소리를 내야 한다. 그렇지 않을 경우 서방 국가들과의 역량대결에서 불리한 위치에 처하게 될 것이다. 또한 베이식 4국은 다른 국가들의 분열의 대상이 될 수 있으므로, 상호 간의 협업 정도와 투명도를 높여야 한다. 이 밖에 루머는 부분적으로 베이식 4국 간의 문제점을 반영하기도 하므로, 앞으로의 협상에서 4국은 최대한 자국의 입장과 문제점을 이야기함으로써 효과적인 협상을 진행하고, 기타 국가들에 의해 분열되지 않도록 사전에 방지하여야 한다.

(5) 외교사례5: 기후파트너, "우리는 하나다"

더반 당사국총회에서 중국은 외부의 루머에 반격하였을 뿐만 아니라, 중국, 인도, 브라질, 남아공 등 나라의 장관들도 발표 중에서 모두 선진국의 2차 공약기간의 감축약속을 독촉하였다. 베이식 4국의 전문가들이 공동으로 발표한 <공평하게 지속가능한 개발을 하자(公平获得可持续发展)>라는 보고에서, 선진국들이 과도한 탄소를 배출하여 지금의 수준에 달하였고, 개발도상국에는 얼마 남지 않은 탄소배출공간만 남겨주었기 때문에, 선진국이 먼저 배출감축을 이행하여야 한다고 주장하였다. 녹색기후기금의 문제에 관하여도 4국은 같은 입장을 갖고 있다. 즉, 녹색기후기금을 가동하여 개발도상국이 충족한 자금지원을 제공받도록 하는 것이다. 감축의무의 부담에 관하여, 중국과 인도는 모두 협상입장을 조금 조절함으로써 협상의 합동성을 체현하였다. 중국은 법적 구속력이 있는 온실가스 감축합의를 받아들일 의향이 있다고 하면서, 2020년 이후의 감축할당량에 대한 협상도 가능하다고 하였다. 인도도 감축할당량 합의를 받아들일 의향이 있다고 하였고, 이러한 합의를 체결하기 전에 반드시 구체적인 내용에 대해 협의를 해야 한다고 하였다. 더불어 인도 대표단 단장 자얀티 나타라잔(Jayanthi Natarajan)은 감축은 반드시 "공평"하여야 한다고 호소하였으며, 이에 대하여 중국대표단 단장 셰전화가 열렬한 호응을 하였다. 더반 당사국총회에서 중국, 인도, 브라질과 남아공이 구성한 "베이식 4국"은 대동단결하여 개발도상국에 가장 민감한 문제에 관하여 같은 목소리를 내었는데, 이는 더반 당사국총회가 "획기적인" 성공을 거둔 주요한 추진력이라고 할 수 있다. 중국 대표단 단장, 국가발전과 개혁위원회 부주임 셰전화가 신화사 기자의 취재에 "우리는 하루에 3~4번씩 만나고 모든 중대한 입장은 모두 협상을 통해 발표한다."라고 답하였다. 회의기간 동안 4국은 연합성명을 발표하였고, 4국 간의 개별협상을 한 후 총회에서 의견을 발표하였다.[166]

---

166) 『"基础四国"团结致胜』, 载『羊城晚报』 2011年12月12日, 第A9版.

- 외교논평

베이식 4국의 협상 입장은 당사국총회의 성공과 개발도상국의 이익을 지키는 데 매우 중요한 역할을 하였다. 코펜하겐과 칸쿤 당사국총회에 비해 더반 당사국총회에서의 "베이식 4국"의 영향력은 더욱 커졌다. 더반 당사국총회에서부터 서방 선진국들은 점점 위축되었고 4국은 선진국들의 감축압력에 대응하여 적극적으로 반격을 하였을 뿐만 아니라 그들의 의도적인 이간질 행위에도 타격을 주었다. 그리고 보다 중요한 것은 4국이 공동으로 유엔기후변화협약과 교토의정서의 2차 공약기간을 지켜냈다는 것이다. "베이식 4국"이 자신의 이익을 지켰을 뿐만 아니라 전 세계적인 감축체제를 지켜내어 20여 년간의 협상결과가 수포로 돌아가지 않도록 하였다. 이와 같이 베이식 4국의 세계 기후협상에서의 역할은 점차 커져가고 있다.

(6) 외교사례6: 인내의 끝은 반격이다

선진국들의 가식적인 행동에 대해 중국대표단 단장 셰전화는 처음으로 강경한 태도를 보였다. 그는 마지막 전체대회에서 "우선적인 대폭 감축을 하겠다고 하였는데, 하였는지요? 개발도상국에게 자금과 기술을 지원하겠다고 하였는데, 하였는지요? 20년 동안 해온 이야기를 아직도 실현하지 않았어요. 우리는 개발도상국이라서 개발도 해야 하고 빈곤도 퇴치해야 하고 환경도 보호해야 합니다. 우리는 해야 하는 것을 전부 하고 있어요, 우리는 이미 다 했는데 당신들은 아직입니다. 당신들은 도대체 무슨 자격으로 우리에게 이런 도리를 이야기하고 있는 건가요?"라고 서방 국가들을 강력하게 비판하였다.

- 외교논평

중국대표단 단장 셰전화가 더빈 당사국총회에서 한 비판은 더반 기후외교에서도 유명한 사건이다. 협상의 입장에서 최대한 온화하고 예의 바르게 도리를 따지는 것도 중요하지만 서방의 끝없는 빈말과 질책에 일정한 대응을 하지 않으면 상대방은 오히려 습관적으로 중국을 비판하는 수가 있다. 이러한 강경한 비판은 때로는 협상 상대로 하여금 다시 생각하게 하고 동시에 진섭(震慑)의(상대방으로 하여금 두렵고 무서워서 벌벌 떨게 한다는 뜻-역자주) 작용을 하여 다른 무리한 비판을 면할 수 있다. 외교협상에서 의제를 설정하는 활동도 있지만 격렬하고 날카로운 언론의 전쟁이 있다. 서방의 탄압과 비난, 그리고 얼버무리는 태도에 중국은 일일이 폭로할 필요가 있으며 강력하게 비판을 하여야 한다.

(7) 외교사례7: 성급 정부의 기후외교를 계속하여 추진하다

더반 당사국총회에서 닝샤(宁夏) 발전과 개발위원회 부주임 마중위(马忠玉)는 "중국포럼"의 활동에서 전 세계에게 닝샤가 적극적으로 기후변화에 대응하고 빈곤문제를 해결하는 과정에서 얻은 경험과 생태이민의 행동사례를 소개하였는데, 이는 CCTV, 봉황채널과 영국, 프랑스, 스페인, 남아공 등 나라 방송국의 관심을 끌었다. "중국포럼"에서 또한 닝샤에 관한 다큐멘터리 <선택-중국 닝샤가 기후변화에 적응하고 빈곤에 대응하는 사례(选择-中国宁夏适应气候变化与反贫困案例)>, <서부보도-중국녹색대사 닝샤고찰기록(西部报道-中国绿色大使宁夏科考纪实)>을 방송하여 서방의 시청자들에게 깊은 인상을 남겼다.

- 외교행동에 대한 반응

아프리카 대표는 닝샤의 대규모적인 생태이민 사업에 매우 큰 관심을 보였으며 닝샤의 성공적인 경험을 참고하고 싶다는 의향을 보였다. 레소토 삼림보호국 공무원은 "레소토에서도 비슷한 문제가 발생하고 있으며 기후변화로 인하여 목장이 사라지고 있다. 닝샤 생태이민의 구체적 방안은 우리가 찾고 있던 해결책일 수도 있다."라고 말하였다. 그리고 마중위에게 많은 대표들과 기자들의 질문이 쏟아졌고, 그의 관점에 대한 토론이 뜨거웠다. 유엔기후변화협약 사무국장도 "중국포럼"의 닝샤의 경험을 높이 평가하였다. 아프리카 기후변화 젊은이 제언·조절원도 "중국포럼"을 통하여 중국 여러 지역에서 진행되고 있는 기후변화 대응활동을 알 수 있다고 하면서, "중국포럼"은 중국이 세계에 자신의 기후변화성과를 알리는 창구라고 하였다.

[<닝샤화보(시사정치판)>, 2011년 제6회.]

- 외교논평

칸쿤 당사국총회에서 광둥성은 당사국총회에서 광둥 허왠의 저탄소 경험을 소개하였다. 더반 당사국총회에서의 닝샤는 또 다른 시각에서 중국의 기후변화대응 경험을 보여주었다. 한편으로 닝샤의 경험은 공업용 폐기물과 오염물을 처리하는 경험이 아닌 생태이민 문제를 처리하는 경험을 소개하였는데, 이는 아프리카 국가에 유용한 정보를 제공함으로써 공감대 형성에 도움이 되었고, 더욱 큰 국제적인 영향력을 발휘하였다. 그리고 다른 한편으로 중국에서 비교적 가난한 자치구역인 닝샤의 기후변화적응에 관한 조치와 노력을 보여주었다. 닝샤의 기후협상에의 참가는 중국의 성급 정부가 기후외교에 활발하게 참가하고 있다는 것을 보여주고 있다. 중국 성급 정부의 기후공공외교는 세계적인 기후변화대회에 참가하는 것에 한하지 말고 각 나라, 각 지방에서 주최하는 회의에도 참가함으로써 적극적인 기후협력을 도모하여야 한다.

4. 도하 당사국총회

(1) 외교사례1: 〈전 세계가 함께하는 추위와 더위(环球同此凉热)〉로 중국의 공공외교를 추진하다

도하 당사국총회 기간 중국 기후협상대표단은 CCTV가 3년에 거쳐 만든 대형 생태환경보호 다큐멘터리 <전 세계가 함께하는 추위와 더위>를 반기문 유엔사무총장과 피게레스 유엔기후변화협약 사무국장 등 도하 당사국총회에 참석한 대표들에게 증정하였다. 이 다큐멘터리는 하나하나의 이야기로 중국의 에너지 절감과 배출량 감축에 관하여 취한 실제 행동과 노력을 보여주었다. 특히 사막을 오아시스로 변화시킨 이야기는 도하 당사국총회에 참석한 대표들의 감탄을 자아냈다. 이 이야기에서 중국의 한 민영기업이 어르둬스 부쿠치 사막에서 24년간의 시간을 거쳐 5,000여 제곱킬로미터의 사막 오아시스를 창조한 모습을 그렸다. 이 이야기는 중국인의 기본적인 의식주 추구로부터 환경보호의 의식을 장착하여 가는 모습, 생존으로부터 생태를 고려하는 역사적 발전과정을 보여주고 있으며, 정부의 지도하에

민족부흥 사업에 심혈을 쏟는 중국인들의 모습을 보여주었다.[167)

- 외교논평

　도하 당사국총회에서도 중국의 기후공공외교는 높은 점수를 받았으며 중국공공외교가 점차 성숙해지고 있다는 것을 보여주었다. 이번 회의에서 중국기후협상대표단은 "중국포럼"에서 <전 세계가 함께하는 추위와 더위>를 방송하고 대회대표들에게 이 다큐멘터리를 증정하였다. 이 환경보호 다큐멘터리는 새로운 방식으로 중국의 환경보호사업의 경과를 기록하였다. 다큐멘터리는 문자보다 생동하여 내용을 보다 효과적으로 전파할 수 있고, 장기간 동안 보존할 수 있다. 그리고 다큐멘터리는 감동적인 사연을 소재로 하기 때문에 사람들의 마음을 움직일 수 있다. <전 세계가 함께하는 추위와 더위>는 중국의 생태이념을 홍보함으로써 중서방 생태문화철학 간의 교류의 효과를 가져왔다고 할 수 있다. <전 세계가 함께하는 추위와 더위>의 성공은 기후공공외교에서 새로운 홍보수단이 필요하다는 것과 새로운 창의적인 문화가 필요하다는 것을 보여주고 있다.

(2) 외교사례2: NGO에 중국의 협상정신을 전달하다

　도하 당사국총회에서 중국기후변화협상대표단 단장 셰전화와 국내 NGO는 간담회를 가졌다. 셰전화는 NGO의 질의에 자세하게 답변하였고, 국제기후협상에서 진정으로 필요한 정신은 포용과 타협이

---

167) 『中国赠多哈大会特别礼传达大气候谈谈立场』, 载http://green.sina.com.cn/2012-12-09/113625767127

라고 말하였다. 미래의 기후협상에 대하여 그는 국제사회는 반드시 교토의정서 2차 공약기간을 견지하고, 2차 공약기간의 기간과 감축의 수준을 고려하여야 한다고 말하였다. 세전화는 현재 국제사회가 꼭 해야 할 일은 바로 이미 합의된 내용을 실행에 옮기는 것이지, 새로운 합의를 체결하는 것이 아니라고 하였다. 이미 해결하도록 합의한 문제를 확실하게 처리하여야만 상호 간의 신임을 제고할 수 있다.

– 외교논평

첫째, 중국 기후외교는 NGO를 활용하여 다음과 같은 두 개 측면의 노력을 기울여야 한다. 하나는 자국의 기후 NGO를 이용하여 중국의 환경기후정책과 기후변화대응에 관한 노력을 홍보하는 것이고, 다른 하나는 타국의 NGO에 중국의 정책을 알리는 것이다. 이 두개 측면의 노력은 어느 하나도 빠져서는 안 된다. 만약 중국의 NGO에만 의거하여 중국의 정책을 홍보한다면, 큰 범위 내에서의 인정을 받기 힘들다. 오로지 중국과 외국의 NGO를 모두 활용하여야만 성공적인 NGO외교를 이룰 수 있다.

둘째, 세전화 중국대표단 단장은 중국의 협상정신은 포용과 타협이라고 말하였다. 국제기후협상이 성공을 이룰 수 없는 원인 중 하나가 바로, 선진국과 개발도상국이 서로 타협하려고 하지 않는 것이고, 개발도상국이 타협을 하려고 하지 않는 것은 또한 선진국이 충분한 포용을 하지 않고 할당량으로써 개발도상국의 경제발전을 억제하려고 하기 때문이다. 더반 당사국총회와 도하 당사국총회에서 선진국은 타협하지 않겠다는 협상태도를 보였고 캐나다 등 나라는 심지어 교토의정서 2차 공약기간에서 탈퇴하였는데, 이러한 행동은 기후문제를 해결하는 데 아무런 도움이 되지 않는다. 이와 반대로, 개발도상국인 중국은 원활한 협상태도로 인도 등의 나라들과 연합하여 자신의 입장을 조율하고 유엔기후변화대응체제를 지켰다. 중국 등 나라의 타협과 포용이 없었다면 유엔기후변화대응체제는 마비될 것이다. 중국이 미래의 국제기후협상에서 이를 국제의제로 제기하여 서방 국가들의 태도에 반격을 할 필요가 있다. 셰전화 단장은 협상에서 꼭 달성하여야 할 목표를 언급하였는데, 그것은 바로 개발도상국들이 따라 할 수 있도록 선진국들이 먼저 약속을 준수하는 것이다. 이 의견은 코펜하겐총회에서 제기하였던 "약속을 지키자"의 의제와 유사하고, 모두 선진국에 실제행동으로 배출량을 감축하라고 촉구한 것이다. 중국은 NGO와의 소통을 통하여 언론 매체에 국제기후협상의 실질을 보여주었고 협상에서의 중국의 태도를 진실하게 전달하였다.

(3) 외교사례3: 기후파트너 간의 협력을 진행하다

도하 당사국총회에서 중국, 인도, 브라질과 남아공 등 "베이식 4국"은 재차 연합발표를 하여 적극적으로 협상을 추진할 의향을 표명하였고, 협상에 있어서의 3대 원칙을 다시 언급하며 선진국이 먼저 자금지원을 하겠다는 약속을 지키도록 재촉하였다. "베이식 4국"의 두 번째 연합기자회견에서 중국대표단 단장 셰전화는 4국의 3대 협상원칙을 재천명하였다. 3대 원칙들로는, 반드시 법적 구속력이 있는 교토의정서 2차 공약기간에 대한 합의를 도출하고, 자금, 완화, 적응과 기술이전 등 문제를 모두 해결하여야 하되 자금문제를 가장 먼저 해결하여야 하며, 공동의 그러나 차별화된 책임원칙에 따라 더반 플랫폼의 작업계획을 확정하는 것이다. 4국을 비롯한 개발도상국은 이미 기후변화의 적응과 완화에 많은 노력을 기울였지만, 역사적인 책임을 갖고 있는 선진국들이 오히려 자신의 감축약속을 지키지 않고 있으므로 보다 확실한 감축약속을 할 필요가 있다고 말하였다. 이 밖에 그들은 베이식 4국이 기후변화협상에 적극적이고 건설적인 태도를 보인 것과 같이, 선진국도 정치적 성의를 보여줄 것을 희망하였다.[168]

- **외교논평**

도하 당사국총회에서의 베이식 4국의 협력은 여전히 안정적이었다. 베이식 4국은 기자회견과 소형세미나, 연합성명을 통하여 4국의 기후협력의 긴밀성과 유효성을 보여주었다. 코펜하겐 당사국총회 이후 4국의 협력관계는 점점 더 튼튼해지고 있지만 미래의 도전은 더욱 커질 것이다. 예를 들면, 선진국들이 감축의향이 약해져 감축할 당량을 절감해달라는 요구도 제기할 수 있고, 심지어 많은 국가들은 교토의정서 2차 공약기간에 탈퇴하거나 자금지원 면에서 아무런 행동도 취하지 않을 수 있다. 이때 4국이 어떻게 국제 감축체제를 유지하고 선진국에게 적절한 양보를 하는지 등 문제에 부딪히게 된다. 이 밖에 "베이식 4국"에 선진국이라는 상대국들이 사라질 때 4국 간의 협력이 지속될 것인지도 문제 된다. 그러므로 "베이식 4국"은 EU 국가들과 조율하여 탄소거래시장체제를 설립하고 CDM 사업 등을 추진하여야 하며, "베이식 4국"과 EU가 모두 거래에서 이득을 볼

---

168) 俞岚, 周锐: 『多哈谈判冲刺, "基础四国"亮出三大底牌』, 载http://finance.chinanews.com/ny/2012/12-07/4389215.shtml

수 있게 하여야 한다. 베이식 4국은 국제협상의 발전추세와 미래의
의제에 대하여 연구를 진행할 필요가 있다.

(4) 외교사례4: 중국기업이 기후외교에서 적극적인 역할을 하다

도하 당사국총회에서 중국기업은 당사국총회의 포럼, 회의 및 "중
국포럼" 등 여러 가지 채널을 통하여 활발한 활동을 전개하였다. 당
사국총회의 지속가능 및 창의성 포럼에서 하이씬그룹(海信集团)은 녹
색기술에 관한 새로운 진척을 소개하였고, 중국 푸텐그룹(普天集团)
대표 왕중부(王中夫)는 남남협력을 통하여 개발도상국의 기후변화대
응 능력을 제고하기 위하여 노력하겠다고 밝혔다.

- 외교논평

중국기업은 도하 당사국총회에서 계속하여 강력한 공공외교능력
을 보여주었다. 우선, 중국기업은 적극적으로 당사국총회의 지속가
능 및 창의성 포럼과 남남협력포럼 등 기후포럼에 참가하였다. 중국
기업은 포럼에 참가하여 중국의 입장과 책략을 전파하였고, 이러한
공공외교의 효과는 매우 뛰어났다. 그리고 중국기업은 포럼에 참가
하여 양호한 기업 이미지를 수립하였고, 이를 통하여 더욱 많은 상
업적 기회를 확보하였으며, 기업의 국제화를 추진하였다. 아울러 기
업들은 공공외교채널을 통하여 기후여건이 취약한 국가들에 원조를
제공하였고, 중국의 국제 기후협력을 추진하여 국제사회의 광범위한
칭찬을 받았다.

(5) 외교사례5: 녹색원조를 제공하다

도하 당사국총회에서 열린 "기후변화대응에 관한 남남협력포럼 (应对气候变化南南合作论坛)"에서 중국대표단 단장인 국가발전과 개혁위원회 부주임인 셰전화는 중국 정부는 이미 남남협력을 추진하는 전문자금을 마련하여 아프리카 국가, 최빈개발도상국과 군소도서국들의 기후변화대응에 지원을 제공하고 있다고 발표하였다. 2012년 중국은 그레나다, 에티오피아, 몰디브 등 10개 국가들과 기후변화대응에 관한 MOU를 체결하여 절전전구 50여만 개, 절전 에어컨 1만여 대를 증정하였다. 중국 푸텐그룹(普天集团)과 하이얼그룹(海尔集团)도 이 사업에 참여하였으며, 이들은 가장 먼저 에티오피아와 그레나다에 LED조명장치를 선물한 기업들이다.[169]

– 외교논평

국제사회가 기후공공외교를 진행하는 수단 중의 하나가 바로 녹색원조이고 이는 주로 아프리카 빈곤 국가를 상대로 한다. 중국은 개발도상국 집단의 핵심멤버로서 반드시 개발도상국의 이익을 고려하여야 한다. 중국은 한편으로 협상에서 "베이식 4국"의 협력으로 온실가스감축 합의가 개발도상국의 개발권에 손해를 미치지 않도록 보장하여야 하고, 다른 한편으로 보다 낙후한 국가에 기술과 자금지원을 제공하여야 한다. 중국이 자신을 완벽한 개발도상국이라고 주장하면서 녹색원조의 책임을 선진국에 떠넘기면 중국과 개발도상국 간의 협상

---

169) 『多哈气候大会,中国企业活动为中国形象增光添彩』, 载http://green.sohu.com/20121208/n359876076.shtml

이 깨질 수도 있다. 중국의 녹색원조는 기업이 주도하는 방식으로 진행하는 것이 가장 바람직하다. 즉, 기업들이 환경보호 기술 혹은 제품을 제공하는 것이 중국의 기후 이미지를 개선하는 것에도 도움이 되고 해당 기업의 국제 환경보호 시장에의 진입에도 유리하다.

(6) 외교사례6: 중국이 삼림흡수원 의제에 참여하다

도하 당사국총회에서 절강농림대학 총장인 저우궈모(周国模)는 국제 대나무와 등나무협회(International Network for Bamboo and Rattan, INBAR)와 함께 저장성(浙江省)이 삼림흡수원 면에서 얻은 성과를 전시하였다. 저우궈모총장은 2009년 코펜하겐 당사국총회의 노력으로 인하여, 국제사회는 점차 기후변화 완화와 적응에 있어서의 대나무의 작용과 잠재력을 인식하게 되었다고 말하였다. 또한 공동으로 국제 대나무와 등나무협회, 절강농림대학, 중국녹색탄소기금회가 연합하여 개발한 "죽림사업 탄소계량과 감측방법학(竹林项目碳汇计量与检测方法学)"을 발표하였다. 국제 대나무와 등나무협회, 절강농림대학, 중국녹색탄소기금회는 또한 저장성 안지현(安吉县) 인민정부와 함께 카타르 국제회의센터에서 저장성 안지현 죽림탄소흡수원 시범지역 건설에 관한 합의를 체결하였다.[170]

- 외교논평

절강농림대학이 기후협상에 참여하는 것은 중국 기후외교의 내용

---

170) 陈宁: 『多哈活跃中国身影』, 载『浙江日报』2012年11月27日 第006版.

을 더욱 풍부하게 하였다. 기후협상은 주로 외교인력의 참여하에 외교능력, 협상의제의 설정 등 측면에서의 힘 대결로 이루어지고, 이는 각국 언론의 공공외교능력의 경쟁이며 국제기업들 간의 교류와 상업 이익을 찾는 기회이며, 또한 여러 가지 기후기술에 관한 협상이기도 하다. 그러므로 대학 등 과학연구기구의 참여는 매우 필요하고 이들은 향후 기후협상의 주역이 될 수도 있다. 절강농림대학이 제안한 죽림탄소흡수원은 최근 몇 차례 당사국총회에서 중점적으로 논의된 기술해결방안이기도 하다. 이 방안으로 인하여 중국외교협상의 의제와 해결방안은 다양해졌고, 삼림흡수원 의제에 대한 중국의 이해도를 증진하였다. 그동안 전 세계 기후외교에서 중국은 거의 해결방안을 제기한 적이 없다. 이는 주로 대학과 연구기관에서 기후협상과 기후변화에 대응하는 의제의 창조에 대해 충분한 지원을 제공하지 않았기 때문이다. 절강농업대학과 같이 중국의 과학연구인력들은 보다 많이 국제기후협상에 참여할 필요가 있다. 이는 과학연구인력의 참여가 없으면 중국은 진정한 기후협상의제와 해결방안을 제기할 수 없기 때문이다. 과학연구인력이 보다 깊게 기후협상에 참여하여야만 더욱 효율적이고 창조성이 있는 의제와 해결방안을 제기하여 실질적으로 중국 기후외교의 발언권을 제고할 수 있을 것이다. 2009년 코펜하겐 당사국총회에서 중국공공외교가 존재감을 나타내기 시작하였다면, 2012년 도하 당사국총회에서 중국 기후외교는 의제영역에서의 새로운 발전을 보여주었다.

제8장

결 론

2009년 코펜하겐 당사국총회 이후의 국제기후협상은 실용가치가 있는 성과를 크게 이루어내지 못하였을 뿐만 아니라, 각국의 입장 차이는 점점 커지고 있다. 2009년 이후의 국제기후협상은 두 가지 특징을 나타내고 있다. 첫째, 주목을 받는 정도가 점점 낮아지고 있다. 코펜하겐 당사국총회에는 많은 나라의 정상들이 회의에 참석하여 발언도 하였지만 칸쿤과 더반 당사국총회에 참석한 정상들은 매우 적었다. 2009년 코펜하겐 당사국총회의 참석인원은 2.4만 명에 달하였지만 2012년 도하 당사국총회에 참석한 인원은 1.7만 명에 그쳤다. 2012년 도하 당사국총회 개막 당일 중국의 각 인터넷 사이트는 이에 대한 지속적인 보도가 이루어지지 않았고 특집보도도 없었으며 각국 정상들도 거의 회의에 참석하지 않았다. 둘째, 협상 중에 일방적인 행동을 취하는 경향이 점점 더 심해졌다. 협상에 적극적이었던 일부 국가들도 교토의정서에 대한 흥미를 잃었고 미국, 캐나다 등 국가들은 아예 교토체제를 탈퇴하였으며 일본은 교토의정서 2차 공약기간에 참여하지 않을 것이라고 밝혔다. EU 또한 협상 의지가 약해져 30%의 감축목표를 부담하는 것을 거부하였다. 그러나 이와 반대로 당사국총회에 참석한 제3세계의 국가들이 오히려 교토의정서의 존속 여부에 큰 관심을 보였다. 이에 협상진영은 더욱더 분열되었다.

2012년 기후협상의 주요 임무는 2011년 남아공 더반 당사국총회에서 합의된 "더반 플랫폼"을 개시하고 관련 업무를 전개하는 것이었다. 더반 플랫폼의 주요 목표는 2020년부터 발효될 온실가스 감축목표를 2015년 전까지 완료하는 것이다. 2012년에 5월 본회의, 9월 방콕회의, 11월 도하회의가 개최되었는데, 이 3차례 회의에서는 여전히 교토의정서 2차 공약기간의 기간문제, 선진국의 자금 및 기술 지원문제, 온실가스 감축 할당량문제, 개발도상국의 온실가스감축의 무 부담 여부 등 문제를 둘러싼 논쟁들이 이루어졌다. 이 3차례 회의는 모두 선진국의 문제회피 때문에 합의를 도출하지 못하였다. 특히 도하회의에서 폭로된 "단기재원" 문제로 인하여 선진국은 또다시 비판의 대상이 되었다. 코펜하겐합의에 따르면 선진국은 2010년에서 2012년 사이에 개발도상국에게 총 300억 달러의 "단기재원"을 제공하기로 약속하였다. 도하회의 기간 뉴질랜드 등 국가에 의하면 300억 달러의 자금이 이미 투입되었다고 하였지만, 옥스팜(Oxfam)의 연구조사에 따르면 "단기재원의 33%만 새로운 자금이라고 할 수 있고, 그 중에서 24%만이 새로 추가된 자금이며, 나머지는 코펜하겐 당사국총회 전에 각 나라가 이미 약속했던 자금이라고 한다. 그리고 43%의 자금만이 지원금의 형식으로 지급되었고, 나머지 대부분은 대출금의 형식으로 이루어졌기 때문에 개발도상국들은 반드시 일정한 정도의 이자와 함께 자금을 반환하여야 한다. 이 밖에 21%의 자금만이 기후변화적응사업에 사용되도록 지정되었다."고 한다.[171] 국제사회는 그동안의 중대한 의견 차이를 좁히지 못하였고, 이로써 2012년 한 해 동안의 기후협상은 성공적이라고 말할 수 없다. 결론적으로 기후협상의 주된 성과로는, 협상이 여전히 유엔기후변화협약 틀 안에서 이루어지고, 교토의정서 2차 공약기간이 여전히 유효하며, "공동의 그러나 차별화된 책임"의 원칙을 견지한다는 점이다.

국제기후협상은 항상 순탄치 않은 상황에서 진행되었다. 예전의

---

171) 龙金光: 『争执"热空气"推诿资金, 多哈大会上演各种"难产"』, 载http://roll.sohu.com/20121203/n359295392.shtml.

낙관적인 태도로부터 현재의 신중 또는 냉담한 태도에 이르기까지, 국제사회는 기후협상을 재검토할 필요가 있다. 국제사회는 선진국이 먼저 대응작업을 주도하고 개발도상국들이 향후의 어느 한 시점에 전 지구적인 기후변화대응에 참여하는 것을 기대하였지만, 이는 생각한 바와 같이 쉽게 이루어지지 않았다.

그동안의 협상을 돌이켜보면 1992년부터 1997년까지의 협상은 상대적으로 순탄한 편이었고, 대부분의 국가가 동의하는 교토의정서를 체결하였다. 물론 이 단계에서도 의견 차이는 있었지만 큰 균열이 생기지는 않았다. 미국은 시종일관 중국 등 온실가스 배출량이 큰 국가가 온실가스 감축체제에 가입하기를 희망하였다. 그럼에도 불구하고 교토체제가 확립된 것은 그동안의 협상이 비교적 성공적으로 이루어졌다는 것을 말해주고 있다. 그러나 1998년부터 2008년까지의 협상은 생각보다 순탄하지 않았으며 효율도 점차 떨어졌다. 이 10년 동안의 성과로는 교토의정서가 우여곡절 끝에 통과되어 국제사회의 온실가스 감축을 위한 기본문서가 되었다는 것이다. 그러나 그동안에 드러난 의견 차이는 국제사회가 공통된 인식을 갖는 데 큰 걸림돌이 되었다. 미국 부시정부는 2001년에 교토의정서 탈퇴선언을 하였는데, 이는 협상의 전반 과정에 극도의 긴장감을 더해주었고, 교토체제의 미래에 거대한 불안감을 심어주었다. 교토체제에 대한 미국의 이러한 태도는 다른 선진국들에 직접적인 영향을 미쳤다. 이러한 미국의 부정적인 영향은 2009년 이후에 점차 나타나기 시작하였다. 2007년의 발리 당사국총회는 성공적으로 이루어졌지만, 미래의 중대한 실패를 암시하기도 하였다. 발리 당사국총회에서 우여곡절 끝에 발리 로드맵이 통과되었지만, 미국의 강경한 태도는 미래의 협상에 큰 장애물로 작용하였다. 그리고 그 이후의 2009년 코펜하겐 당사국총회부터 현재까지의 협상은 더욱더 실망스럽고, 많은 국제인사들은 기후협상에 더 이상의 희망을 품지 않는다고 밝히기까지 하였으며, 심지어 국제기후협상 자체에 대하여 회의적인 태도를 취하기 시작하였다.

이와 같이 기후협상은 침체기에 들어섰고 그 앞날은 예측하기 어렵다. 비록 개발도상국들은 여전히 기후체제의 구축에 안간힘을 쓰고 있지만, 선진국들의 적극적인 참여 없이는 전 지구적인 기후변화 대응체제를 실현할 수 없다. 미래의 기후협상에 영향을 미치는 요소들로는, 국제사회가 경제위기와 채무위기에서 벗어나는 속도, 선진국의 기후체제에 대한 태도, 개발도상국의 태도 변화, 기후위기 자체의 변화 등 네 가지가 있다.

국제사회의 기후협상에 대한 열기가 사그라진 시점과 미국발 금융위기의 발생시점은 일치하다. 미국발 금융위기로 인한 유럽의 채무위기는 유럽경제에 심각한 타격을 주었고, 미국과 유럽의 경제위기는 글로벌 경제침체를 초래하였으며, 신흥경제주체 특히 중국 등 수출 지향적인 국가도 상당한 피해를 입었다. 전 세계의 주요 경제주체가 경제문제로 골치를 앓고 있었기 때문에 이 기간 동안 기후협상에 임하는 원동력은 약화되기 마련이다. 자금과 기술지원의 문제는 더 말할 나위가 없다. 미국과 유럽 국가들은 각 영역의 자금지원을 삭감하려 하였고 이 중에는 환경보호와 기후변화대응 사업이 포함되었다. 그리고 미국과 유럽 국가들은 순수하게 다른 국가들의 기후변화대응에 대하여 원조를 제공한 것이 아니라, 신흥 환경보호 기술로 더욱 많은 이익을 창출하려고 하였다. 미국과 유럽은 개인 기업들이 기술을 보유함을 핑계로 삼지만, 그들의 궁극적인 목적은 지식재산권을 보호하여 첨단 기술산업을 발전시켜 신흥산업에서의 선두자리를 유지함과 동시에 경제곤경에서 빠져나오려는 데 있다. 이러한 상황에 비추어볼 때, 미국과 유럽 등 국가들이 "단기재원"과 "녹색기후기금"을 통하여 개발도상국을 성심성의껏 도울 것이라는 망상은 버려야 한다.

기후체제에 대한 선진국의 태도도 미래의 협상에 영향을 미치는 중요한 요소 중 하나이다. 먼저 미국은 기후협상에 있어 항상 대립되는 태도를 보였다. 그 이유는 중국, 인도 등 나라가 온실가스 감축체제에 가입하지 않았기 때문이다. 미국의 이러한 태도는 국제사회에 매우 부정적인 영향을 미쳤고, 다른 국가들도 점차 기후협상에서 멀어지려고 하고 있다. 만약 미국이 기후변화대응에 적극적으로 임한다면 기후협약의 체결은 보다 쉽게 이루어질 것이다. 미국은 자국의 기후전략을 중국과 인도의 온실가스 감축의무의 부담과 연결시켰다. 그러나 미국과 중국, 인도 간의 의견 차이는 주로 선진국과 개발도상국 간의 "공동의 그러나 차별화된 책임"에 있다. 미국 이외의 기타 선진국들도 기후협상에서 탈퇴하면서 전반 협상의 안정에 부정적인 영향을 미쳤다. 미국의 부정적인 영향하에 캐나다는 교토의정서에서 탈퇴하였고 일본은 교토의정서 2차 공약기간에 참여하지 않기로 하였으며, EU도 채무위기의 압력으로 더 이상 기후협상에 적극적으로 참여하지 않게 되었다. 이와 같이 선진국의 선도적 역할이 완전히 상실됨에 따라, 개발도상국의 추진 의향도 약화되었으며 개발도상국은 이러한 막강한 임무를 짊어질 수 없었다. 선진국의 선도적 작용의 약화는 또한 전체 협상단체의 안정성을 위협하였다. 만약 협상이 전체적으로 이루어지지 못하면 국제사회는 더욱 분열된 상태에 빠질 수 있으며 협상이 성공할 수 있는 가능성도 더욱 희박하게 될 것이다.

개발도상국의 태도도 국제기후협상의 성공 여부에 영향을 미치는 중요한 요소 중 하나이다. 코펜하겐 당사국총회 이후의 역대 회의에서 개발도상국, 특히 군소도서국들이 오히려 세계의 미래에 대하여 더욱 우려하는 모습을 보여주었다. 그러나 국제사회는 이에 대하여 무관심하였다. 만약 향후 일부 선진국들이 온실가스 감축의무를 부담한다면 기후협상이 성공적으로 이루어질 가능성이 커진다. 그러나 책임부담을 거부하는 방식으로 국제사회를 협박하여 개발도상국들을 강제적인 감축체제에 가입하게 한 선진국의 행위는 망나니에 가까운 행동이며, 이렇게 얻는 기후협상의 성공은 높이 평가할 바가 아니다. 그렇다면 개발도상국은 스스로 강제적인 감축체제에 참여할까? 만약 기후위기가 더욱 심각해진다면 개발도상국들은 강제적인 감축체제에 참여할 가능성이 크지만, 긴박한 위기 상황에 처하지 않는다면 여전히 강제적인 감축책임의 부담을 거부할 것으로 보인다.

그리고 기후변화 자체도 기후협상의 진행에 큰 영향을 미칠 수 있다. 현재까지 대규모 파괴적인 기후변화의 영향은 드러나지 않은 편이다. 즉, 일부 극단적인 기후를 제외하고는, 대규모의 파멸적인 자연재해가 일어나지는 않은 것이다. 인류는 이성의 국한성 때문에 실제적인 행동을 취하기 전에 항상 진정한 위기를 확인하려 하고, 눈으로 위기를 직접 확인하기 전까지는 조치를 행동에 옮기지 않는다. 이러한 이성의 국한성은 선진국에서 현저하게 나타나고 있고, 그들은 선도역할을 하기 싫어하며 끊임없이 득실을 따지고 있는데, 이는 궁극적으로 기후변화대응의 진행과정을 방해하는 것밖에 안 된다. 현 단계에서 기후문제에 대한 국제사회의 태도는 두 가지로 구분되는데, 그중 하나는 "더 이상의 시간이 없다"고 주장하는 태도이고, 다른 하나는 "좀 더 기다려보자"는 태도이다. 다시 말하면, 전 세계 일부 대중들은 강렬한 위기의식을 느끼지 못하고 있고, 이러한 위기 감은 대규모의 파격적인 사건이 발생하여야만 느끼게 될 것이다.

이상의 네 개 요소의 공통적인 작용하에 향후 5년 내에는 기후협상이 여전히 침체 상황에 처할 가능성이 크며, 향후 5년에서 10년간은 환경위기의 악화로 인하여 기후변화대응이 다시 논의될 것으로 보인다. 결론적으로 기후변화의 수준과 속도는 국제사회가 기후협상에 임하는 태도에 중대한 영향을 미친다. 이 네 개 요소 중에서 기후위기가 어떻게 변화하는지가 가장 결정적인 요소로 꼽히고 있다. 선진국의 경제위기, 선진국과 개발도상국의 협상태도 등은 모두 결정적인 요소는 아니다. 극단적인 상황이 나타나면 기후협상은 급속도로 진행될 것이고, 기후위기 상황이 나타나지 않는다면 기후협상은 더욱 늦춰질 수도 있다.

미래의 국제사회는 여전히 험난한 협상국면에 직면하게 될 것이며 중국이 선택할 수 있는 공간은 크지 않을 것이다. 정상적인 상황에 따르면 단기간 내에 국제사회는 대규모의 극단적인 날씨 때문에 신속하게 기후협상을 끝마치고 공통적으로 기후위기에 대응하는 가능성이 크지 않을 것이다. 만약 이러한 위기가 나타난다면, 중국은 분명히 신속하게 전 세계를 위기로부터 구해내는 행렬에 뛰어들 것이다. 그러나 미국은 여전히 자신의 입장을 바꾸지 않을 것이고, EU는 적극적으로 위기에 대응할 것을 강조하지만 어디까지나 실제적

행동이 아닌 구두상의 약속에 불과할 것이며, 미국과 유럽은 여전히 자금과 기술지원을 지체할 것으로 보인다.

그렇다면 중국은 대체 어떻게 대응하여야 할까? 기후외교의 성공 여부는 중국의 외교에 큰 영향을 가져다줄 것이다. 왜냐하면 이는 전 지구적 외교의 대표적 사례로, 중국이 세계와 어울려 참여한 첫 번째 전 지구적인 외교실천이라고 볼 수 있기 때문이다. 1992년부터 2013년까지 우리는 중국외교의 발전과정을 지켜보았으며, 특히 중국이 국제적 책임을 부담하려는 태도와 중국 정부가 공공외교에서 거둔 중대한 성과를 알 수 있었다. 중국은 삼림흡수원과 저탄소 교통영역에서는 이미 세계 선두자리를 차지하였고, 청정에너지개발, 예컨대 태양에너지와 풍력에너지 개발도 세계 1, 2위를 다투고 있다. 그리고 국제기후협력 영역에서도 중국은 점차 발전하고 있는 모습을 보여주고 있고, 미국과의 청정파트너 관계도 심화되고 있고, EU와의 CDM 사업도 순조롭게 진행하고 있으며, 최빈개발도상국에 대한 지원사업도 점차 확대하고 있다. 이 모든 것이 중국 기후외교가 얻은 거대한 성과이다. 그러나 기후외교에서 가장 중요한 의제와 의안 문제는 여전히 해결하지 못하고 있다. 중국 기후외교는 2009년부터 점차 '점입가경'이 되었고, 중국 기후외교가 세계무대에서 이룬 성과는 비로소 중국의 국제지위와 어울린다고 할 수 있다. 중국은 전 지구적 문제에 대한 외교적 대응을 통하여 많은 경험을 얻었다. 이러한 경험들은, 공공외교수단을 어떻게 사용할 것인지, 의제의 개발과 의제의 진척 상황을 어떻게 통제할 것인지, 협상파트너와의 조화를 어떻게 이룰 것인지 등을 포함한다. 이러한 경험들은 중국이 기타 국제문제에 참여하는 데에도 유용하게 사용될 것이다. 이 밖에 중국은 앞으로의 기후외교를 잘 진행하기 위하여 다음과 같은 다섯 가지 측면의 내용을 구현하여야 한다.

첫째, 전통적인 입장을 견지하는 동시에 소폭의 조정을 진행한다. 중국의 온실가스 감축체제의 참여에 대한 국제적인 압력은 점차 커져가고 있다. 중국은 온실가스 감축에 관한 협의를 해도 될지, 심지어 구속력이 있는 온실가스 감축합의를 받아들일 수 있을지? 이 문제는 중국 기후외교가 앞으로 10년 내에 반드시 고려해야 할 문제이다. 만약 기후위기가 계속 심화된다면 중국은 온실가스 강제감축체제에 가입하지 않을 수 없을 것이다. 그러므로 우리는 중국이 일정한 할당량을 부담하는 것이 어떤 영향을 가져올 것인지를 미리 생각해볼 필요가 있다. 긍정적인 관점에서 바라본다면 중국이 만약 자신이 감당할 수 있는 소량의 할당량을 부담한다면 국제기후협상을 추진할 수 있을 뿐만 아니라 중국경제의 전환도 추진할 수 있다. 왜냐하면 적절한 압력하에서 경제구조전환을 실현하는 것도 나쁘지만은 않기 때문이다. 또 다른 측면에서 볼 때, 만약 중국이 소량의 할당량을 부담한다면 미국은 반드시 이러한 중대한 변화를 감내해야 할 것이다. 미국은 세계의 믿음을 잃은 상태를 유지하면서 계속적으로 온실가스 감축체제에 대항하거나, 다시 감축체제에 참여하여 전 세계 온실가스 감축을 위하여 기여해야 한다. 중국의 이러한 행동은 미국을 움직일 수 있을 뿐만 아니라 전 세계 기후협상에도 활력을 더해줄 수 있을 것이다. 물론 이러한 전략은 중국에 기후협상에서의 중대한 역할전환을 요구하고 있다.[172] 부정적인 관점에서 볼 때 만약

---

172) 杨富强: 『气候变化谈判战略的新思维』, 载『中国能源』 2012年 第8期.

중국이 주동적으로 감축량을 부담하게 된다면 다른 개발도상국들의 불만을 일으키기 마련이다. 특히 "베이식 4국"의 단합에 영향을 미칠 것이고 협상압력은 점차 그들에게 이전될 것이다. 아울러 선진국들은 중국에 압력을 가하는 행동을 멈추지 않을 것이며 나아가 중국은 더 많은 할당량을 부담하게 될 수도 있다. 만약 중국이 이러한 외교협상의 압력을 받게 된다면 다른 개발도상국은 중국에 외교적 지원을 해주지 않을 것으로 예상되며 중국은 고립된 처지에 처할 것이다. 베이식 나라들과 함께하지 않는다면 중국은 체면을 차릴 수 있겠지만, 중국 국내의 경제전환은 더욱 큰 난관에 봉착하게 된다. 이에 대하여 중국은 "가면서 본다(边走边看)"의 전략을 취할 수 있다. 즉, 한편으로 천천히 협상정책을 조절하는 작업을 진행하고, 다른 한편으로는 예전의 전략에 얽매이지 않는 것이다. 만약 선진국이 기후문제에 임하는 태도가 변함없고 기후위기도 큰 변화를 가져오지 않는다면, 중국은 전통적인 협상입장을 유지해도 될 것이다. 만약 기후위기가 점점 심각해진다면 중국은 신속하게 자신의 협상입장을 조절할 필요가 있으며 더욱 원활한 방식으로 감축할당량에 접근하여야 한다. 그러나 이는 반드시 일련의 협상조건의 실현을 전제조건으로 해야 한다(할당량은 반드시 선진국보다 훨씬 적어야 하고, 장기간 내에는 해당 할당량으로 참여하며, 할당량의 국내배분은 1~2년 동안의 시범과정을 거쳐야 한다).

둘째, 계속하여 베이식 4개국과의 기후파트너 관계를 강화하고, 더 많은 파트너들을 받아들여야 한다. 앞으로도 베이식 4국은 중국의 가장 적합한 기후파트너일 것이다. 이는 4국의 유사한 상황과 밀접하게 연관된다. 4국은 앞으로의 기후협상회의에서도 함께 기자회견을 열 수 있을 뿐만 아니라 영향력이 있는 기후선언을 발표하여 기후협상의 방향을 적극적으로 유도할 수 있다. 또한 4국의 파트너 관계를 파괴하는 행동에 대해서는 즉시 반격할 필요가 있다. 이 밖에 중국은 자신과 유사한 상황에 처한 개발도상국들과의 협력을 더 추진하여야 한다. 그러나 파트너는 너무 많아서는 안 되며 6~8개가 가장 적절할 것이다. 이러한 나라들은 아르헨티나, 멕시코, 인도네시아 등 잠재력이 있는 개발도상국들이다.

셋째, 계속하여 국제 기후협력을 강화한다. 중국은 미국 등 선진국과의 기후협력을 지속적으로 강화해야 한다. 비록 그들은 중국 기후협력의 라이벌이지만 기후협력에 있어, 특히 청정에너지 협력에 있어 중국과 미국, 중국과 유럽은 괜찮은 협력파트너이다. 이는 이들의 의견 차이는 온실가스 할당량에 있지 신재생에너지기술의 연구개발에 있는 것이 아니기 때문이다. 중국은 신재생에너지 영역의 기술개발을 매우 중요시하며, 양호한 성과를 거두었다. 그러므로 중국과 선진국은 신재생에너지기술과 연구개발에 있어 서로 협력하는 태도를 취해야 한다. 앞으로의 경쟁은 온실가스 할당량이 아닌 환경보호 기술의 연구개발 실력에 달려 있기 때문이다. 이 밖에도 중국은 인도, 브라질 등 개발도상국과의 기술협력을 강화해야 한다.

넷째, 의미 있는 기후의제를 지속적으로 창조해야 한다. 미래의 외교는 종합국력(Comprehensive National Power)의 대결일 뿐만 아니라 외교의제와 국가 소프트파워의 경쟁이기도 하다. 중국이 세계적인 영향력을 가지고 있는 강국으로 거듭나려면 국제협상에서 반드시 영향력이 있는 의제를 제기하여 의제의 진척을 통제할 수 있어야 한다. 이는 한 나라의 외교발언권은 그 나라가 의제를 제기하고 의제의 진척을 통제하는 등 측면에서 집중적으로 나타나기 때문이다. 향후 외교발언권은 의제의 쟁탈에 집중될 것으로 보인다. 한 나라의 외교발언권은 또한 그 나라의 공공외교능력에서도 나타난다. 만약 탁월한 성과를 가져다줄 수 있는 공공외교전략이 없다면 그 나라는 더 이상 자신의 국제적 영향력을 지탱하기 어려울 것이다. 국제기후 협상에서 중국의 외교발언권은 날로 향상되는 중국의 국력과는 달리 약한 편이다. 이에 관한 가장 큰 두 가지 이유가 바로 중국이 이 영역에서 매력적인 의제를 제기하지 못한 것과 기후변화 대응영역에서의 공공외교능력이 부족한 것이다. 그러므로 현재 국제기후협상의 외교적 난관에서 벗어나려면 중국은 반드시 외교적 의제에 많은 관심을 두고 중국 특색이 있는 기후의제를 제기하여야 한다. 이 밖에 중국은 더욱 가치 있는 온실가스 감축방안도 제기하여야 한다. 현재 중국의 기후의제는 "국가의 자율적인 감축행동"과 "중간단계의 완충방안"에서 돌파구를 찾아야 한다. 이 두 가지 방안은 여러 개의 측면을 모두 고려한 의제라고 볼 수 있다. 한편으로 이 두 가지 방안은 모두 전 지구적인 온실가스 감축의무를 부담함으로써 서방의 도덕적 비난을 피할 수 있고 또 다른 한편으로 모두 중국에게 행동자유를 부여하였다. 아울러 이 두 가지 방안은 모두 중국의 일정한 정도의 타협을 반영함으로써, 전 세계 총량제한의 배출감축체제로의 과도적인 방안으로 볼 수 있다.

다섯째, 계속하여 기후공공외교를 강화한다. 기후공공외교의 관점에서 볼 때, 중국은 반드시 기후변화 대응영역에 있어서의 온실가스 감축행동을 추진하여야 한다. 이는 실질적인 감축을 기초로 한 기후공공외교만이 설득력을 갖기 때문이다. 그렇지 않을 경우, 아무리 강력한 공공외교 행위일지라도 기대만큼의 효과를 낼 수 없을 것이다. 온실가스 감축에 대한 실질적인 기여를 한 후 중국 기후공공외교는 또한 현시대의 새로운 언론매체를 운용하여 외국 언론과의 협력을 강화하고, 언론매체 협력방식을 혁신하여야 한다. 국제사회와 진솔한 대화를 진행하여야만 기후공공외교는 진정으로 중국의 국가이익과 인류 전체의 이익을 위하여 제 역할을 할 수 있을 것이다.

제9장

추록: 최근 2년간의 근황

2013~2015년 중국기후외교의 발전현황

2012년 도하 당사국총회 이후 중국은 글로벌 기후변화대응의 추진을 위하여 새로운 외교행동을 개시하였다. 첫째, 2013년 11월에 바르샤바 당사국총회에 참가하고, 둘째, 2014년 12월에 리마 당사국총회에 참가하였다. 셋째, UN의 기후변화대응행동을 지지하고, 남남기후협력을 강화하였고, 넷째, 미국과의 <중미기후변화연합성명(2014년 11월)>, <중미국가정상기후변화연합성명(2015년 9월)>의 체결을 포함하여, 미국과의 기후협력수준을 제고하였다. 이 네 개의 중요한 기후외교행동 중에서 중미기후협력이 2015년 파리 당사국총회와 미래의 글로벌 기후변화대응에 대해 보다 적극적인 영향을 미칠 것이다.

첫째, 바르샤바 당사국총회: 바르샤바 당사국총회에서 중국은 코펜하겐 당사국총회의 외교적 사유와 스타일을 유지하였다. 외교 입장에 있어 중국은 여전히 발리 로드맵의 성과를 이행하고 더반 플랫폼의 협상을 추진하는 입장을 고수하였고, "공동의 그러나 차별화된 책임" 원칙을 견지하며 선진국들이 자금지원과 기술이전에 관하여 보다 큰 양보를 하기를 호소하였다. 이와 동시에 중국은 "현실주의" 협상방식을 견지하였고 특히 실현 가능한 전 세계적 감축합의의 달성에 주목하였다. 중국의 기후협상 대표단 단장인 셰전화는 신 합의는 가시적이고 실제에 부합하며 실효를 중요시하는 행동이어야지, 협약에서 벗어나는 미래패턴과 텅 빈 개념이어서는 안 된다고 말하였다. 당해 당사국총회에서 중국은 "정치적 확신"의 의제에 비교적 주목하였고, "선진국의 모범역할과 양보"는 개발도상국들이 기후변화대응에 대하여 확신을 되찾는 중요한 초석이 될 것이라고 말하였다.

외교수단에 있어 중국은 여전히 적극적인 공공외교를 추진하였고, "중국포럼(中国角)"의 플랫폼으로 중국의 기후변화대응행동을 홍보하였으며, 국제사회의 보다 많은 존중과 이해를 얻었다. 2013년 11월 18일에 행해진 "중국포럼"은 "기후전파와 대중의식"이라는 주제하에 진행되었다. 국가발전과 개혁위원회의 기후국 수웨이국장은 중국이 기후변화대응의 홍보체제건설을 강화할 예정이라고 말하였다. 기후국 전략처 처장 탠청촨(田成川)은 "중국 저탄소의 날: 아름다운 꿈, 전 국민의 행동"의 주제발표를 통하여 중국의 첫 번째 "저탄소의 날" 이벤트를 소개하였다. 그리고 국가발전과 개혁위원회 정책연구실 부주임 원부고우(文步高)는 언론매체는 세 개의 역할을 잘 담당하여야 한다고 말하였다. 그 역할들로는 기후변화정보를 전파하고 기후변화지식을 보급하는 "해설자"의 역할, 정책해석, 행동보고와 성과전시의 "아나운서"의 역할, 기후변화의식을 강화하고 직책을 수행하며 약속을 이행하는 "감독관"의 역할이다. 신화사, CCTV, 중국국제방송, 21세기경제신문과 중국신문사(中国新闻社) 등 매체들은 기후언론의 보도경험을 공유하였다. 이 밖에 중국 총정가무단(总政歌舞团) 소속 가수이자 배우인 레이자(雷佳)가 청년기후대사로 임명되었다. "중국포럼" 행사 중인 11월 21일에는 "지방 저탄소발전과 탄소거래시범"의 주제발표회를 개최하였다. 중국대표단 단장인 셰전화는 7개 지역의 탄소거래시범 운영상황과 중국의 탄소거래시장의 준비작업에 관하여 소개하였다.

바르샤바 당사국총회에서 중국은 여전히 "남남협력"을 기후협력의 핵심으로 정하였다. 국가발전과 개혁위원회는 UNEP와 공동으로

"생태적응과 남남협력의 장관급 원탁회의"를 개최하였다. 그 주제는 "취약 개발도상국의 기후변화적응의 지식, 능력과 기술지원의 강화"였다. 국가발전과 개혁위원회 기후국, UNEP, 지구환경기금(GEF), 모리타니 환경부, 네팔 환경부, 세이셸 환경과 에너지부의 공무원들이 회의에 참가하였다. 셰전화에 의하면 중국은 계속하여 "호혜평등, 단결협력, 공동발전"의 기초 위에 기후변화 영역에서의 "남남협력"을 지지할 것이라고 한다.

바르샤바 당사국총회에서 "베이식 4국"은 여전히 중국 등 개발도상국들이 공동으로 선진국의 협상압력에 대응하는 중요한 플랫폼이었다. 중국, 인도, 브라질과 남아공은 11월 20일에 공동 기자회견을 통해 선진국들의 질문에 답변하였다. 중국 대표는 선진국의 자금지원과 기술이전의 약속 불이행을 지적하였고, 남아공 대표는 EU와 일본이 감축문제에 있어 뒷걸음질 치고 있다고 명시적으로 비판하였으며, 인도 대표는 녹색기후기금에의 선진국의 재원 공여를 요구하였다.

둘째, 리마 당사국총회: 리마 당사국총회에서 중국은 여전히 개발도상국의 중견역량으로서 개발도상국의 입장을 표명하였다. 리마 당사국총회에서 중국의 기본적인 협상 입장은 이하의 다섯 개의 점에서 알 수 있다. 1. 반드시 "공동의 그러나 차별화된 책임" 원칙, 공평의 원칙, 능력에 입각한 의무부담의 원칙을 견지한다. 2. 각국이 자율적으로 결정한 기여범위에는 완화, 적응, 자금, 기술, 능력구축 등 각 요소를 포함해야 한다. 3. 2015년에는 각국의 자율적 기여를 평가하지 않는다. 4. "발리 로드맵"의 협상성과를 이행하고 2020년까지 매년 1,000억 달러의 재원 공여목표의 시간표와 노선도를 명확히 지적하였다. 5. 2015년 협상을 통하여 각 국가는 입장을 잘 조율하여 해결방안을 찾아야 한다. 중국은 각국의 "자율적 기여"의 목표는 각국이 자율적으로 정하는 것으로, 강제적이고 주권침해의 우려가 있는 국제규제체제에 반대하는 입장이지만, 중국 외교부 부부장인 류전민(刘振民)은 목표의 완전한 이행을 확보하기 위하여 중국은 제3자 평가체제의 실행을 격려한다고 말하였다.

리마 당사국총회에서 중국은 여전히 공공외교를 중요시하였다. 12월 10일에 개최한 "중국포럼"의 주제는 "2015년 기후합의를 향하여 — 국제 think tank의 시각"이었다. 이 포럼에서 셰전화는 중국이 주도하는 남남협력기금의 발전상황에 대하여 소개하였다. 그에 따르면 중국은 시장체제를 통하여 개발도상국 간의 실질적인 기후협력을 추진할 것이고, 개발도상국들의 기후변화대응능력을 제고할 것이라고 하였다. 12월 12일의 "중국포럼"의 주제는 "도시의 저탄소녹색미래"이었다. UNEP 사무총장 아킴 슈타이너(Achim Steiner)도 토론에 참여하여 중국의 기업가와 학자들과 함께 현 단계의 저탄소 도시 발전이 직면한 도전과 기회에 대하여 논의하였다. 중국환경NGO인 CYCAN (China Youth Climate Action Network)도 중국의 기후공공외교의 행동에 적극 참여하여, 기타 국가의 청년들과 대화와 교류를 진행하였다. 예컨대, "중국 청년 저탄소 에너지 절감 행동 전시" 이벤트의 개최, 미국 청년단체와의 공동선언, 페루 대학생들과의 교류 등이었다.

남남기후협력은 중국의 2014년 기후외교의 하이라이트였다. 2014년 12월 8일, 중국은 남남협력발전포럼을 개최하였다. 포럼은 주로 남남협력을 강화하기 위하여 "기후변화 남남협력기금"을 어떻게 운영할 것인지에 관하여 토론을 진행하였다. 남남협력의 플랫폼을 통하여 중국은 기후변화 영역에서의 목소리를 높일 수 있었고, 협상의 주도권을 더 많이 가질 수 있었다. "기후변화 남남협력기금"의 설립은 개발도상국들의 긍정적인 평가를 받았다. 이집트 환경부 장관은 "중국이 남남협력 플랫폼을 통하여 많은 개발도상국을 도왔다. 앞으로 이 플랫폼을 통하여 더 많은 기술이전과 자금지원을 기대한다."고 말하였고, 몽골 환경과 녹색발전부 장관은 중국과 몽골이 공동으로 설계한 녹색학교는 남남협력의 모범이라고 극찬하였다.

리마 당사국총회에서 특별했던 점은 베이식 4국의 연합성명이 이루어지지 않았다는 점이다. 이로써 중국이 베이식 4국의 기후그룹의 역할을 점차 약화하려고 하는 것을 의미하는 것인지? 혹은 중국의 기후외교정책이 점차 기타 3국과 구별됨을 의미하는 것인지? 아직은 이에 대하여 그 어떠한 판단과 예측을 할 수 없는 상황이다. 일부 평론에 따르면 중국과 미국이 <기후변화 연합성명>을 체결하여 각국의 감축목표를 제기하였는데, 이러한 외교행동이 인도와 기타 개발도상국에게 영향을 미쳤다고 한다. 특히 인도에 대한 영향이 비교적 큰 편인데, 리마 당사국총회에서 인도 환경부 장관은 국제 언론 매체들로부터 인도의 감축계획에 대해 끊임없이 질문을 당하였다.

베이식 4국의 글로벌 기후협상에서의 공통의 지위와 이익은 여전히 존재하기 때문에, 현 단계에서 베이식 4국의 기후그룹의 종료를 판단하기에는 너무 이르다. 중국기후대표단의 발언에 의하면 중국은 여전히 베이식 4국의 협력에 긍정적인 태도를 갖고 있다고 한다. 중국대표단 부단장인 수웨이는 "중미 연합성명으로 인하여 중국과 기타 개발도상국의 관계에, 특히 인도와의 관계에 영향을 미치지 않는지"의 질문에 대하여 "베이식 4국은 예전과 마찬가지로 밀접한 협상을 유지하고 있다"고 답변한 바 있다. 기후협상의 연혁으로부터 볼 때, 중국은 개발도상국의 전체 입장에서 분리될 가능성은 거의 없다. 왜냐하면 그렇게 될 경우 중국이 거대한 협상압력을 짊어져야 하기 때문이다. 그러나 중국은 전통적인 협상 입장을 고수하지도 않을 것이다. 중국은 협상태도와 정책을 소폭 조정하여 개발도상국을 대변하면서도 선진국이 부담하는 의무와 유사한 의무를 이행할 것이다. 예컨대, 중국이 "기후변화 남남협력기금"의 형태로 개발도상국에게 자금지원과 기술이전을 제공하려고 하는데, 이 플랫폼은 선진국들이 녹색기후기금의 형태로 개발도상국에게 지원하기로 한 것과 유사하다. 요컨대, 중국이 리마 당사국총회에서 예전과 다른 기후외교를 펼친 것이 중국기후정책과 외교의 전환점을 예시하는 것일지도 모르겠다.

셋째, UN을 중심으로 하는 기후변화대응을 지지하고, 남남협력을 강화하다: 2014년 9월 23일, 중국 국무원 부총리 장가오리(張高麗)는 UN기후정상회의에 참석하여, 중국은 기후변화대응 영역의 남남협력을 한층 강화할 것이고 "기후변화 남남협력기금"을 설립하여 개발도상국에 보다 많은 자금과 기술지원을 제공할 예정이라고 발표하였다. 이와 동시에 중국은 UN사무총장의 남남협력 추진업무에 600만 달러를 제공할 것이라고 발표하였고, 이는 반기문 사무총장의 높은 평가를 받았다. 중국이 앞장서 설립한 "기후변화 남남협력기금"은 선진국들이 "녹색기후기금"에 대하여 느리게 행동하는 상황에 대응하여 제기된 것이다. 선진국은 자금과 기술지원에 있어 장기간 아무런 행동을 하지 않고 있고, 이로 인하여 개발도상국들로부터 비판을 받고 있다. 이는 개발도상국들의 기후협상에 대한 확신을 떨어뜨리고, 선진국 자신의 기후협상에서의 지위를 떨어뜨리는 것이다. 중국이 시의적절하게 "기후변화 남남협력기금"의 설립을 제기한 것은, 중국의 외교적 발언권을 제고할 뿐만 아니라, 글로벌 기후협상에 새로운 확신과 에너지를 부여하는 효과를 가져왔다.

넷째, 중미 기후협력은 최근 3년간 중국기후외교의 가장 중요한 부분이다: 2014년 11월 12일, 중미 양국은 베이징에서 <중미 기후변화 연합성명>을 발표하였다. 성명에 의하면, 중미 양국은 글로벌 기후변화대응에 관한 중요한 역할을 담당해야 하고, 기후변화의 심각성은 중미 양국이 공동이익을 위하여 함께 노력할 것을 요구한다. 양국은 2015년에 원대한 포부를 갖는 기후합의의 달성에 진력하며, 양국 정상은 향후 긴밀히 협력하여 파리 당사국총회에서 성공적인 기후합의를 달성하는 것에 대한 중대한 장애를 해결한다. 중국이 성명에서 발표하였다시피, 2030년을 기점으로 온실가스 배출량을 더이상 늘리지 않고, 2030년에 전체 에너지 중에서 비화석에너지의 비중을 20% 수준으로 제고한다. 성명에 따르면 중미 양국은 청정에너지, 스마트도시 등 영역에서 중미기후변화작업반, 중미청정에너지연구센터의 설립 등 방법으로 적극적인 협력을 추진할 예정이다.

2015년 9월 15일, 시진핑 주석이 미국을 방문하기 1주 전, 중미 양국의 기후변화대응 협상대표들은 LA에서 "중미 기후 스마트/저탄소 도시 포럼"을 개최하여 <중미 기후리더선언>을 공동 발표하였다. 이 선언은 <중미 기후변화 연합성명>의 후속이자 실천이다. <중미 기후리더선언>에 따라 베이징, 쓰촨(四川), 선전(深圳) 등 11개의 성과 도시들은 "우선 이행 도시연맹"을 구성하며, 10년을 앞당겨 2020년 온실가스 배출량 최고치를 찍는 목표치를 달성하기 위하여 노력한다. 이 밖에 중미 기업들은 "에너지 절감 건축기금" 프로젝트 설립을 위하여 공동 투자할 예정이다.

2015년 9월 25일, 시진핑 주석과 오바마 대통령이 공동으로 발표한 <중미 국가정상 기후변화 연합성명>에서는 기후변화대응에 관한 양국의 중요한 역할을 재조명하고, 글로벌 기후변화대응에 있어서의 협력을 강화하고, 글로벌 저탄소경제로의 전환을 공동 추진하기로 약속하였다. 이 성명은 2014년 <중미 기후변화 연합성명>에 대하여 확인, 이행, 추진 및 세분화하였다. 양국은 G20, 몬트리올의정서, 국제민간항공기구, 국제해사기구, WTO와 청정에너지 장관급회의 등 틀에서의 소통, 대화와 협력을 강화할 것을 약속하였다. 성명에 의하면, 중국은 다음의 두 개 영역에서 보다 구체적인 행동을취하기로 하였다. 하나는 2017년에 발전, 강철과 시멘트 등 산업을 포섭하는 전국 범위 내의 탄소거래시장을 구축하는 것이고, 다른 하나는 개발도상국의 기후변화대응에 200억 위안(약 31억 달러)을 지원하는 것이다.

중국의 두 가지 외교행동은 모두 커다란 시범효과를 가질 것이다. 우선 전국 범위 내의 탄소거래시장의 구축은 개발도상국뿐만 아니라 선진국에게도 양호한 모범이 된다. 그리고 개발도상국에 대한 자금지원은 선진국의 녹색기후기금에의 자금공여에 어느 정도 압력을 가하게 되므로 녹색기후기금의 실질적인 가동에 도움이 될 것이다. 중국의 기후정책은 기후협상에 있어서의 중국의 발언권을 제고하여 개발도상국에서의 리더 역할을 강화하지만, 베이식 4국의 기후협력을 불명확한 상황에 처하게 할 수도 있다. 중국의 감축약속과 선도적인 자금공여 등 행위는 인도, 브라질 등 기타 개발도상국에 협상

압력을 가하게 되므로 베이식 4국의 협력이 어려움에 부딪히게 할 수 있다. 베이식 4국의 협력이 지속될 수 있는지 여부는 중국이 자신의 역할과 개발도상국에 대한 리더 역할 사이에서 어떻게 균형을 찾는지에 달려 있다. 아마 향후 10~20년의 기간 내에 중국은 개발도상국의 리더로서의 협상 역할을 포기하지 않을 것으로 보인다. 다만 중국의 역할이 점차 특수성을 띠는데, 이 특수성은 선진국들의 기후협상에서의 리더 역할과 유사한 것으로, 향후 중국기후외교의 새로운 발전추세를 보여준다.

세계 최대의 선진국과 개발도상국인 미국과 중국의 기후협력이 2015년 파리 당사국총회와 그 이후의 글로벌 기후협력에 미치는 역할은 매우 중요하다. 비록 양국은 여전히 일부 핵심적인 문제에 대하여 합의를 이루지 못하였지만, 기후문제에 대한 공동대응, 글로벌 기후합의의 달성에 대한 공동추진 등 문제에 대하여는 공동의 이상(理想)과 유사한 이익을 갖고 있다. 양국은 실질적인 협력을 점차적으로 늘리고 글로벌 기후합의에 있어서도 각자 양보할 것으로 예견된다. 중미 양국이 두 차례의 성명에서 모두 글로벌 기후합의의 중요성을 강조한 점에 비추어, 2015년 파리 당사국총회 혹은 좀 더 늦어진 시점에 전 세계적 합의를 달성할 가능성이 점차 커지고 있다.

향후 일정한 기간 내, 중국의 기후외교는 다음과 같은 두 개의 부분에 핵심을 둔다. 그중 하나는 남남기후협력이다. 중국 정부의 행동으로 보아 중국은 글로벌 기후협상에 대한 확신을 재건하려고 한다. 기술이전과 자금지원에 있어 중국은 선진국보다 완화된 요건을 두고 있고, 아시아인프라투자은행(AIIB), BRICS개발은행(BRICS Development Bank)과 실크로드기금(丝路基金) 등의 다양한 지원 플랫폼을 구비하고 있다. 다른 하나는 자율감축으로 중국은 향후 보다 많은 탐색을 진행하고 외교적 노력을 경주할 것이다. 중국은 전국적 규모의 탄소거래시장을 구축하고, 나아가 한국, 일본 등 동북아 국가들과의 탄소거래시장의 구축을 검토할 것이며, 시장수단에 의한 글로벌 감축을 추진할 것이다. 중국은 "공동의 그러나 차별화된 책임" 등 의제에 관하여 여전히 실질적인 양보를 할 것으로 보이지 않는다. 그러나 국제적 책임을 부담하고 감축기술혁신과 개발도상국을 지원하는 측면에 있어 중국은 지속적으로 자신의 역할을 강화할 것이고, 글로벌 기후변화대응 영역에서 보다 큰 기여를 할 것이다.

〈부록〉 중국 기후외교 문헌

양제츠가 유엔기후변화 고위급회의
적응문제 세미나에서 한 연설

(2007년 9월 24일)

의장님, 동료 여러분.

기후변화는 중대한 발전문제이며 각국의 경제, 국민생활과 밀접하게 연결된 문제이며, 세계경제와 각국의 발전에 큰 영향을 미칩니다. 국제사회는 심원하고 넓은 안목으로 전반적이고 전략적인 위치에서 상호협력하여 기후변화가 가져다준 도전에 함께 대응하여야 합니다.

유엔은 기후변화영역에서 대체할 수 없는 역할을 발휘하고 있습니다. 오늘 열린 기후변화문제에 관한 고위급회의는 국제사회가 기후변화영역에서의 유엔의 지도역할을 지지하고, 유엔이 전 세계를 이끌고 기후변화에 대응하는 것을 지지함을 말해주고 있습니다.

의장님.

이번 회의는 충분하고 민주적인 토론을 거쳐 여러 나라의 의견을 광범위하게 청취하여 공통된 인식을 도출하여야 합니다. 중국은 이번 회의에서 다음과 같은 적극적인 성과를 기대하고 있습니다.

"공동의 그러나 차별화된 책임" 원칙을 고수하는 것입니다. 선진국은 교토의정서에서 확정한 감축목표를 이행하고 개발도상국을 도와 기후변화에 대응하는 능력을 향상하도록 하며, 2012년 이후에도 계속하여 우선 감축을 해야 합니다. 개발도상국도 자신의 국정과 능력범위 내에서 적극적인 조치를 취하여 온실가스 배출량의 증가속도를 통제해야 합니다.

기후변화협약에서 확립한 기본적인 틀을 지켜야 합니다. 유엔기후변화협약은 기후협력 측면에서 지도역할을 하고 있는데, 협약은 향후에도 계속하여 국제협력의 기본 틀이 되어야 합니다. 중국도 기타 관련된 제안과 체제로써 실질적인 협력을 진행하는 것을 환영합니다. 이런 협력들은 협약에 대한 유익한 보충이 되어야 합니다.

기후변화영역에서의 협력을 균형있게 추진해야 합니다. 완화, 적응, 자금과 기술은 기후변화에 대응하는 중요한 수단이며, 이러한 수단을 동등하게 중요시해야 합니다. 또한 개발도상국에 대한 자금지원과 기술이전을 중요시해야 합니다. 이러한 과정에서 단순히 시장체제의 역할만 강조하여도 안 되고, 기후변화대응의 임무를 완전히 시장에 떠넘겨서도 안 됩니다.

의장님.

기후변화에 적응하는 것은 개발도상국들이 가장 관심을 갖는 문제이고 기후변화의 도전에 대응하는 중요한 구성부분입니다. 중국은 기후변화적응의 문제에 관하여 실속있는 협력을 진행하고 각국의 능력구축을 강화하여야 한다고 생각합니다. 중국은 이 문제에 대하여 아래와 같은 내용들을 강조하고 싶습니다.

1. 미래를 생각하여 지속가능한 개발을 추진하여야 합니다. 각국

은 기후변화에 대한 적응을 향후 발전목표의 중요한 구성부분으로 정하고 적응문제를 국가경제와 사회발전의 전략에 포함시켜야 합니다. 국제사회, 특히 선진국은 함께 발전하는 파트너정신을 갖고 협약의 원칙에 따라 개발도상국을 도와 개발도상국의 적응능력을 향상하고 기후재해에 대응하는 능력을 강화하도록 해야 합니다.

2. 투입을 증가하여 충분한 적응자금을 제공해야 합니다. 빠른 시일 내로 의정서에 규정한 적응기금을 가동하여 모든 개발도상국에게 개방해야 합니다. 지구환경금융과 청정개발체제의 운영을 보완하여 개발도상국이 보다 쉽게 수혜받을 수 있도록 해야 합니다. 또한 자금조달을 확대하여 개발도상국의 기후변화적응에 새로운, 그리고 추가적인 자금지원을 제공해야 합니다.

3. 과학기술을 기반으로 하여, 기술협업과 이전을 강화해야 합니다. 국제사회는 효과적인 기술보급체제의 구축을 적극적으로 논의해야 하고, 원가삭감, 정보교류, 기술이전과 공유를 강화하여 광범위한 개발도상국들이 환경 친화적 기술을 구매할 수 있고 사용할 수 있도록 확보해야 합니다. 그리고 무역과 기술 장벽을 제거하고, 기술의 연구개발과 혁신에 관한 국제협력을 강화해야 합니다.

의장님.

중국은 기후변화의 불리한 영향을 비교적 심하게 받는 개발도상국입니다. 중국 정부는 이미 환경보호를 기본적인 국책으로 정하고, 과학적인 발전관을 집권이념으로 정하였으며, 국가 기후변화대응 지도팀을 구성하여 일련의 법규를 공포하고 기후변화대응에 관한 국가방안을 제정하였습니다.

중국이 기후변화에 대응하기 위하여 채택한 일련의 정책적 조치들로 인하여 적극적인 성과를 거두었습니다.

1991년부터 2005년까지, 중국은 약 8억 톤의 표준석탄을 절약하였는데, 이는 18억 톤의 이산화탄소 배출을 절감한 것과 같습니다.

중국의 1차 에너지 구성 중 석탄 비중은 1990년의 76.2%에서 2005년의 69.1%로 감소했습니다.

1980년부터 2005년까지 중국은 식수조림(植树造林)을 하여 30.6억 톤의 이산화탄소를 흡수하였고 삼림의 관리로 16.2억 톤의 이산화탄소를 흡수하였으며 삼림황폐화를 막아 4.3억 톤의 이산화탄소 배출을 감소시켰습니다.

1970년대부터 중국은 산아제한계획(计划生育) 정책을 시행하여 총 3억여 명의 인구가 적게 태어났는데, 이는 연당 12억 톤의 이산화탄소를 적게 배출한 셈입니다.

중국의 제11차 5개년 계획에 의하면, 2010년까지 단위 GDP당 에너지 소모를 2005년 말 대비 20% 정도 감소시킬 예정이고, 주요 오염물 배출량을 10% 감소시키고 삼림 피복률은 18.2%에서 20%까지 증가될 예정입니다.

기후변화에 적응하기 위하여 중국은 지속적으로 농업, 자연생태계, 수자원 등 영역의 기후변화대응 능력을 강화하고 재해예방을 추진하며 재해성 기후현상에 따른 손해를 최소화할 준비를 하고 있습니다.

중국은 2,400만 헥타르의 개량초지를 증가하고 5,200만 헥타르의 퇴화, 사막화, 알칼리화된 초지를 복원할 예정이며, 90% 정도의 삼림생태계와 국가 중점 야생동식물을 효과적으로 보호하며, 자연보호구역의 면적이 국토 총면적의 16%에 달하게 할 것이며 2,200만 헥타르의 사막화 토지를 복원할 예정입니다.

중국의 노력은 전 세계 기후변화대응의 구성부분입니다. 중국은 협약과 의정서에 따라 "공동의 그러나 차별화된 책임" 원칙을 지킬 것이며, 마땅한 국제적 책임과 의무를 부담하여 기후변화에 관한 국제협력에 보다 큰 기여를 할 것입니다. 또한 중국은 자신의 능력 범위 내에서 지속적으로 아프리카 국가와 군소도서국을 도와 그들의 기후변화 적응능력을 향상시킬 것입니다. 최근 중국은 APEC 회의에서 삼림의 지속적인 관리와 회복에 관한 아시아태평양 네트워크(Asia-Pacific Network for Sustainable Forest Management and Rehabilitation, APFNet)의 구축을 제안하였습니다. 중국은 여러 나라와 함께 제안을 실제행동에 옮겨 아시아태평양 지역의 기후변화대응에 기여하겠습니다.

중국은 국제사회와 함께 조화로운 발전, 청정발전과 지속가능한 개발을 하는 세계를 만들기 위해 노력하겠습니다.

의장님, 감사합니다.

기후변화대응에 관한 중화인민공화국과
프랑스공화국의 연합성명

(2007년 11월 26일, 베이징)

1. 중화인민공화국과 프랑스공화국(이하 "양국")은 기후변화는 인류의 생존 및 발전과 밀접하게 연관되고, 기후변화대응과 지속가능한 개발의 중요성과 긴박성을 인식하여, 유엔기후변화협약과 교토의정서를 대표로 하는 유엔체제하에서 공동의 노력으로 기후변화에 대응하려고 합니다. 양국은 협력강화를 위하여 전면적인 전략파트너 관계의 틀 내에서 기후변화대응 파트너 관계를 구축하기로 결정하였습니다.

2. 양국은 유엔기후변화협약과 교토의정서에서 정한 목표, 원칙과 약속을 재확인하고, 공동의 그러나 차별화된 책임원칙과 능력에 입각한 의무부담의 원칙, 공평의 원칙에 따라 기후변화에 관한 대화와 협력을 강화하여 양자 간 기후변화협상체제를 구축할 것입니다. 원칙적으로 연간 1회의 협상을 진행하며, 협상은 중국과 프랑스에서 번갈아가며 이루어질 예정입니다.

3. 양국은 기후변화정책에 대한 교류를 강화하고 기후변화에 대응하는 협력을 심도 있게 진행하며 기후변화 관련 국제협상에 대한 의견을 교환할 예정입니다. 양국은 국제적 차원에서 기후변화문제에 대한 관심수준을 제고하고, 기후변화 관련 영역(예컨대 생물다양성, 수자원, 사막화, 자연재해, 삼림, 폐기물관리, 오염방지, 환경 친화적인 경제수단)에 있어서의 협업을 강화하여 기술개발, 확산, 응용과

이전에 관한 협력을 추진할 예정입니다.

4. 양국은 경제성장과 동시에 온실가스배출 통제의 중요성을 강조하며, 기후변화대응 관련 기술개발, 응용과 이전에 관한 실질적인 협력을 강화할 것이며, 특히 에너지 절감, 주기가 긴 에너지기초시설, 원자력과 기타 저탄소, 무탄소 기술에 관한 협력을 진행하여 에너지 이용률을 높이고 저탄소경제를 추진할 예정입니다.

5. 양국은 주로 아래의 영역에서 기술협력을 진행할 예정입니다.

(1) 에너지효율과 절감기술

(2) 재생에너지 기술

(3) 수소에너지와 연료전지(燃料电池)기술

(4) 청정석탄기술

(5) 이산화탄소포집과 저장기술

(6) 민용원전기술.

6. 양국은 빠른 시일 내로 기후변화대응에 관한 기술협력을 진행할 예정이고, 정부, 민간기구 및 지자체의 참여를 격려하여 다음 영역의 발전을 추진할 예정입니다.

(1) 제로배출 석탄기술의 개발, 응용과 이전

(2) 재생에너지기술의 개발, 응용과 이전

(3) 에너지 핵심기술의 획득과 보급의 추진

(4) 건축물과 주택의 에너지효율 제고

(5) 환경도시와 교통운송방식의 발전

(6) 농촌의 지속가능한 발전.

7. 양국은 강력한 조치로 저탄소기술의 개발, 응용과 보급을 격려할 것이고, 비용 측면에서 부담할 수 있는 에너지기술을 확보할 예

정입니다. 양국은 자금문제에 대한 논의를 진행할 예정이고, 이에는 민간기구, 합자기업, 공적 및 사적 파트너 관계의 역할, 탄소융자와 수출신용대출의 잠재적 역할이 포함됩니다. 양국은 함께 기술개발, 응용과 이전 측면에서 발생할 수 있는 장애를 해결할 것입니다.

8. 양국은 2004년의 청정개발체제의 격려와 추진에 관한 양자 간 협정을 재확인하고, 청정개발체제에 관한 협력을 추진하며, 청정개발체제 사업에 관한 협력과 탄소거래시장에 관한 정보를 교환하여 청정개발체제에 관한 양국 기업의 협력을 추진할 예정입니다.

9. 양국은 국제사회가 기후변화적응에 관한 문제를 중요시하도록 추진할 것입니다. 양국은 기후변화적응에 관한 협력을 강화하여 기후변화에 적응하는 능력을 제고할 것이며, 특히 다음의 활동을 진행할 예정입니다.

(1) 기후변화모형 설정

(2) 기후변화의 부정적 영향과 취약성에 대한 연구 분석

(3) 기후변화에 따른 사회경제적 영향의 분석과 평가방법에 대한 연구

(4) 기후변화 및 그 영향에 대한 예측능력의 제고

(5) 기후변화에 적응하는 기술과 방법에 대한 연구 및 개발
   양국은 제3국과의 협력 가능성을 검토할 계획이고, 최빈개발도상국 특히 아프리카의 최빈개발도상국이 수혜할 수 있도록 할 예정입니다.

10. 양국은 능력의 제고와 기구 구축에 관한 협력을 강화할 것입니다. 특히 홍보교육, 인원교류와 트레이닝 등 측면의 협력을 강화할 예정이고, 대형연구기관, 실험실의 협력과 과학연구인력 및 전문

가들의 교류를 격려할 것입니다.

11. 양국은 삼림황폐화 감소에 따른 온실가스 감축의 중요성을 인정하며, 삼림관리와 식수조림을 추진할 예정입니다.

12. 양국은 프랑스 개발청(AFD) 및 기타 관련 기구가 기후변화대응 영역에서 진행하는 시범역할과 실제작용이 있는 사업을 지원하는 것을 격려합니다.

13. 양국은 2007년 12월 인도네시아 발리에서 열릴 유엔기후변화협약과 교토의정서 당사국총회에 적극적으로 임할 것을 약속하고, 2012년 이후의 기후변화대응에 관한 합의를 도출할 수 있도록 노력할 것이며, 특히 교토의정서 특별작업반(AWG-KP)이 2009년 이전에 업무를 완성하고, 교토의정서 1차 공약기간과 그 이후의 공약기간이 원활하게 이어질 수 있도록 추진할 예정입니다.

14. 양국은 각각 아시아 · 유럽정상회의(ASEM)의 의장국과 EU 의장국을 담당하는 기회를 이용하여 기후변화에 관한 대화와 협력을 추진할 것입니다.

15. 양국은 기후변화에 대응하는 국제사회의 목표가 대기 속의 온실가스 농도를 기후시스템이 위험한 인위적인 영향을 받는 것을 방지하는 수준에 고정하는 것임을 재확인하였습니다. 이 목표를 달성하기 위하여 양국은 유엔기후변화협약과 교토의정서의 틀 내에서 공동으로 노력하여, 2012년 이후의 감축합의를 이루기 위해 적극적으로 임할 예정입니다.

기후변화 관련 한층 강화된 협력을 위한
중화인민공화국정부와 호주정부의 연합성명

(2008년 4월 10일)

중국과 호주는 기후변화 문제를 매우 중요시하며, 양국은 협력을 강화하여 기후변화 도전에 공동으로 대처할 예정입니다.

양국은 유엔기후변화협약(이하 <협약>)과 교토의정서의 공약을 재확인하였고, 선진국은 "공동의 그러나 차별화된 책임"원칙, 능력에 입각한 의무부담의 원칙과 "발리 로드맵"에 근거하여, 2012년 이후의 온실가스 감축에 앞장서 개발도상국을 도와 기후변화에 대응하는 능력을 향상시켜야 한다고 강조하였습니다.

양국은 협상을 통해 "발리 로드맵"에서 규정한 시간표를 구현해야 함을 인식하였고, 곧 열리게 되는 양자 혹은 다자간의 포럼에서 긴밀하게 협력하여 <협약>에 따른 협상을 지지할 예정입니다.

양국은 기후변화와 관련하여 많은 공통점을 갖고 있습니다. 양국의 파트너 관계와 협력은 비교우위(comparative superiority)와 공동이익에 집중될 것이며, 이는 전 세계 기후변화대응에 기여할 것입니다.

양국은 정상급 정책대화와 기후변화에 대응하는 호혜적인 사업을 통해 기후변화에 관한 긴밀한 협력을 진행할 예정입니다.

기후변화에 관한 양국의 보다 긴밀한 협력하에, 양국은 중·호주 청정석탄기술연합팀의 작업을 지원할 것을 재확인하였습니다.

양국은 삼림황폐화의 감소는 미래 기후변화대응책의 하나의 측면이 될 것임을 인정하며, 2007년 9월 시드니 APEC 회의에서 중국이 제기한 삼림의 지속적인 관리와 회복에 관한 아시아태평양 네트워크(Asia-Pacific Network for Sustainable Forest Management and Rehabilitation, APFNet)에 대한 지지를 재천명하였습니다.

기후변화와 관련하여 중·호주가 보다 밀접한 협력을 진행할 초보적인 영역은 아래와 같습니다.

1. 밀접한 정책대화

중·호주와 기타 당사국은 <협약>의 제13차 총회에서 공동의 노력으로 미래의 기후변화에 대응하는 "발리 로드맵"을 달성하였습니다. 양국은 유엔기후변화협약과 교토의정서에 따라 계속하여 기후변화협상과 관련 국제협력을 추진하겠습니다.

이 목표를 달성하기 위하여 양국은 현재의 기후변화체제를 바탕으로 해마다 정상급회의를 소집하여, 기후변화에 있어서의 양국의 항시적인 정책대화, 협력과 조율을 강화할 예정입니다. 첫 번째 정상급회의는 호주 주최로 2008년 하반기에 진행할 예정입니다.

2. 중·호주 기후파트너 관계의 확장

중·호주는 성공적으로 양자 간 기후파트너 관계를 맺었고, 이와 같은 파트너 관계는 양국의 공업, 과학과 관련 정부부서의 자원과 전문가들로 구성되었습니다.

양국은 이미 약속된 협력사업을 재확인하며, 사업 활동의 진일보된 확장, 특히 능력구축, 재생에너지기술, 에너지효율, 메탄의 재활용, 기후변화와 농업, 토지이용, 토지용도변화와 임업, 기후변화적응과 기후변화과학 등 사업에의 확장에 동의합니다.

3. 청정에너지 개발

중·호주는 협력하여 저탄소 배출기술을 개발하여, 양국의 경제
발전과 온실가스의 배출감축을 지원하고, 양국의 상승하는 청정발전
기술에 대한 수요를 충족시킬 예정입니다.

양국은 현재 기후변화 아시아태평양 파트너 관계(APP)와 중·호
주청정석탄기술 연합조율팀과 양자 간 기후변화파트너 관계 등 영
역에서 진행하고 있는 협력을 환영하고 있습니다.

중국은 호주가 중·호주청정석탄기술 연합조율팀에 2,000만 호주
달러를 투입할 것이라는 약속을 재천명한 것을 환영합니다.

후진타오 주석이 경제대국의 에너지안전과 기후변화 정상회의(Leaders Meeting of Major Economies on Energy Security and Climate Change)에서의 연설

(2008년 7월 9일, 일본 홋카이도 도야코)

존경하는 후쿠다 총리, 동료 여러분.

여러분과 함께 경치 좋은 도야코에서 기후변화 문제에 대한 의견을 주고받을 수 있게 되어 매우 기쁩니다.

세계 경제 특히 각 나라 공업의 신속한 발전에 따라 세계 에너지, 환경, 기후변화 문제는 더욱 심각해졌고, 이는 각국이 공동으로 직면하고 있는 도전이 되었습니다. 지난해 독일 하일리겐담에서 열린 G8정상회의에서 여러분은 기후변화 문제에 대한 의견을 교환하였습니다. 그 후 유엔기후변화 당사국총회에서 "발리 로드맵"을 통과하였는데, 이는 기후변화대응에 관한 중요한 이정표입니다.

기후변화문제는 근본적으로 개발문제이며, 지속가능한 개발의 틀 내에서 종합적으로 해결되어야 합니다. 기후변화 국제협력은 경제성장, 사회발전과 환경보호 등 세 가지 문제의 관계를 잘 처리하는 것을 기본으로 하고, 경제발전을 핵심으로 하며 지속가능한 개발능력의 제고를 목표로, 에너지 절감, 에너지구조의 최적화, 생태보호의 강화를 중점으로 하여 과학기술의 발전을 수단으로, 기후변화 완화와 적응에 관한 국제사회의 능력을 향상시켜야 합니다.

오늘 회의에 참석한 나라들의 개발단계는 모두 다르고 과학기술 수준도 모두 다르며 처한 환경도 다릅니다. 그러므로 "공동의 그러나 차별화된 책임" 원칙을 바탕으로 기후변화대응에 자신의 힘을 더해 좋은 성과를 얻도록 노력하여야 합니다. 그러기 위해서는 아래와 같은 몇 가지 업무를 잘 처리하여야 한다고 생각합니다.

첫째, 유엔기후변화협약 및 교토의정서를 이행함에 있어 시범역할을 해야 합니다. 유엔기후변화협약과 교토의정서는 기후변화 국제협력의 기반, 원칙, 목표를 확정하여 각 나라의 경제발전수준, 역사적 책임, 1인당 평균 배출량의 차이를 반영하여 선진국과 개발도상국이 행해야 하는 노력을 규정하였습니다. 선진국은 교토의정서상의 감축목표를 엄격히 이행하고, 개발도상국에 자금과 기술을 이전하기로 한 약속을 지켜야 합니다. 개발도상국은 지속가능한 개발의 틀내에서 적극적으로 기후변화완화와 적응에 관한 정책적 조치를 취하여, 자신의 능력범위 내에서 기후변화에 대응하기 위하여 공헌해야 합니다.

둘째, 국제협상을 추진함에 있어 적극적인 역할을 해야 합니다. 올해와 내년은 "발리 로드맵"을 시행하는 중요한 시기입니다. "발리 로드맵"은 국제사회가 2012년 이후의 기후변화국제체제를 탐구하는데 방향을 제시하였으며 시간표를 확정해 주었습니다. 국제사회는 공동의 노력으로 기후변화 관련 국제협상이 적극적인 발전을 가져올 수 있도록 추진해야 합니다. 이런 과정에서 "공동의 그러나 차별화된 책임" 원칙을 지켜야 하고, 선진국은 앞장서 감축하겠다는 약속을 명확히 해야 합니다. 그리고 이원화된 협상을 균형있게 추진하여 제때에 마무리 짓고, 확실하게 완화, 적응, 기술, 자금의 네 가지 측면을 동등하게 중요시해야 합니다. 이 밖에 유엔기후변화협약과 교토의정서를 기후변화에 관한 국제협상과 협력의 주요한 방식으로 하며, 다른 제안과 체제를 보충적으로 사용하여야 합니다. 우리는 정치적 의향을 표현하고 원활하게 처리하여 협상의 성공을 위하여 기여해야 합니다.

셋째, 실질적인 협력에 있어 주도적인 역할을 해야 합니다. 자금과 기술은 기후변화대응에 관한 협력 중에서 핵심적인 내용이자 가장 취약한 내용입니다. 현재 기후변화 관련 국제협력은 자금난을 겪고 있습니다. 우리는 지구환경금융 등 기존의 자금체제를 보완하여 적응자금을 최대한 빨리 마련하여 개발도상국의 기후변화적응에 새로운 추가자금을 지원해야 합니다. 과학기술의 발전과 혁신은 온실가스의 배출량을 감축하고 적응능력을 향상하는 데 효과적이며, 기후변화대응에 있어 주도적이며 기초적인 역할을 합니다. 국제사회는 효과적인 기술이전과 보급체제를 적극적으로 구축하여 기술공유를 구현해야 하며, 개발도상국들이 기후 및 환경 친화적인 기술을 사용할 수 있도록 보장해야 합니다.

동료 여러분.

중국은 기후변화의 영향을 보다 심하게 받는 국가 중 하나입니다. 중국의 배출문제를 고려할 때, 아래의 세 가지 요소에 주의하여야 합니다. 첫째, 중국은 개발도상국이고 산업화와 현대화 과정에 처하여 있어 도시, 지역과 경제사회의 발전은 여전히 불균형적이며 국민들의 생활수준도 높지 않습니다. 그러므로 현재 중국의 핵심과제는 경제발전과 국민의 생활수준의 개선입니다. 둘째, 중국의 1인당 평균 배출량이 적고, 1인당 평균 누적배출량은 더 적은 편이며, 국민의 기본생활을 위한 생존배출이 배출총량의 대부분을 차지하고 있습니다. 셋째, 국제분업의 변화와 제조업 이전으로 인하여, 중국은 점차 더욱 많은 국제이전 배출압력을 부담하고 있습니다.

중국 정부는 항상 중국 국민과 세계 각국의 국민들에게 책임지는 태도로 기후변화 문제에 임하고 있습니다. 우리는 이미 생태문명구축을 전략적인 업무로 정하고, 에너지를 절감하고 환경을 보호하는 것을 기본국책으로 강조하며, 에너지와 자원을 절약하고 생태환경을 보호하는 산업구조, 성장방식과 소비형식을 형성하도록 노력하고 있습니다. 우리는 경제사회발전계획과 지속가능한 전략을 결합하여 <기후변화대응에 관한 국가방안>을 제정하여 국가 기후변화대응지도팀을 구성하고 기후변화에 대응하기 위하여 일련의 법규를 공포하며 여러 조치를 취하였습니다.

또한 중국은 에너지절감과 배출감축을 기후변화에 대응하는 시작점으로 정하고, 적극적으로 에너지절감, 에너지구조의 최적화, 에너지효율 제고와 식수조림(植树造林)활동을 진행하였는데, 모두 현저한 효과를 거두었습니다. 중국은 2010년까지 단위 GDP당 에너지소모량을 2005년 대비 20% 정도 감소시킬 예정이고, 주요 오염물 배출량은 10% 감소되며, 삼림피복률은 2005년의 18.2%로부터 20%까지 증가될 것입니다. 이와 같은 목표달성을 위한 우리의 결심은 굳건합니다.

기후변화에 적응하기 위하여 중국은 지속적으로 농업, 자연생태시스템, 수자원 등 영역에서의 기후변화 적응능력을 강화하고, 재해방지와 감소를 매우 중요시하며, 재난성 기후현상과 극한기후에 따른 손해를 최소화하기 위하여 노력을 기울이고 있습니다.

동료 여러분.

중국은 유엔기후변화협약과 교토의정서의 요구에 따라 "공동의 그러나 차별화된 책임" 원칙을 지키며 "발리 로드맵"의 시행을 적극적으로 추진하며 기후변화에 관한 국제협력에 더 큰 공헌을 하도록 하겠습니다. 중국은 국제사회와 함께 전 세계의 조화로운 발전, 청정개발과 지속가능한 개발을 위하여 노력하겠습니다.

여러분, 감사합니다.

국제기술협력을 강화하고 기후변화에 적극적으로 대응하자
— 원자바오 총리가 기후변화에 대응하는 기술개발과 이전에 관한 고위급세미나(Beijing High-Level on Climate Change: Technology Development and Technology Transfer)에서 한 연설

(2008년 11월 7일)

기후변화는 국제사회가 보편적으로 관심을 갖고 있는 중대한 문제이고, 인류의 생존환경 그리고 각국의 번영발전과 관련된 문제입니다. 중국 정부는 시종일관 책임있는 태도로 기후변화 문제를 중요시하였고, 에너지절감과 환경보호를 기본 국책으로, 그리고 지속가능한 개발을 국가전략으로 정하여 전 세계 기후변화대응에 적극적인 노력을 가하였습니다. 첫째, 중국은 <기후변화대응에 관한 국가방안>을 제정하여 2010년까지 기후변화에 대응하는 구체적인 목표, 기본원칙, 중점영역과 정책조치를 명확히 하였습니다. 둘째, 국민경제와 사회발전에 관한 제11차 5개년 계획에서 단위 GDP당 에너지소모량을 구속력이 있는 지표로 정하여 지방 및 기업의 에너지절감과 배출감축 책임제를 도입하여 등급별로 심사를 진행하였습니다. 셋째, 경제발전방식의 전환과 경제구조의 조정에 중점을 두고, 에너지와 자원을 절약하는 생산방식과 소비형식의 채택을 격려하였습니다. 넷째, 정책인도와 자금투입을 통하여 수력, 원자력, 풍력과 농촌 메탄가스 등 청정에너지와 재생에너지의 발전을 추진하였습니다. 다섯째, 에너지와 자원의 가격, 재정과 세무(稅收)체제를 개혁하여 정

부가 지도역할을 발휘하는 동시에, 시장조절 체제를 충분히 운용하여 전 사회적 에너지와 자원의 절감행동을 추진하였습니다. 여섯째, 천연림을 적극적으로 보호하고 경작지를 삼림으로 혹은 초지로 복구하는(退耕还林) 등 생태건설을 적극적으로 실행하여 온실가스 흡수원으로서의 삼림의 역할을 제고하였습니다. 일곱째, 기후변화에 대응하는 일련의 법규를 제정하고 자원절약과 환경보호에 관한 교육을 광범위하게 진행하여 자원절약형, 환경친화적 사회의 구축을 추진하고 있습니다. 여덟 째, 국가 기후변화대응 지도팀을 구성하여 각 부서와 지방정부의 관련 작업을 지도하였습니다. 이와 같은 조치들은 모두 현저한 효과를 거두었습니다. 2000년부터 2008년까지 중국 풍력발전설비의 용량이 34만 킬로와트로부터 1,000만 킬로와트까지 제고되었고, 수력발전설비의 용량은 7,935만 킬로와트로부터 16,300만 킬로와트까지 제고되었으며, 원자력발전설비 용량은 210만 킬로와트로부터 885만 킬로와트까지 제고되었습니다. 아울러 삼림 피복률은 1990년대 초기의 13.92%에서 2005년의 18.21%까지 증가하였습니다. 그리고 지난해에 1,438만 킬로와트의 발전량에 달하는 소형 화력발전소를 폐쇄하였고, 1만여 개의 소형 탄광을 폐쇄하였으며, 낙후한 제철원재료 4,659만 톤, 제강원재료 3,747만 톤, 시멘트 5,200만 톤을 폐기처분하였습니다. 중국의 단위 GDP당 에너지소모량은 매년 감소하고 있으며 하락폭도 점차 커지고 있습니다. 우리는 제11차 5개년 계획에서 확정한 에너지절감과 배출감축 목표를 실현할 자신이 있습니다.

중국은 1인당 GDP가 2,000여 달러밖에 안 되는 개발도상국이고, 아직도 1,500만 명의 농촌인구가 절대적인 빈곤상태에 처해 있으며,

2,200여만 명의 도시인구가 최저생활수준에 머물러 있습니다. 중국은 현재 산업화가 빠르게 진행되고 있지만, 1인당 평균 온실가스 배출량은 선진국의 1/3에도 미치지 못하고, 1인당 평균 역사적 누적배출량은 이보다 더 낮은 수준이며 배출총량의 대부분은 국민들의 기본생활을 위한 생존배출과 국제제조업으로부터 이전된 배출입니다. 역사적으로 선진국의 200여 년 동안의 산업화 과정에서 단계별로 발생한 환경문제가 중국의 현 단계에서 집중적으로 나타났습니다. 고도의 경제발전을 이룬 선진국들이 몇십 년 동안에 거쳐 해결한 에너지절감과 배출감축문제를 중국은 훨씬 짧은 기간 내에 해결해야 하므로 이는 매우 힘든 일입니다. 중국 정부는 에너지절감과 환경보호의 생산방식, 생활방식과 소비패턴을 확고하게 추진할 것이며, 저투입, 고산출, 저소모, 저배출, 재활용과 지속가능한 국민경제체제를 구축할 것입니다.

현재 국제금융위기가 급속도로 확산되고 있고, 세계경제의 성장속도가 느려지고 있습니다. 이는 각국의 경제발전과 국민들의 생활에도 매우 큰 영향을 미치고 있습니다. 그러나 기후변화에 대응하는 결심은 절대로 흔들려서는 안 되고 행동이 느슨해져서도 안 됩니다.

첫째, 국제사회는 반드시 협력하여 기후변화에 대응하여야 합니다. 기후변화가 인류에게 미치는 영향은 포괄적이며, 어떠한 국가도 이러한 도전을 회피하거나, 단독으로 해결할 수는 없습니다. 그러므로 국가들은 반드시 실질적인 협력을 통하여 인류의 조화로운 발전과 각국의 상호공영(互利共贏)을 도모하여야 합니다. 유엔기후변화협약과 교토의정서는 기후변화에 대응하는 국제협력에 법적 기초를 마련해주었고, 국제사회는 오랫동안의 노력으로 일정한 성과를 거두었습니다. 그러나 이러한 성과는 우리가 기대하였던 목표와는 비교적 큰 차이가 납니다. 전 세계적인 협력은 기후변화에 대응하는 핵심이며, 협력에 있어 여러 나라의 국정, 개발단계, 역사적 책임과 1인당 평균배출량 등 요소를 충분히 고려해야 하고, 역사를 인정하고 현재에 입각하여 미래를 고려하며 장기적이고 광범위한 대화와 실질적인 협력을 진행해야 합니다. 국제사회는 유엔기후변화협약과 교토의정서상의 원칙과 규정을 근거로 하여, 다른 사람을 돕는 것은 바로 자신을 돕는 것이고 다른 사람을 해치는 것은 바로 자신을 해치는 것이라는 이념으로, 적극적으로 기후변화에 대응하여 함께 아름다운 지구를 만들어나가야 합니다.

둘째, 반드시 지속가능한 개발의 틀 내에서 기후변화에 대응해야 합니다. 기후변화는 중대한 환경문제이지만 결국은 발전의 문제입니다. 기후변화에 대응하기 위하여 발전목표에 부정적인 영향을 미치거나, 반대로 기후변화의 위협을 무시하고 경제성장만 추구하는 것은 모두 국제사회의 공동이익에 어긋나는 것입니다. 현재의 기후변화는 주로 선진국들의 장기적인 누적배출로 인한 것이며, 개발도상국 특히 기후변화적응 능력이 부족한 최빈개발도상국과 군소도서국들에게 기후변화에 따른 엄중한 결과를 부담하라는 것은 불공평한 행동입니다. 선진국은 지속가능하지 않은 소비패턴을 바꾸어 온실가스 배출량을 대폭 감소시켜야 하고, 개발도상국들이 자신의 국정에 맞는 지속가능한 개발을 할 수 있도록 도우며, 경제발전과 기후변화 대응을 모두 이루도록 노력해야 합니다.

셋째, 반드시 "공동의 그러나 차별화된 책임" 원칙을 견지해야 합니다. 이 원칙은 기후변화대응에 관한 선진국과 개발도상국의 서로 다른 의무를 반영하고 있고, 기후변화대응에 관한 국제사회의 핵심적인 기본원칙입니다. 선진국은 역사적 누적배출량과 높은 1인당 배출량을 인정하고, 의정서에서 확성한 1차 공약기간의 감축복표를 엄격하게 이행해야 하며, 2012년 이후에도 계속하여 대폭적인 감축을 진행해야 합니다. 이와 동시에 "발리 로드맵"을 확실하게 준수하고 개발도상국들이 기후변화에 대응할 수 있도록 자금, 기술과 능력구축에 관하여 지원을 제공해야 합니다. 국제사회는 기후변화대응에 관한 개발도상국의 특별한 관심을 고려하여, 감축에 중점을 두고 적응을 홀시하는 경향을 시정해야 합니다. 개발도상국도 최대한의 노력으로 배출량을 감축하여 기후변화의 완화와 적응에 기여해야 합니다.

넷째, 반드시 유엔의 새천년개발목표(MDGs)를 견지해야합니다. 현재 전 세계에는 약 10억 명에 달하는 인구가 빈곤에 시달리고 있는데, 이는 유엔이 발표한 새천년개발목표와는 멀고 먼 차이가 있습니다. 전 세계 빈곤인구가 인류발전과 현대문명의 성과를 누리도록 하는 것은 각국 정부의 책임입니다. 국제사회는 개발도상국의 경제·사회적인 발전이 없다면 기후변화대응의 목표를 이룰 수 없을 뿐만 아니라 세계의 번영과 안정도 보장할 수 없다는 사실을 반드시 인식해야 합니다. 기후변화에 대응하는 전 세계의 행동은, 세계 각국 특히 개발도상국의 경제발전과 빈곤제거를 추진해야지 방해해서는 안 되고, 각국의 빈부 격차와 기술 차이를 줄여야지 확대해서는 안 되며, 국제사회의 공평정의와 사회화합을 유지해야지 해쳐서는 안 됩니다.

다섯째, 반드시 기술진보에 의거하여 기후변화에 대응해야 합니다. 기후변화법칙을 인식하고 기후변화에 효과적으로 대응함에 있어 과학기술의 역할은 매우 중요합니다. 현재 신에너지, 재생에너지기술이 큰 발전을 가져왔고, 기후변화에 대응하는 핵심기술의 새로운 발전도 기대되고 있습니다. 이러한 기술의 보급과 응용은 기후변화의 완화와 적응에 튼실한 기초를 마련할 것이며, 저탄소경제의 발전과 저탄소사회의 구축에 강력한 보장을 제공할 것입니다. 그러나 전세계의 기후변화대응에 관한 기술공유는 아직 실질적인 발전을 가져오지 못하였습니다. 국제사회는 기후변화대응 관련 기술의 개발 및 이전에 대한 협력을 강화해야 하고, 기구 설치, 자금 배정, 제도 보장 등의 핵심문제에 대한 협상을 진행하여, 정부가 주도하고 기업이 참여하며 시장이 운영하는 체계를 구축하여, 개발도상국이 제때에 온실가스 배출감축의 선진기술을 사용하게 함으로써 전 세계의 기후변화대응 능력을 향상시켜야 합니다. 국제사회는 현재 포스트 2012년 기후변화대응에 관한 국제협력에 대하여 토론을 진행하고 있고, 2009년 말 이전에 합의를 도출할 예정입니다. 이번 회의는 환경 친화적인 기술의 개발과 이전에 좋은 기반을 마련하였습니다. 우리가 인류사회와 지구에 책임감을 갖고, 협약의 원칙에 따라 평등하게 협상하고 적극적으로 협력하면 반드시 기후보호와 각국의 발전에 유리한 성과를 이룰 수 있을 것입니다. 중국 정부는 계속하여 국제사회와 함께 기후변화에 대응하기 위하여 모든 노력을 다할 것입니다!

기후변화의 도전에 공동으로 대응하자
─후진타오 주석이 유엔기후변화정상회의
개막식에서 한 연설

(2009년 9월 22일, 미국 뉴욕)

반기문 사무총장님, 동료 여러분.

오늘, 각국 정상들은 기후변화대응에 관한 계획을 논의하기 위하여 유엔에 모였습니다. 이는 기후변화라는 세계적인 도전에 대한 국제사회의 공동대응을 추진함에 있어 매우 중요한 의미를 가지고 있습니다.

세계 기후변화는 인류의 생존과 발전에 매우 큰 영향을 미치고 있고, 이는 각국이 공동으로 직면하고 있는 중대한 도전입니다. 37년 이래, 스톡홀름에서부터 리우데자네이루까지, 도쿄에서부터 발리까지, 우리는 환경보호와 기후변화대응을 위하여 함께 노력해왔으며 현저한 성과를 거두었습니다. 이는 세계 각국이 지속적으로 상호 간의 이해도를 높이고 합의를 도출하여 도전에 맞서는 역사적 과정입니다. 유엔기후변화협약과 교토의정서는 각국이 인정한 기후변화대응의 주요한 방식이며, "공동의 그러나 차별화된 책임" 원칙은 여러 국가의 협력의 기초입니다. 그리고 지속가능한 개발, 인간과 자연 간의 화합은 각국이 공통으로 추구하는 목표입니다.

기후변화는 인류의 발전과정에 나타난 문제입니다. 기후변화는 자연요소의 영향과 인류활동의 영향을 모두 받는 환경문제이자 개발문제이며 각국의 개발단계, 생활방식, 인구규모, 자원현황과 국제

산업분포 등 요소들과도 밀접하게 연관되어 있습니다. 근본적으로, 기후변화대응의 문제는 경제발전과 함께 추진되어야 하며 공동의 발전으로써 해결해야 합니다.

기후변화대응은 전 세계의 공동이익과 관련된 사항이고, 광범위한 개발도상국들의 개발이익과 국민복지에 더더욱 관련성이 큰 문제입니다. 기후변화에 대응하는 과정에서 반드시 개발도상국의 개발단계와 기본수요를 충분히 고려해야 합니다. 개발도상국은 역사적인 누적배출량과 1인당 배출량이 적고, 개발수준의 한계로 인하여 기후변화에 대응하는 능력과 수단이 결핍하며, 경제글로벌화의 과정에서 국제산업사슬의 끝에 위치하므로 대량의 이전배출을 부담하고 있습니다. 현재 개발도상국의 가장 중요한 임무는 바로 경제개발을 추진하여 빈곤을 제거하고 국민들의 생활수준을 개선하는 것입니다. 국제사회는 개발도상국 특히 군소도서국, 최빈개발도상국, 내륙 국가, 아프리카 국가들의 어려움에 관심을 갖고, 개발도상국의 목소리를 경청하여 개발도상국의 요구를 존중해야 합니다. 아울러 기후변화대응과 개발도상국의 발전을 추진하고, 개발도상국 국내의 발전원동력의 제고와 지속가능한 개발의 능력을 결합하는 것을 추진해야 합니다.

동료 여러분.

기후변화에 대응하고 지속가능한 개발을 구현하는 것은 우리가 직면하고 있는 긴박하고도 장기적인 임무입니다. 이는 인류의 생존환경과 각국의 발전과 연결되어 있는 문제이므로 각국의 지속적인 노력이 필요합니다.

첫째, 각자의 책임을 부담하는 것이 핵심입니다. "공동의 그러나 차별화된 책임" 원칙은 국제사회의 합의를 반영한 원칙입니다. 이 원칙을 지킴으로써 기후변화에 대응하는 노력이 정확한 방향으로 행해질 수 있도록 확보해야 합니다. 선진국과 개발도상국은 모두 적극적인 행동으로 기후변화에 대응해야 하며 유엔기후변화협약과 교토의정서의 요구에 따라 적극적으로 "발리 로드맵"의 합의를 이행해야 합니다. 선진국은 유엔기후변화협약에서 확정한 감축목표를 달성하고 계속적으로 대폭 감축을 해야 하며, 개발도상국에 기후변화 대응에 관한 지원을 제공해야 합니다. 개발도상국은 자신의 국정에 따라, 선진국의 자금과 기술이전의 지원하에 기후변화에 적응하도록 노력하며 최대한 온실가스 배출량을 감축해야 합니다.

둘째, 상호공영(互利共贏)의 목표를 실현해야 합니다. 기후변화에는 국경선이 없습니다. 전 세계 모든 국가는 기후변화를 피할 수 없습니다. 이 도전에 맞서기 위하여 국제사회는 한마음 한뜻으로 협력해야 합니다. 개발도상국의 기후변화대응 사업을 지원하는 것은 선진국이 부담하여야 하는 책임이자, 선진국의 장기이익과도 일치합니다. 우리는 다른 사람을 돕는 것이, 즉 자신을 돕는 것이라는 관념을 갖고, 선진국과 개발도상국의 win-win을 구현하여, 인류 전체의 이익을 도모하도록 해야 합니다.

셋째, 각국의 공동발전을 기초로 해야 합니다. 개발도상국은 전반적으로 경제성장, 사회발전과 환경보호를 조율하여 지속가능한 개발을 할 수 있는 능력을 강화해야 하고, 선오염 후처리의 낡은 방식을 버려야 합니다. 그러나 개발도상국에 현재의 개발단계, 부담하여야 할 책임, 실제 능력을 뛰어넘은 책임을 부담하게 해서는 안 됩니다. 장기적으로 볼 때 각국의 공동발전, 특히 개발도상국의 발전이 없이는 기후변화대응은 광범위하고 튼실한 기초가 없는 것과 마찬가지일 것입니다.

넷째, 자금과 기술을 확보하는 것이 관건입니다. 선진국은 개발도상국에 새롭고, 추가적이고, 충분하고, 예측 가능한 자금지원을 제공해야 합니다. 이는 전 인류의 미래에 대한 공동투자입니다. 기후 친화적인 기술은 전 인류의 공동이익을 위하여 사용되어야 합니다. 정부가 주도하고 기업이 참여하며 시장이 운영하는 양호한 체제를 구축하여, 개발도상국도 기후 친화적인 기술을 사용할 수 있도록 해야합니다.

동료여러분.

그동안 중국은 매우 큰 발전을 이루었고, 국민들의 생활과 사회에도 많은 변화가 발생하였습니다. 중국의 경제총량은 비록 전 세계 앞자리를 차지하고 있지만, 1인당 GDP는 여전히 세계 100위 밖에 처해 있습니다. 중국은 여전히 세계 최대의 개발도상국이고 전 세계 인구의 1/5에 해당하는 인구를 보유한 국가입니다. 중국의 도시, 지역과 경제사회의 발전상태는 불균형적이고, 중국은 아직도 많은 어려움에 직면하고 있으며, 현대화를 실현하기에는 갈 길이 먼 상황입니다. 중국은 중국 국민과 세계 각국 국민들에게 책임지는 태도로, 기후변화대응의 중요성과 긴박함을 충분히 인식하여, 지속적으로 기후변화대응에 최선의 노력을 다할 것입니다. 이와 동시에 다른 개발도상국을 최대한도로 도울 것입니다. 특히 군소도서국, 최빈개발도상국, 내륙 국가, 아프리카 국가들을 도와 그들의 기후변화적응 능력을 제고하도록 할 예정입니다.

중국은 사람을 근본으로 삼는 것을 매우 중요시하고, 지속가능한 과학적인 발전을 전면 조율하여, 생태문명의 구축에 관한 중대한 전략적 임무를 명확하게 제기하였습니다. 그리고 자원절약과 환경보호를 기본국책으로 정하고 지속가능한 개발을 유지하고 있습니다. 중국은 자원절약형, 환경친화적 사회와 혁신형 국가를 건설하는 과정에 부단히 기후변화대응에 기여하도록 노력하고 있습니다.

중국은 이미 <기후변화대응에 관한 국가방안>의 제정과 시행을 통하여, 2005년부터 2010년까지 단위 GDP당 에너지 소모량과 주요 오염물의 배출량을 감소하고 삼림피복률과 재생에너지 사용 비율을 제고하는 등 구속력이 있는 국가목표를 제기하였습니다. 에너지소모량의 감소만으로도 중국은 5년 내에 6.2억 톤의 표준석탄을 절약할 수 있습니다. 이는 15억 톤의 이산화탄소를 적게 배출한 것에 상당합니다.

향후, 중국은 기후변화대응을 경제사회발전계획에 포함시킬 것이고, 계속하여 강력한 조치를 취할 것입니다. 우선 에너지를 절약하고 에너지효율을 제고하여, 2020년까지 단위 GDP당 이산화탄소 배출량을 2005년에 비하여 현저하게 하락하도록 할 것입니다. 다음으로, 재생에너지와 원자력의 발전을 대폭 제고하여, 2020년까지 1차 에너지의 총소비량에서 비화석연료가 차지하는 비중이 약 15%에 달하도록 할 것입니다. 이 밖에 삼림흡수원을 대폭 증가하여 2020년까지 삼림면적을 2005년 대비 4,000만 헥타르 증가하며, 삼림축적량을 2005년 대비 13억 입방미터 증가할 것입니다. 마지막으로 녹색경제를 대폭 발전시켜, 저탄소경제와 순환경제를 적극적으로 발전시키며 기후친화적 기술을 연구하고 보급할 것입니다.

동료 여러분.

세계는 인류의 생존 및 발전과 관련된 기후변화문제에 대하여 선택을 하도록 우리에게 기대하고 있습니다. 우리가 자국과 인류사회에 책임을 지는 마음가짐으로 현실을 직시하고 미래를 내다보고, 유엔기후변화협약과 교토의정서의 주요한 채널작용을 인정하며, "공동의 그러나 차별화된 책임" 원칙과 "발리 로드맵"을 견지한다면, 코펜하겐 당사국총회는 국제사회가 협력하여 기후변화에 대응하는 역사적인 이정표가 될 것입니다. 중국은 각국과 함께 노력하여 후손세대에게 더욱 아름다운 미래를 창조해주고 싶습니다.

감사합니다.

합의를 도출하고 협력을 강화하며 기후변화대응을 추진하자
–원자바오 총리가 코펜하겐 당사국총회
정상회의에서 한 연설

(2009년 12월 18일, 코펜하겐)

라스무센 총리님, 동료 여러분.

지금 이 시각, 전 세계 몇십억 인구가 코펜하겐을 주목하고 있습니다. 우리가 여기에서 발표한 소망과 약속은, 인류가 기후변화대응을 추진하는 역사적 진척에 유리해야 합니다. 이 강단에 올라선 순간 저는 막중한 책임감을 느꼈습니다.

기후변화는 현대사회가 직면하고 있는 중대한 도전입니다. 기후온난화를 억제하고 지구를 구원하는 것은 인류 전체의 공동의 사명이며, 모든 국가와 민족, 모든 기업과 개인에게는 미룰 수 없는 책임이 있습니다.

최근 30년 동안 중국의 현대화 건설은 세계의 주목을 받을 만한 큰 성과를 이루었습니다. 그러나 제가 지금 여기에서 여러분께 말씀드리고 싶은 것은, 중국은 개발과정에서 기후변화문제에 많은 관심을 가졌고, 중국 국민과 전 인류의 장기적인 근본이익을 위하여 기후변화대응에 관하여 부단한 노력과 적극적인 공헌을 하였다는 점입니다.

중국은 최초로 <기후변화대응에 관한 국가방안>을 제정하고 시행한 개발도상국입니다. 또한 「에너지절약법」, 「신재생에너지법」, 「순환경제촉진법」, 「청정생산촉진법」, 「삼림법」, 「초지법」과 「민용 건축

물 에너지절약 조례」 등 일련의 법규를 제정하여, 기후변화에 대응하는 중요한 수단으로 사용하였습니다.

중국은 최근 몇 년 동안 감축강도가 가장 큰 국가입니다. 중국은 부단히 세무제도를 보완하였고, 적극적으로 자원성 산출물의 가격개혁을 진행하였으며, 시장에서의 공수관계, 자원의 희소 정도, 환경손해비용을 충분하게 반영하는 가격형성체제의 구축을 추진하였습니다. 또한 "10대 중점 에너지절약사업"과 "1,000개 기업 에너지절약계획"을 전면 실시하여 공업, 교통, 건축 등 중점 영역에서의 에너지절감행동을 전개하였습니다. 아울러 순환경제시범사업을 추진하여 에너지를 절감할 수 있는 친환경 자동차와 에너지절약상품을 보급하였습니다. 그리고 에너지소모량이 크고 오염이 심한 낙후한 생산원재료를 도태하여, 2006년부터 2008년까지 에너지효율이 낮은 제철원재료 6,059만 톤, 제강원재료 4,347만 톤, 시멘트 1.4억 톤, 코크스 6,445만 톤을 도태였습니다. 올해 상반기까지 중국의 단위 GDP당 에너지소모량은 2005년 대비 13% 감소하였는데, 이는 8억 톤의 이산화탄소 배출을 감축한 것에 상당합니다.

중국은 신에너지와 재생에너지의 발전 속도가 가장 빠른 나라입니다. 중국은 생태보호의 기초하에 수력발전, 원자력발전을 점차적으로 추진하였고 농촌, 서부지역과 조건을 갖춘 지역에서 바이오매스 에너지, 태양에너지, 지열, 풍력 등 신재생에너지의 발전을 대폭 격려하였습니다. 2005년부터 2008년까지 중국의 재생에너지는 51% 증가하였고, 이는 연평균 14.7% 증가한 셈입니다. 또한 2008년 재생에너지 이용량은 2.5억 톤 표준석탄에 달하였습니다. 농촌에서는 3,050만의 가구가 메탄가스를 사용하였는데, 이는 4,900여만 톤의 이산화탄소 배출을 감축한 것에 상당합니다. 중국의 수력발전설비용량, 원자력발전소의 구축 규모, 태양열온수기 열량 수집면적과 태양광발전용량은 모두 세계 1위를 차지하고 있습니다.

중국은 세계에서 인공조림 면적이 가장 큰 나라입니다. 우리는 지속적으로 경작지를 삼림으로 환원하는 것과 식수조림(植树造林)을 대규모로 진행하여 삼림흡수원을 증가시켰습니다. 2003년부터 2008년까지 중국의 삼림면적은 2,054만 헥타르 증가되었고 삼림축적량은 11.23억 입방미터 증가되었습니다. 현재 중국의 인공조림면적은 5,400만 헥타르에 달하며 세계 1위를 차지하고 있습니다.

중국의 인구수는 13억이고, 1인당 GDP는 겨우 3,000달러를 넘은 상태입니다. 유엔의 기준에 따르면, 중국에는 아직도 1.5억의 국민들이 빈곤에 시달리고 있고, 경제발전과 국민들의 생활을 개선해야 하는 책임은 매우 막중합니다. 중국은 지금 산업화와 도시화가 급속도로 발전하고 있는 중요한 단계에 이르렀지만, 석탄을 주요한 에너지로 사용하고 있으므로 온실가스 배출감축에 특히 어려움을 겪고 있습니다. 그러나 중국은 여전히 기후변화대응을 중요한 전략적 임무로 정하고, 1990년부터 2005년까지, 단위 GDP당 이산화탄소 배출량을 46% 감소시켰습니다. 이를 바탕으로 우리는 2020년까지 단위 GDP당 이산화탄소 배출량을 2005년 대비 40~45% 감소하기로 결정하였습니다. 장기간 동안에 지속적인 배출감축을 단행하기 위해서는 많은 노력이 필요할 것입니다. 해당 감축목표는 국민경제와 사회발전의 중장기계획에 구속력 있는 지표로서 포함될 것이고, 약속의 이행은 법률과 여론의 감독을 받도록 보장할 것입니다. 우리는 점차 국내의 통계, 검측과 심사방법을 보완하고 감축정보의 공개방식을 개선하여 투명성을 제고하며, 적극적으로 국제교류, 대화와 협력을 진행할 예정입니다.

동료 여러분.

기후변화대응은 국제사회의 확고한 신념, 공통된 인식과 적극적인 노력이 필요하며 각국은 협력을 강화하여야 합니다.

첫째, 성과의 일치성을 유지해야 합니다. 기후변화대응은 영부터 시작하는 것이 아닙니다. 국제사회는 이미 수십 년간 노력해왔습니다. 유엔기후변화협약과 교토의정서는 각국이 장기간 동안의 노력 끝에 달성한 성과이고, 각국의 광범위한 의견을 담은 공통된 인식이며, 국제협력으로 기후변화에 대응하고자 하는 법률적 기초이자 행동지침입니다. 그러므로 이를 반드시 소중히 여기고 부단히 발전시켜야 합니다. 이번 회의에서 달성할 성과는 반드시 협약과 의정서에서 확립한 원칙을 준수하여야 하고, "발리 로드맵"의 수권을 빗나가서는 안 되며 이미 달성한 협상결과를 지켜야지 부정해서는 안 됩니다.

둘째, 규칙의 공평성을 견지해야 합니다. "공동의 그러나 차별화된 책임" 원칙은 국제협력으로 기후변화에 대응함에 있어서의 핵심이자 기초이기 때문에 반드시 견지해야 합니다. 200년 동안의 산업혁명기간에 선진국은 전 세계 총배출량의 80%에 달하는 이산화탄소를 배출하였습니다. 이산화탄소의 배출로 인하여 기후변화가 발생한 것이라면, 이것이 누구의 책임인지는 자명합니다. 선진국들이 역사적 책임, 1인당 평균배출량과 각국의 개발수준을 무시하고, 최근 몇십 년부터 산업화를 시작하고 수많은 절대적 빈곤에 처한 인구를 지니고 있는 개발도상국들에 그들의 책임과 능력을 초과한 감축목표를 부담하라고 하는 것은 도리에 맞지 않습니다. 선진국은 이미

부유한 생활을 누리기 시작하였지만, 개발도상국에 비하여 1인당 배출량의 수치가 여전히 높으며, 심지어 배출량의 대부분이 소비형 배출에 속합니다. 그러나 이와 반대로 개발도상국의 배출은 주로 생존배출과 국제이전배출에 해당합니다. 현재, 전 세계에는 여전히 24억 명에 달하는 인구가 석탄, 목탄, 농작물의 줄기를 주요 연료로 사용하고 있으며, 16억 명의 인구는 전기를 사용하지 못하고 있습니다. 기후변화대응은 반드시 지속가능한 개발을 토대로 통일적인 배분을 진행해야 하며, 개발도상국의 빈곤과 낙후 유지를 대가로 해서는 안 됩니다. 선진국은 반드시 솔선수범하여 감축의무를 이행하고, 개발도상국에게 자금과 기술지원을 제공해야 합니다. 이는 회피할 수 없는 도덕적 책임이자 반드시 이행해야 하는 법률적 의무입니다. 개발도상국은 자국의 국정에 따라 선진국의 자금과 기술이전의 지원하에 최대한의 노력으로 온실가스의 배출을 완화하고 기후변화에 적응해야 합니다.

셋째, 목표의 합리성을 중요시해야 합니다. 중국에는 '천 리 길도 한 걸음부터(千里之行, 始于足下)'라는 성어가 있고, 서방에도 '로마는 하루아침에 이루어지지 않았다'는 속담이 있습니다. 기후변화대응에 있어 미래도 고려하여야 하지만 현재도 중요시해야 합니다. 교토의정서는 2012년까지의 1차 공약기간 동안의 선진국의 감축목표를 확정하였습니다. 그러나 많은 선진국들의 배출량은 감축되기는커녕 오히려 증가된 추세를 보이고 있습니다. 현재 선진국들이 발표한 중간단계 감축목표는 합의된 내용과 국제사회의 기대치와 일정한 차이를 갖고 있습니다. 장기간의 노력방향을 정하는 것도 중요하지만 단기 혹은 중간단계의 감축목표를 달성하는 것, 약속한 내용을 지키는 것과 실제 행동에 옮기는 것에 비중을 두는 것이 더욱더 중요합니다. 여러 협약보다 실질적인 행동이 우선이며, 우리는 확실한 행동으로 전 세계 국민들에게 희망을 보여주어야 합니다.

넷째, 체제의 유효성을 확보해야 합니다. 기후변화에 대응함에 있어 행동에 옮기는 것과 마찬가지로 체제의 유효성을 보장하는 것 또한 매우 중요합니다. 국제사회는 협약의 틀 내에서 유효한 제도를 정해야 하고, 선진국의 약속이행을 재촉하며, 개발도상국에 충분한 자금을 지원하고 기후 친화적인 기술을 이전하여 개발도상국 특히 군소도서국, 최빈개발도상국, 내륙 국가, 아프리카 국가들을 도와 기후변화에 대응하는 능력을 구축할 수 있도록 해야 합니다.

마지막으로 강조하고 싶은 것은 중국 정부가 정한 온실가스 감축목표는 중국이 자신의 국정에 따라 실행하는 자발적인 감축이고, 중국 국민과 전 인류에게 책임지는 것이며, 그 어떤 추가적인 조건도 요구하지 않으며 그 어떤 국가의 감축목표와도 관계가 없습니다. 말은 신용이 있어야 하고, 행동은 결과가 있어야 합니다(言必信, 行必果). 중국은 이번 회의의 결과와 상관없이, 해당 감축목표를 달성하기 위하여, 심지어 초과 달성하기 위하여 부단히 노력할 것입니다.

감사합니다.

중·미 기후변화 연합성명

(2013년 4월 13일)

중화인민공화국과 아메리카합중국은 기후변화에 따른 재해가 점차 심각해지고, 전 세계의 기후변화대응에 관한 노력이 부족한 점을 인식하고 긴급한 제안이 필요하다고 판단하였습니다. 지난 몇 년 동안 양국은 유엔기후변화협약과 경제대국포럼 등 양자 간과 다자간의 채널을 통하여 적극적인 토론을 진행하여 왔습니다. 기후변화에 관한 양국의 과학적인 공통인식은 기후변화에 관하여 전 세계적인 영향력이 있는 중대한 행동을 취해야 할 것을 강력하게 요구하고 있습니다.

중·미 양국은 특히 인위적인 이유로 발생한 기후변화, 예컨대 지난 백 년 동안 지구 평균온도의 상승, 해양 산성화, 북극빙산이 녹는 등 세계 각지의 극단적인 기후에 대하여는 이미 강력한 과학적인 공통인식이 형성되었습니다. 빠르게 진행되고 있는 기후변화에 관한 최근의 과학적인 인식과 전 세계 온실가스 감축의 긴급한 수요에 따라, 중·미 양국은 대규모적인 협력행동을 포함하는 강력한 국내행동을 취할 예정이며, 현시점에서 이러한 행동을 채택하는 것은 그 어느 때보다도 필요합니다. 이러한 행동들은 기후변화를 억제하고 전 세계에 시범역할을 하며 각국의 기후변화대응을 격려함에 있어 매우 중요합니다.

기후변화도전의 순위가 더욱 우선적인 위치에 처하도록 하기 위하여, 중·미 양국은 2013년 중·미 전략과 경제대화를 행하기 전에 기후변화 작업팀을 구성할 계획입니다. 양국 정상들의 공동의 희망에 따라 작업팀은 바로 작업을 시작할 것이며, 양국 기술, 연구, 에너지 절감 및 대체에너지와 재생에너지 등 영역에서의 협력을 추진하는 방식을 확정할 예정입니다. 양국은 올해 여름에 열릴 중·미 전략과 경제대화에서 이 작업을 추진할 계획입니다. 국가발전과 개혁위원회의 부주임인 셰전화와 미국의 기후변화특사인 스턴이 작업팀의 팀장직을 맡게 될 것입니다. 기후변화 작업팀은 중·미 전략과 경제대화를 위하여 준비 작업을 진행하고 기후변화에 관한 협력 상황을 정리하여 정부 혹은 민간기구의 파트너 관계를 이용하여 잠재적인 협력기회를 발굴하여 녹색 저탄소경제 성장영역에서 협력 가능한 새로운 영역을 확정 짓는 역할을 할 예정입니다. 기후변화 작업팀은 관련 정부부서를 참여시켜 다가오는 중·미 전략과 경제대화에서 양국의 정상들에게 작업성과를 보고하도록 할 예정입니다.

양국의 기후변화행동과 협력을 통하여 에너지안전이 강화되었고 환경이 더욱 깨끗해졌으며 자연자원이 더욱 풍부해졌습니다. 양국은 다자간 협상과 기후변화에 대응하는 행동을 추진하는 측면에서의 협력을 통해, 양국관계의 든든한 버팀목이 되어 상호 간의 믿음과 존중을 증진하고 더욱 전면적인 협력을 위해 준비를 할 것입니다. 양국은 모두 새로운 환경보호 기술과 청정에너지기술의 개발을 통하여 온실가스감축, 경제성장과 일자리 창출을 추진해야 합니다.

기존에 발표한 연합성명, 현재 진행되고 있는 혹은 계획 중인 작업을 고려할 때, 양국은 부단히 늘어나고 있는, 그리고 우리가 직면한 기후변화의 도전을 해결하여야 하는 긴박한 수요를 고려하여, 기후변화에 관한 협력의 규모와 영향력을 확대할 필요가 있다는 사실에 동의하였습니다.

간쥔셴 (甘均先)

1978년, 사천성 평안현에서 태어났다.

2009년 6월에 복단대학 국제관계와 공공사무대학에서 법학 박사학위를 받았고, 절강대학 비전통안전과 평화발전연구센터에서 박사 후 연구원을 지냈다. 박사과정 중에 UC버클리에서 방문연구하였다.

현재는 절강대학 국제정치연구소에서 부교수로 재임 중이고, 주요 연구 분야는 기후외교, 중미관계, 동아시아 협력과 충돌 등이다. 최근 몇 년간 「미국연구」, 「국제정치연구」 등 저널에 여러 편의 논문을 게재하였다.

박덕영

연세대학교 대학원 (법학박사)
영국 케임브리지 대학교 (LL.M)
교육부 국비유학시험 합격
대한국제법학회 부회장
한국국제경제법학회 회장

(현) 연세대학교 법학전문대학원 교수
　　　한국환경법학회 부회장
　　　산업통상자원부 통상교섭민간자문위원
　　　국회 입법자문단 위원
　　　연세대 SSK 기후변화와 국제법센터장

『유럽인 유럽사람 유럽놈』, 『국제경제법의 쟁점』, 『국제법 기본판례 50』, 『미국법과 법률영어』, 『국제투자법』, 『EU법 강의』, 『국제법 기본조약집』, 『국제경제법 기본조약집』
Climate Change and International Economic Law (editor), Springer, 2016 (예정)
East Asian Responses to Climate Change and Energy Issues (editor), Brill, 2016 (예정)

김명자

연세대학교 대학원 (법학석사)
중국 북경사범대학교 법학학사
중국 사법시험 합격

(현) 연세대학교 SSK 기후변화와 국제법센터 연구원
　　　연세대학교 대학원 박사과정
　　　재한중국인법학회 이사

『한국대법원판례』 제V, Ⅶ권 (역저)
『2014 국제투자분쟁연구』 (역저)
「EU ETS 항공부문의 편입과 GATS 협정과의 합치성 연구」
「중국의 탄소세 도입에 대한 법적 고찰」
「나고야 의정서의 법적 쟁점과 한국의 입장에 관한 제언」

이해실

연세대학교 대학원 (법학석사)
중국정법대학교 법학학사, 영문학학사
중국 사법시험 합격
연세대학교 SSK 기후변화와 국제법센터 연구원

(현) 법무법인 광장 근무

『한국대법원판례』 제Ⅵ, Ⅶ권 (역저)
「후쿠시마 원자력사고 후의 국제법적 쟁점 및 시사점」

중국의
기후변화대응과
외교협상

초판인쇄 2016년 2월 5일
초판발행 2016년 2월 15일

지은이 간쥔셴 (甘均先) 저, 박덕영·김명자·이해실 역
펴낸이 채종준
펴낸곳 한국학술정보㈜
주소 경기도 파주시 회동길 230(문발동)
전화 031) 908-3181(대표)
팩스 031) 908-3189
홈페이지 http://ebook.kstudy.com
전자우편 출판사업부 publish@kstudy.com
등록 제일산-115호(2000. 6. 19)

ISBN 978-89-268-7166-9 93340